A. David Silver ist darauf spezialisiert, Firmen wieder auf die Beine zu helfen, die in Schwierigkeiten sind. Seit 1970 hat er mehr Risikokapital beschafft als jeder andere in den USA: über 300 Millionen Dollar für mehr als 165 Unternehmen und Einzelpersonen. Silver war Berater des Kongreßausschusses für Technologie und Innovation und hat zehn verschiedene amerikanische Bundesstaaten bei der Gründung von High-Tech-Industrien beraten. Er ist der Gründer der größten selbständigen Einzelhandelskette für Computer in Kalifornien und hat zahlreiche Bücher geschrieben.

Dieses Buch wurde auf chlor- und säurefreiem Papier gedruckt.

Vollständige Taschenbuchausgabe Januar 1995
Droemersche Verlagsanstalt Th. Knaur Nachf., München

Titel der Originalausgabe „When the Bottom Drops“
Einzig berechtigte Übersetzung aus dem Amerikanischen
von Erwin Schuhmacher
Umschlaggestaltung Schlotterer & Partner, München
Druck und Bindung Elsnerdruck, Berlin
Printed in Germany
ISBN 3-426-79008-4

5 4 3 2 1

A. David Silver

Wenn die Krise droht

Wie jedes Unternehmen auch schwere Zeiten überstehen kann

Knaur®

Vorwort

Walt Whitman, einer der Lieblingssöhne Amerikas, legte uns dringend nahe, „so viel Gutes wie möglich auch aus dem Negativen zu schöpfen." Dieses Buch geht auf seinen Appell ein und zeigt, wie man es macht.

Vermögen werden in schweren Zeiten gemacht und in guten verloren. Sich sorglosem Verhalten hingeben, Verantwortung scheuen, eine Firma zu schnell und zu früh ausbauen – das sind einige der schlechten Gewohnheiten, denen wir verfallen, wenn die Geschäfte gut gehen und wir einen Weg beschreiten, den wir für sicher und vorhersehbar halten. Lassen wir uns durch Eitelkeit und Neugier – diese Zwillinge mit Sex-Appeal – in eine neue Richtung locken, dann können wir uns nicht mehr auf unsere Fähigkeiten verlassen. Halten wir uns jedoch an unsere Fähigkeiten, an das, was wir am besten können, dann bringen wir auch gute Leistungen. Richten wir uns rechtzeitig auf harte Zeiten ein und bereiten uns auf unangenehme Situationen vor, dann werden sich auch die Ressourcen finden, die wir brauchen, um Krisen zu überstehen. Jedoch sind mehr als Fähigkeiten gefordert, um schwierige Perioden zu überleben, nämlich Kapital, Zeit und ein Plan.

Wußten Sie, daß praktisch jedes erfolgreiche Unternehmen aus einem Plan hervorgegangen ist, der als Reaktion auf unsichere und schwere Zeiten entworfen wurde? Heute sind wir rundum von Ungewißheit umgeben. Die Regierung versucht es mit gutem Zureden und behauptet, unsere Volkswirtschaft sei stark. Der Aktienmarkt sagt uns mit seinem wilden Auf und Ab, daß es zumindest ebenso viele Optimisten wie Pessimisten gibt. Das Fenster für neue Emissionen ist mal offen und mal wieder geschlossen. Der Dollar verliert gegenüber fremden Währungen an Wert, erholt sich dann, um erneut zu fallen. Niemand begreift, wohin die Wirtschaft geht – niemand! Unglückspropheten befürchten, in eine Falle zu gehen, wenn sie etwas riskieren, sagen uns aber auch nicht, daß sie soeben alles in Gold angelegt haben. Man kann niemandem mehr trauen; jeder blufft genauso, wie Sie es tun.

Eine Charta für turbulente Zeiten

Seit ich 1970 mein eigenes Unternehmen, eine Investmentbank, gründete, habe ich Papierfähnchen in einen Windkanal gehängt. Meine Spezialität waren in Schwierigkeiten geratene Firmen, und ich habe seither Geschäftsleuten bei Abfindungen von Partnern, Betriebsumstellungen und Neuanfängen beigestanden. Im Geschäftsleben gibt es nichts mehr, was mir Angst machen könnte, wie widrig die Umstände auch sein mögen. Und wie negativ oder unmöglich hoffnungslos eine Situation auch erscheinen mag, ich habe gelernt, wie man Rückschläge in Erfolg umkehren kann.

Lassen Sie mich Ihnen versichern: Wie groß auch die Angst vor Ihren realen geschäftlichen Problemen sein mag, Sie sind nicht alleine. Wie viele andere, habe auch ich schon Hunderte von geschäftlichen Krisen überstanden. Wir haben Saumpfade ausgetreten und Wegmarkierungen hinterlassen, um andere durch den Dschungel der Krise zu leiten, und ich habe die Wegzeichen für Sie auf einer Karte eingezeichnet. Diese Karte liegt in Form dieses Buches vor Ihnen ausgebreitet.

Sie können das Überleben Ihres Unternehmens als sportliches Spiel und sich selbst als den wichtigsten Spieler betrachten. Nehmen Sie an, Ihre Firma betreibe ein von Ihnen geschätztes Mannschaftsspiel, und Sie selbst seien der Mannschaftskapitän. Eben erst haben Sie erfahren, daß Ihr Team ausgerechnet zwei Wochen vor einem größeren Turnier von einer Krise betroffen wurde. Es sieht ganz so aus, als ob Sie diese Krise in den beiden Wochen nicht bewältigen, ganz zu schweigen, das Turnier siegreich bestehen könnten. Ich werde Ihnen zeigen, wie Sie dennoch das Turnier zunächst erreichen, dort in Topform mitspielen und schließlich auch noch gewinnen können.

Ziel dieses Spiels ums Überleben ist es, Ihren Status in der Liga zu bewahren und so glanzvoll zu gewinnen, daß Ihre Konkurrenten, Kreditgeber, Kunden und Lieferanten Ihren Namen mit Hochachtung und Staunen aussprechen.

Das Überlebensspiel hat vier Phasen:

Phase 1: Auf alles gefaßt sein
Phase 2: Echte Liquidität schaffen
Phase 3: In Krisenzeiten richtig reagieren
Phase 4: Ausarbeiten eines Plans zur Umstrukturierung und für neues Wachstum, sowie seine Verwirklichung

Ihr Unternehmen wird von einer Krise bedroht. Das gibt Ihnen jetzt die günstige Gelegenheit, dem Markt zu beweisen, wie großartig Sie in Wirklichkeit sind. Um überleben zu können, müssen Sie die Tiefe der Krise vorhersehen, Cash beschaffen, Zeit gewinnen, Hintertüren für den Fall einer Verschärfung der Krise offen halten und schließlich einen Plan zur Umstrukturierung und für neues Wachstum ausarbeiten und in die Praxis umsetzen. Die Gliederung dieses Buches entspricht den obigen vier Phasen, damit Sie ihr Unternehmen durch die schwierige Zeit zum Sieg steuern können. Sie werden vielleicht überrascht sein von der Vielfalt der Möglichkeiten und Strategien, die man während einer Krise nutzen kann, Strategien, an die Sie niemals denken würden, solange die Geschäfte gut gehen. Denken Sie stets daran, wieviele Menschen unter Ihrem geschäftlichen Fiasko leiden würden. Begegnen Sie ihnen während der informellen Phase der Umstrukturierung und des Strebens nach neuem Wachstum von vorneherein mit Offenheit und ethischem Verhalten, dann werden diese Menschen auf Biegen und Brechen mit Ihnen zusammenarbeiten. Vielleicht können Sie diese Leute in den engeren Kreis Ihrer Geschäftsfamilie einbeziehen, so daß sie Ihnen helfen, „so viel Gutes wie möglich aus dem Negativen zu schöpfen".

Viele Leser haben bisher wohl noch keine harten Zeiten erlebt. Gerade deshalb sollten Sie dieses Buch lesen –, nein, gründlich studieren. Darüber hinaus sollten Sie dafür sorgen, daß auch Ihre Kollegen dieses Buch studieren. Das Überleben Ihrer Firma hängt davon ab.

A. David Silver

Danksagung

Dieses Buch ist das Resultat langjähriger Erfahrungen mit scheinbar verheerenden betrieblichen Verhältnissen. Das Wirtschaftsleben kann rauh sein. Ich selbst bin von Bankrott, Isolierung und Verweigerung von Krediten wild gebeutelt und zu Boden getreten worden – wie an einem schlechten Tage beim Rodeo. Man hat mich niedergeschlagen, auf mir herumgetrampelt, mich von einer Seite des Boxrings zur anderen gejagt und in den Staub geboxt. Doch wird jeder erfahrene Kämpfer bestätigen, daß derjenige gewinnt, der nach jedem Niederschlag wieder aufsteht. Ich war an mehr als zweihundert Betriebsschließungen, völligen Umstellungen und Fällen von Neubeginn in Not geratener Firmen beteiligt. Und nachdem der Staub sich gelegt hat, stehe ich nun fest auf beiden Beinen, bereit und gerüstet, den nächsten Sturm zu überstehen. Man kann jedoch nicht immer so weitermachen, wenn man nicht weiß, wohin der Weg führt.

„Gibt es eigentlich Spielregeln für das Überleben in schwierigen Zeiten?“, fragte mich neulich Jeff Herman, ein befreundeter Verlagsrepräsentant, während eines Drinks in der Oyster Bar im Grand Central.

Nach kurzem Überlegen antwortete ich: „Die mag es wohl geben. Ich kann ja mal versuchen, sie zusammenzustellen!“

„Nun, wenn Sie das schaffen, dann ist gerade jetzt mehr denn je die Zeit gekommen, darüber ein Buch zu schreiben“, sagte mir Jeff, der stets auf der Suche nach einer guten Story ist.

Und so wurde der Grundstein zu diesem Buch gelegt. Dabei ergab sich, daß das Spiel ums Überleben eher systematisch als nachdenklich gespielt werden muß, und daß es kräftigen Drucks, Überredens und Redigierens von seiten Jeff Hermans und meines Verlegers Ben Dominitz bedurfte, diese Systematik freizulegen und aus mir herauszuholen.

Die Substanz des Überlebens im Wirtschaftsleben kenne ich seit langem. Jeff und Ben jedoch haben ihr die äußere Form gegeben. Deshalb danke ich beiden für ihre hingebungsvollen Bemühungen.

Santa Fe, New Mexico, April 1988 *A. David Silver*

Inhalt

Seite

Phase 4: Umstrukturierung und neues Wachstum planen und verwirklichen

Phase 1

Auf alles gefaßt sein

Kapitel 1

Wir leben in einer schwierigen Zeit

Vielleicht sind Sie der Ansicht, Sie brauchen keine Landkarte, die Ihnen hilft, Ihr Unternehmen durch schwierige Zeiten zu leiten. In Ihrer Ecke des wirtschaftlichen Dschungels mögen die Geschäfte ziemlich gut laufen. Ihre Jagdhüter schleppen die erlegten Tiger herbei, während die Trapper ihr Soll an Fellen erfüllen. Ihre Gerber erbringen Höchstleistungen, und die Händler tauschen Tigerfellvorleger gegen die schönsten Perlen und Speere ein, die Sie jemals zu Gesicht bekommen haben. Selbst Ihre Hüttenbauer sind in Festtagsstimmung und dekorieren die Wände Ihres Büros mit Darstellungen großer Leistungen und neuen Wohlstands.

Und dennoch. Von fernen Berggipfeln verkünden kaum vernehmbare Trommeln warnend, daß irgendetwas doch nicht so ganz in Ordnung sein könnte. Zweifel werfen erste Schatten voraus. Sie werden unsicher. Es geschehen Dinge, die Sie nicht kontrollieren können. Einige Jäger murmeln etwas von Tigern, die entkommen sind. Die Gerber klagen über den schlechten Zustand des Rohmaterials. Ihre Händler kehren mit zweitklassigen Perlen ins Eingeborenendorf zurück. Sie fragen die Stammesältesten, was denn los sei. Doch diese starren Sie nur ausdruckslos an. Und dann sagt der Schamane das eine Wort, das Sie gerade *nicht* hören wollten – „Depression".

Was uns nervös macht

Die meisten von uns haben bereits Depressionen erlebt, und nur einige bekleideten während der letzten ernsthaften Rezession schon Managementpositionen. Etwas über die Faktoren nachzulesen, die eine Firma nach der anderen scheitern ließen, ist nicht dasselbe, wie selbst dabei gewesen zu sein. Krisen werden sehr schnell ad acta gelegt, sobald sie vorüber sind. Der Weg in die Krise ist weitaus traumatisierender.

Sei es im wirtschaftlichen Dschungel oder bei der Verteidigung unserer nationalen Sicherheit, Krisen können uns im Schlaf überraschen – so wie die U.S. Navy in einem unaufmerksamen Augenblick überrascht wurde, während sie Ende 1987 im Persischen Golf Öltankern Geleitschutz gab. Obwohl voll bewaffnet und mit gut ausgebildeten Seeleuten bemannt, wurde eines der Schiffe getroffen, weil seine noch nicht kampferprobte Mannschaft auf die Lage unangemessen reagierte. Ober denken Sie an den Fall der Itel Corporation. In den 1970er Jahren war dies eine der größten und am schnellsten wachsenden Firmen für Computer-Leasing. Doch schon 1981 erklärte Itel sich als zahlungsunfähig, weil das Management sich weigerte, die Konsequenzen aus dem Verlust ihres Computer-Leasing-Versicherungsprogramms in dem Augenblick zur Kenntnis zu nehmen, als IBM Sparmaßnahmen und Einführung neuer Produkte verkündete.* Ein weiteres Beispiel liefert die Firma Finley, Kumble, die durch Akquisitionen zu einer der größten Anwaltsfirmen des Landes geworden war und bald danach infolge selbstmörderischer Fehden zwischen ihren leitenden Persönlichkeiten auseinanderbrach. Schließlich möchte ich noch Donald Burr erwähnen, Gründer und Chef von People Express, der mit seiner kleinen Fluggesellschaft „ins große Geschäft" einsteigen wollte, und zu diesem Zweck einen bunten Haufen anderer Träger erwarb, um schnell zum Ziele zu kommen. Burr sah schließlich ein, zugegebenermaßen zu spät, daß sein Unternehmen in Schwierigkeiten war, als seine Mutter zu ihm sagte: „Ich hoffe, du nimmst es mir nicht übel, aber ich fliege mit der ‚American'. Das kostet nur ein paar Dollar mehr."** People Express mit Greyhound-Niedrig-

* *Examiner's Report*, In re Itel Corporation, US-Bankruptcy Court Northern District of California, März 1981.

** *Inc.* (April 1987), S. 24.

preisen plus Bequemlichkeit hatte zwar eine zentrale und vertretbare Grundidee. Als das Unternehmen jedoch zu schnell expandierte – Opfer dieser in Versuchung führenden Zwillinge Eitelkeit und Neugier –, war es darauf nicht wirklich vorbereitet und ging in Konkurs.

Eine Firma kann aus folgenden Gründen auf bestimmte Entwicklungen nicht vorbereitet sein: (1) mangelnde Erfahrung in Krisenbewältigung; (2) Dissonanzen bei der Wahrnehmung des Geschehens; man hört nur selektive und deshalb entstellte Signale vom Markt; und (3) starrköpfige Expansion durch ein Managementteam, das nicht wagt, dem Kaiser zu sagen, daß er keine Kleider trägt.

Wer beim Nahen schlechter Zeiten nervös wird, zeigt nur, daß er auf sie nicht vorbereitet ist. Viele Leser haben wahrscheinlich noch nie wirklich schlechte Zeiten durchstehen müssen, und die gegenwärtige Lage der Volkswirtschaft verunsichert sie. Das sollte sie auch. Denn die gegenwärtige Wirtschaftslage gibt gewiß Anlaß zu Nervosität. Sie und ich, wir haben unsere Ohren gespitzt, um die Warnungen der Geschichte nicht zu überhören.

Die guten Zeiten für unsere Volkswirtschaft haben fast ein Jahrzehnt gedauert, und viele Manager leiden an Unerfahrenheit. Sie hören von ihren Vertriebsleitern, die über ausländische Importe klagen, daß sich etwas zusammenbraut. Vorarbeiter in der Abteilung Herstellung melden, die wichtigsten Zulieferer könnten nicht mehr liefern, während die Leiter der Finanzabteilung von neuen Vorsichtsmaßnahmen der Banken berichten. Dieses Geflüster und Gemurmel bedeutet etwas. Soll das Unternehmen sich konsolidieren? Soll es sich fest eingraben? Soll es akquirieren? Soll es weiter reizen, um die nächste Karte der Konkurrenz zu sehen, oder soll es passen? Was soll man in so unstabilen Zeiten tun?

Bereitsein ist alles

Die beste Reaktion auf unsichere Zeiten ist, für eine Krise gerüstet zu sein. Manager müssen ihr Unternehmen geistig und physisch für schnelle Reaktionen auf die Krise vorbereiten. Von der Unternehmensspitze bis zum jüngsten Lehrling muß jedermann in der Lage sein, schnell auf Rückschläge zu reagieren. Ich spreche hier von Krieg und davon, wie man einen Angriff à la Pearl Harbour vermeiden kann: Man weicht den Geschossen seines angreifenden Konkurrenten aus, pariert den Schwerthieb eines Pfändungsbeschlusses, den ein ängstlicher Gläubiger beantragt, oder entkommt den Folgen leerer Kassen eines seinen Verpflichtungen nicht nachkommenden wichtigen Kunden.

Dieses Buch wendet sich nicht nur an leitende Manager. *Vielmehr soll es jeden einzelnen zum Handeln vorbereiten, der in einem Unternehmen Mitverantwortung für dessen Überleben trägt.* Ich spreche hier nicht davon, wie man in alltäglichen Situationen Strandgut vermeiden kann. Wovon ich *wirklich* spreche, ist Überleben.

Wie man überlebt

Die nachfolgende Geschichte ist nicht angenehm, doch muß sie erzählt werden. Das Überleben Ihres Unternehmens steht auf dem Spiel, und Sie müssen dafür sorgen, daß alle Ihre potentiellen Kampfgefährten dieses Buch lesen, seine Spielregeln begreifen und sie in ihre tägliche Arbeit integrieren. Tun Sie das nicht, kann es Ihrer Firma wie Itel, People Express oder der Anwaltsfirma Finley, Kumble ergehen – finanziell ruiniert durch *vermeidbare* Krisen. Das Management von Itel hörte nicht auf die Signale der eigenen Branche. People Express wollte zu schnell expandieren, um mit den ganz Großen zu fliegen. Finley, Kumble wurde zermürbt von Meinungsverschiedenheiten, Konflikten und ehrgeizigen Rivalitäten zwischen den leitenden Managern, die keine Erfahrung mit Krisenbewältigung hatten. Diese Unternehmen waren nicht vorbereitet. Sie erkannten herannahende Unsicherheiten nicht und waren in guten Zeiten raketenhaft nach oben geschossen. Wir leben gegenwärtig nicht in guten Zeiten, was auch immer einige Experten sagen mögen. Wir leben in fieberhafter Zeit. Ich weiß das, weil ich mich auf dem Schlachtfeld der Wirtschaft als Arzt betätige. Jeder Geschäftsmann sollte sich auf den Kampf ums Überleben vorbereiten, das Überleben seines Unternehmens.

Dieses Buch nimmt kein Blatt vor den Mund, nennt die Dinge beim Namen. Es hilft Ihnen, einen totalen Krieg zu vermeiden und Ihr eigenes Territorium durch richtiges Planen zu verteidigen. Sollte der Krieg jedoch unvermeidlich werden, dann unterrichtet dieses Buch Sie in Schlachtfeldstrategien. Sie lesen hier das geschäftliche Gegenstück zum Buch *Die Kunst des Krieges* von Hsün-tzu* (auch SünK'ing genannt), das im Jahre 1963 entdeckt und übersetzt wurde. Laut einem Aritkel in *The Times* (London, 1963) gilt es als „der erste bekannte Versuch, eine rationale Grundlage für die Planung und Durchführung militärischer Operationen zu formulieren".

Das Überleben hängt davon ab, daß man Ungewißheit als das erkennt, was sie ist: eine herannahende Krise. Ungewißheit ist ein *streßerzeugendes Geschehen*. Sie erzeugt Druck und Spannungen sehr ähnlich denen, die einen Rekruten befallen, der zum ersten Male einem Gefecht entgegengeht. Solche Belastungen können zum Verlust des Gleichgewichts führen, zu wild um sich schlagenden Notlösungen und zum Leugnen des Horrors, der, wie Sie im tiefsten Inneren wissen, dabei entstehen kann. Als leitender Manager sollten Sie nunmehr die wichtigsten Untergebenen in Ihrem Konferenzzimmer versammeln, wie ein verantwortungsbewußter

* Hsün-tzu, auch Sün-tse oder Sün K'ing chinesischer Philosoph des dritten Jahrh. v. Chr.

Kommandeur, der seinen Truppen Mut einflößt, und dem Stressor einen Namen geben. Bezeichnen Sie ihn als das, was er ist: eine herannahende Krise. Sprechen Sie darüber, beschreiben Sie die potentiellen Auswirkungen. Formulieren Sie einen Überlebensplan, bevor noch etwas geschieht.

Und genau an dieser Stelle hat dieses Buch seinen Platz. Es zeigt, wie man vorsichtig die Minenfelder umgeht, die unsichere Zeiten produzieren. Es liefert Ihnen eine Hausapotheke, mit der Sie jede vorstellbare geschäftliche Krise überstehen können. Vor 2500 Jahren schrieb Hsün-tzu, Schlachten könnten ohne Verluste an Menschenleben gewonnen werden, wenn man sich nur klar mache, daß das entscheidende Schlachtfeld im Kopf des gegnerischen Befehlshabers liegt. „Ein fähiger General muß auch die zusätzlichen Künste des Simulierens und der Verstellung beherrschen. Während er Maßnahmen trifft, die den Feind täuschen und verwirren sollen, verbirgt er seine wahren Absichten und Pläne. Obwohl kampfesbereit, täuscht er Unfähigkeit dazu vor; während er dem Gegner ganz nahe ist, erweckt er den Anschein, weit weg zu sein; und wenn er weit entfernt ist, tut er so, als sei er nahe." So schreibt Hsün-tzu.

Wurden Sie als Manager niemals auf dem Schlachtfeld auf die Probe gestellt, während das Schicksal des Unternehmens auf dem Spiel stand, dann sind Sie nicht kampferprobt genug. Um wirklich gerüstet zu sein, müssen Sie sich daher den Kampf ums Überleben bildlich vorstellen. Ich werde Sie im Geist nach Armageddon * und zurück führen. Ich selbst bin dort gewesen und habe mit Managern zusammengearbeitet, die ebenfalls dort waren. Sam Walton war dort im Jahre 1950, als seine kleine Kette von Ben Franklin-Warenhäusern schließen mußte. William Y. Tauscher war 1978 dort, als er entdeckte, daß Lag Drug Company, Vorläufer der Fox Meyer Corporation, pleite war. John Lewis befand sich dort 1980,

* Armageddon, lt. Offenbarung Johannes 16,16 der mythische Ort, an dem die bösen Geister die Könige der ganzen Erde für einen großen Krieg versammeln. In England Ausdruck für große polit. Katastrophen (Anm. d. Übers.).

als die mit IBM-Steckerkompatibilität ausgerüsteten Großrechner der Amdahl Corporation von so vielen Computerviren verseucht waren, daß die Käufer ihr Geld zurückverlangten. Und ich war dort im Jahre 1978, als die Fox Meyer Risikokapitalanleger mich blendeten und fast in den finanziellen Ruin trieben, und erneut im Jahre 1986, als einer erschreckten Bank der Pfändungsbescheid über meine Bankkonten zugesprochen wurde. Man sollte jedoch wissen: Wer für eine Krise gerüstet ist, überlebt nicht nur – er blüht auf.

Sam Walton erhob sich wie ein Stehaufmännchen und baute die Wal-Mart-Stores auf, mit denen er ein Milliardenvermögen machte. Bill Tauscher kam wieder auf die Beine und machte die Fox Meyer Corporation zur zweitgrößten Ladenkette für Drogerie-, Gesundheits- und Kosmetikartikel im ganzen Lande, mit einem Umsatz von ca. drei Milliarden Dollar. Tauscher verkaufte die Fox Meyer Corporation 1986 für $ 350 Millionen und erwarb 1987 die Kontrolle über Computerland. John Levis rettete Amdahl Corporation durch eine Spritze von Lieferantenkapital mit der Verpflichtung, alle Produkte vor der Auslieferung gründlich testen zu lassen. Meine eigene Firma kam zweimal vom finanziellen Ruin wieder auf die Beine und wurde dann zu einer der effizientesten Investmentbanken für Umschuldungen, umstrukturierte und neugegründete Firmen im ganzen Lande.

Wer überleben will, darf nicht die Augen vor den Realitäten verschließen. Verspüren Sie Ungewißheit hinsichtlich des Zustandes der Volkswirtschaft, Ihrer Region, Ihrer Branche oder der Leistungsfähigkeit der Technologie Ihrer Firma, dann erzeugt das Streß. Nehmen Sie die Signale nicht zur Kenntnis, sind Sie zum Tode verurteilt. Reagieren Sie auf das Gemurmel und Wispern um Sie herum mit der geringschätzigen Haltung „Kein Problem", dann sind Sie bereits tot. Laden Sie im Hochgefühl eingebildeter Kraft Geschäftsfreunde, die zu Ihnen aufschauen, zu einem Sektfrühstück ein, obwohl Sie sich besser mit der Bewältigung der herannahenden Krise befassen sollten, dann sind Sie ein toter Mann. Verbringen Sie diese Zeit mit anderen Dingen als der Planung für einen totalen Krieg, dann werden Sie bald keine Firma mehr haben, um die Sie sich sorgen müssen. Sie stimmen mir nicht zu? Dann denken Sie doch mal an folgendes: Bisher ist noch keine Firma in Konkurs gegangen, weil sie zu gut für eine Krise gerüstet war. Nehmen Sie es zur Kenntnis: Früher oder später wird die See rauh werden, und Sie brauchen Rettungsringe. Zeichnen Sie in Ihren Tageskalender mit rotem Stift ein großes Viereck und notieren Sie darin von heute ab täglich drei Dinge, die Sie bei einem plötzlichen Rückgang Ihrer Umsätze oder bei einer Liquiditätskrise tun wollen. Und dann tun Sie diese drei Dinge noch vor Tagesende. Noch heute schreiben Sie auf: (1) Außenstände energischer einfordern; (2) den Mitarbeiter entlassen, der mir durch mangelnde Leistungen schon lange Ärger macht; (3) Zahlungen an die Lieferanten um eine Woche verzögern. Beim Lesen dieses Buches werden Ihnen noch viele weitere Ideen für solche Einträge kommen. Doch beginnen Sie schon heute damit.

Typische Mißgeschicke

Eines der folgenden vier Mißgeschicke wird Ihre Firma wahrscheinlich in naher Zukunft treffen. Vermutlich sind Sie auf keines von ihnen vorbereitet – die meisten Manager sind es überhaupt nie. Diese vier typischen Mißgeschicke sind

- Das Produkt veraltet.
- Die wirtschaftliche Lage der ganzen Region verschlechtert sich.
- Die Branche erleidet einen Abschwung.
- Nationale Rezession, Depression oder galoppierende Inflation.

Sprechen wir nun davon, wie die gegenwärtige allgemeine Unsicherheit Sie auf jede einzelne dieser vier typischen Krisenerscheinungen aufmerksam machen und Sie selbst in den Stand versetzen kann, ihnen zu begegnen.

Produktüberalterung

Es gibt zahlreiche Beispiele von Unternehmen, die durch Überalterung ihrer Produkte Folterqualen erlitten. In der Fachpresse wurde besonders häufig der Fall Itel Corporation genannt. Weniger bekannt und insgesamt glücklicher abgelaufen ist die Geschichte der Firma Moldex/Metric. Jede dieser Firmen geriet wegen Produktüberalterung in eine Krise – eine überlebte.

Der Fall Itel Corporation. Itel wurde 1967 gegründet. Ihr Hauptgeschäft bestand darin, IBM 360-Computer zu kaufen und sie durch zwei- bis fünfjährige Verträge an andere Firmen zu leasen. Diese Verträge waren mit Zwölfmonatsfrist kündbar. Die Erstfinanzierung schloß eine $ Zehn-Millionen-Investition der Fireman's Fund Insurance Company (die später von American Express erworben wurde), ferner eine $ 105-Millionen-Kreditlinie der Bank of America sowie eine erste öffentliche Aufforderung zur Zeichnung von Itel Stammaktien im Oktober1968. Im Jahre 1969 erzielte das Unternehmen einen $ Drei-Millionen-Gewinn aus $ 40-Millionen-Umsatz. Dieser Gewinn stieg in zehn Jahren auf bereinigte $ 48,4 Millionen bei einem Umsatz von $ 688,7 Millionen. Es gab „Schwachpunkte in der Struktur von Itel, in seinen Geschäften, dem Management und der fachlichen Unterstützung, die zum Zusammenbruch der Firma führten", heißt es im *Examiner's Report* über die Itel Corporation, herausgegeben vom US Bankruptcy Court, Northern District of California, vom März 1981. Am 19. Januar 1981 stellt Itel Konkursantrag gemäß Chapter XI des Bankruptcy Law, was seinen allgemeinen Aktionären Verluste von mehreren hundert Millionen Dollar bescherte. *Der Examiner's Report,* auf den sich praktisch alle hier zitierten Angaben stützen, nennt mehrere Gründe für den Zusammenbruch. Dieser wurde beschleunigt durch die Einführung neuer IBM-Computer im Jahre 1977 und durch den gleichzeitigen Widerruf der Leasing-Versicherung durch Lloyd's of London. Das leitende Itel-Management hatte zwar klug diversifiziert, indem es Computer durch seine Data Products Group vermarkten ließ, die um das Jahr 1977 Erlöse von $ 170 Millionen erzielt hatte. Als es sich nun an diese Abteilung mit der Bitte um Cash-flow wandte, blieb das ohne Erfolg. Was war geschehen?

Die Inventarlisten der Data Products Group des Jahres 1978 waren heillos durcheinander. Sie gaben nicht die wirklichen Lagerbestände und ihren Zustand wieder. Der interne Buchprüfer des Unternehmens bezeichnete die Bestandsaufnahme als stark überhöht. Obwohl Itel an der Börse notiert wurde, meldeten die Manager der Data Products Group diese überhöhten Bestände an das leitende Management von Itel, das entsprechend falsche Berichte an die Aufsichtsbehörde, die Securities and Exchange Commission, leitete. Darüber hinaus war aber auch das grundlegende Management-Informationssystem der Gruppe, das Rechnungen und Eingänge kontrollieren sollte, absolut ineffizient. Obwohl Aktionären, Gläubigern und Anlegern aufgeblähte finanzielle Berichte nolens volens übermittelt wurden, wußte das Management von Data Products, daß die Zahlenangaben falsch waren und diese Abteilung im folgenden Jahr zusammenbrechen würde.

Während die Krise unter den Teppich gekehrt wurde, setzte Itel seinen verschwenderischen Lebensstil fort. „Besucher in der Unternehmenszentrale im One Embarcadero Center in San Francisco schritten über persische Teppiche in den Fluren und wurden mit teurem Perrier Mineralwasser aus den Eisschränken der Büros bedient. Leitende Angestellte und erfolgreiche Handelsvertreter flogen in einem firmeneigenen Jet durch die Lande. Erfolgreiche Firmenangestellte erhielten nicht nur hohe Bonuszahlungen, sondern wurden auch zu den Jahresversammlungen des ‚Itel Club' geladen, sowie während einer Kreuzfahrt oder eines einwöchigen Aufenthalts in einem erstklassigen Kurort unterhalten und motiviert." (Auch diese Angaben sind dem Examiner's Report entnommen.)

Auf den Verlust des Computer-Leasing Geschäfts und anstelle des nutzlosen Rückgriffs auf die Data Products Group hätte es eine angemessenere Reaktion gegeben: Das Eingeständnis, daß die Inventurlisten aufgebläht waren, Gesundschrumpfen und Neuorientierung des Unternehmens, Kündigung der Abteilungsleiter, die nirgendwo ein Problem gesehen hatten, und ein öffentliches Bekennen der Irrtümer in den Finanzberichten der Data Products Group. Die Apple Computer Corporation und andere Unternehmen haben Probleme der Produktüberalterung mittels Veränderungen im Management und in den Betriebsmethoden überlebt. Bei Itel war das jedoch anders.

Im *Examiner's Report* heißt es, bei Itel sei unternehmerische Unfähigkeit nur eine von vielen Facetten der Eigenschaften des Managements gewesen. Da gab es noch ein anderes, viel schwerer wiegendes Manko. Mitglieder des Managements „waren sich bereits gegen Ende 1978 der Tatsache bewußt, daß das Leasing-Geschäft in ernsthaften Schwierigkeiten war, daß der Absatz von Computern sich verlangsamte und durch neue IBM-Technologie gefährdet war". *(Examiner's Report)* Trotz dieser Erkenntnis verkauften die führenden Manager – Peter S. Redfield, John H. Clark und Joe D. Foster – Tausende von Itel-Aktien zu Preisen zwischen $ 26 bis $ 32,50 pro Aktie (später fiel der Preis auf $ 1,00 pro Aktie). Für den *Examiner's Report* geschah dies wahrscheinlich in Verletzung des Paragraphen 10(b)5 des Securities Exchange Act –. und hätte mit Geldstrafen und Gefängnis geahndet werden können. Das Itel-Management kam jedoch ungestraft davon.

Nach Einleitung des Konkursverfahrens und einem Vergleich mit den Gläubigern kam Itel unter einem neuen und besseren Management wieder auf die Beine und entwickelte sich zu einem höchst erfolgreichen und diversifizierten Unternehmen. Wie im *Examiner's Report* ausführlich beschrieben, war der damalige Zusammenbruch ein klassisches Beispiel für einen Unternehmensmord durch ein Management, das nicht dafür gerüstet war, die Probleme bei den Hörnern zu packen, und daher auch nicht vorbereitet war, die Aktionäre vor Schaden zu bewahren.

Moldex/Metric. Im Gegensatz dazu bewältigte Herbert Magdison, Vorstandsvorsitzender von Moldex/Metric, die Produktüberalterung seines Unternehmens schnell und klug und stand am Ende dieses Geschehens mit unverletzter Integrität da. Moldex/Metric hatte zwanzig Jahre lang Büstenhalterschalen für Hersteller von Damen-Badeanzügen wie Jantzen und für Dessous-Fabrikanten wie International Playtex hergestellt und dabei nach und nach einen Umsatz von $ 60 Millionen erzielt. Doch wandelt sich die Mode ebenso wie das Glück. Gegen Ende der siebziger Jahre kamen große Busen aus der Mode und die Firmen für Steifleinen-Unterkleidung begannen, Büstenhalterschalen im Hause herzustellen.

Magdison erkannte, daß er unbedingt ein neues Produkt brauchte. Durch klare Formulierung des Problems und Analyse der Möglichkeiten fand er es: eine handliche Gesichtsmaske für Industriearbeiter. Gegen die scharfe Konkurrenz der 3M Corporation, die den $ 75-Millionen-Markt für solche Masken beherrscht, stieg Moldex in den oberen Teil des Marktes ein – eine 75-Cent-Maske gegen das 65-Cent-Modell von 3M – und bot dafür größere Haltbarkeit und Bequemlichkeit.

Um das Jahr 1978 hatte Moldex/Metric zehn Prozent des freien Marktes für Gesichtsmasken erobert, und zusammen mit einem anderen Produkt für Sicherheit am Arbeitsplatz (Ohrenschützer aus Schaumstoff) wuchs der Umsatz auf $ 265 Millionen. Magdison, der 29 Jahre alt war, als er die große Entscheidung treffen mußte, begegnete dem Feind Überalterung frontal – mit dem glücklichen Ergebnis, daß Moldex/Metric heute viermal größer und profitabler ist als vor der Krise um die Büstenhalterschalen. (Siehe *Forbes*, 20. April 1978).

So wurden also zur selben Zeit zwei Unternehmen im selben Bundesstaat vom teuflischen Feind Produktüberalterung aufs Schlachtfeld gelockt. Das eine Managementteam leugnete das Problem, legte der Öffentlichkeit falsche Bilanzen vor, um den Preis der Aktie zu stützen, und dumpte dann Aktien unter Ausnutzung von Insider-Informationen in ein argloses Publikum. Das andere Management war aufrichtig, identifizierte die Krise als potentiell verheerend, und fand neue Produkte für seine technologischen Kapazitäten sowie ein Marktsegment, das es erobern konnte.

Spring nicht aus dem Fenster! Die vor allem in der Seventh Avenue konzentrierte Konfektionsindustrie hat Tausende von Konkursen aufgrund von Produktüberalterung erlebt. Wenn ein Kleiderfabrikant glaubt, der Mini werde wiederkehren, während die Kunden in Wahrheit Wadenlänge bevorzugen, dann hat er keine Möglichkeit, zwölftausend Miniröcke loszuwerden, außer durch Konkurs und Geschäftsauflösung. Die Geschäftsleute in der Seventh Avenue, die viele Jahre lang das Fallbeil der Produktüberalterung über sich baumeln sahen, haben aufgrund dieser Erfahrung einen besonderen Galgenhumor entwickelt.

Der verstorbene Myron Cohen erzählte die Geschichte von Jacob und Sam, zwei Geschäftspartnern, die auf der zwölften Etage eines Gebäudes in der Seventh Avenue Frauenoberbekleidung herstellten. Ihre Erzkonkurrenten produzierten auf der sechsten Etage desselben Gebäudes. Während fünfundzwanzig Jahren konkurrierten die beiden Firmen alljährlich grimmig bei der Voraussage der Trends für die Damenmode der kommenden Saison. Ihre Modelle wurden streng geheim gehalten, und die von ihnen ausgewählten Gewebe sogar noch schärfer bewacht. Und doch konnte die Firma im sechsten Stock die Konkurrenten Jacob und Sam Jahr für Jahr überlisten.

Schließlich kam für die beiden Partner das Ende. Jacob ging zu einem Fenster der Fabrik im zwölften Stock, riß es auf und stieg auf das Sims.

„Diesmal ist es so weit, Sam. Einen neuen Konkurs kann ich nicht mehr verkraften“, sagte Jacob.

„Tu es nicht!“ rief Sam, während er schockiert und ungläubig zum Fenster stürzte. „Versuchen wir es noch eine Saison.“

„Nein, Sammy. Ich werde jetzt springen“, antwortete Jacob. Und er sprang.

Während Jacob nach unten fiel, kam er an einem Fenster im sechsten Stock vorbei und erwischte einen kurzen Blick auf die Kollektion der Konkurrenz.

Jacob schaute nach oben, sah Sam am Fenster stehen und rief ihm zu „Samtstoffe!“

Der Galgenhumor der Seventh Avenue behauptet, es sei niemals zu spät für die Durchführung eines Plans, mit dem man die Krise einer Produktüberalterung vermeiden kann – es sind immer noch sechs weitere Stockwerke, Zeit genug, eine Lösung zu ersinnen. Plant man jedoch sorgsamer als Jacob im voraus, dann wird man auch überleben und die Resultate des eigenen Bemühens selbst erleben. Sie sollten besser nicht im freien Fall zu einer Lösung kommen, sondern statt dessen Ihr Team im Konferenzraum versammeln, wie in Kapitel 2 vorgeschlagen, und sofort mit der Formulierung der Krise beginnen.

Regionale Katastrophen

Das Gemurmel und Wispern, das Sie vernehmen, könnten erste Warnzeichen eines wirtschaftlichen Abschwungs in Ihrer Region sein. Vielleicht steht ein bedeutender Arbeitgeber in der Gemeinde vor dem Zusammenbruch. Die lokale Filiale eines großen Herstellers mit zwanzigtausend Beschäftigten könnte aufgrund überstarken ausländischen Wettbewerbs geschlossen werden. Ein bedeutender Arbeitgeber in Ihrer Region könnte dicht machen, weil sein Stammhaus von einem anderen Unternehmen übernommen wird. Eine lokale Chemiefabrik soll vielleicht aus Gründen des Umweltschutzes geschlossen werden, so wie nach der Umweltkatastrophe im indischen Bhopal. Der Präsident der Vereinigten Staaten könnte den Export eines in Ihrer Region hergestellten Produktes nach osteuropäischen Staaten verbieten, wie Präsident Carter es zum Mißvergnügen von Tausenden von Farmern Ende der siebziger Jahre tat.

Wird Ihre Region von einem besonders großen Unternehmen dominiert, dann könnte eine leichte Verdauungstörung bei ihm Ihrer Firma ein Magengeschwür bereiten. Oder Ihre Firma wickelt 40 Prozent ihrer Geschäfte mit einem lokalen Hersteller ab, der auf einmal beschließt, seine Herstellung nach Übersee zu verlegen. Was tun Sie, um zu überleben, wenn seine Türen auf einmal verriegelt sind? Wie vermeiden Sie ein Szenario des Typs West Texas? Für alle diese Szenarios gibt es eine einzige Antwort – man bereitet sich vor, und zwar vor dem freien Fall. Man lernt Kriseninterventionen und entwickelt einen Plan für Umstellung und neues Wachstum. Ich werde Ihnen zeigen, wie man das tut.

„Was ist der Unterschied zwischen einem texanischen Ölproduzenten und einer Taube?“ fragte mein Freund aus Austin. „Eine Taube kann immer noch etwas auf einem Mercedes ‚deponieren‘.“ So schlimm kam es, als Texas zu Beginn der achtziger Jahre von der Erdölkatastrophe betroffen wurde. In Kapitel drei werde ich darlegen, wie John Madden, Vorstandsvorsitzender der Rex Engineering, die Krise der Erdölindustrie nutzte, um seinem Unternehmen, das Bohrausrüstungen verkaufte, neue Möglichkeiten zu erschließen. Im Augenblick wollen wir jedoch untersuchen, wie ein regionales Desaster ausschauen könnte.

Die Stadt Espanola in New Mexiko, zwischen Santa Fe und Taos gelegen, hat zwölftausend Einwohner. Sie ist das Zentrum eines Kults, der Markenautos zu sogenannten „low-riders" umbaut. (Für Leser, die nicht-modifizierte Autos fahren: Es kann erregend sein, wenn man einen wiederhergestellten und neulackierten Chevrolet, Baujahr 1957, sieht, der bei fünf Zentimeter Bodenfreiheit plötzlich sein Hinterteil anhebt und es mittels eines unsichtbaren hydraulischen Mechanismus schwenkt wie eine gutgewachsene Frau die Hüften.) Finanziell betrachtet läßt sich Espanola mit South Bronx vergleichen. Die Stadt bietet ihrer arbeitslosen, weitgehend hispanolischen Bevölkerung praktisch weder Arbeitsmöglichkeiten noch irgendeine Hoffnung. Die Bewohner arbeiten außerhalb der Stadt und geben ihr Geld auch dort aus. Der Ort ist Zielscheibe geschmackloser und übler Witze – eine wirtschaftliche Katastrophe, eine voll entwickelte Krise.

Dem energischen, jungen und gescheiten Bürgermeister Richard Lucero bietet die Stadt jedoch eine Chance. Er kann kommerziellen und industriellen Raum für ganze zehn Cents pro Quadratmeter vermieten. Und angesichts eines städtischen Colleges, das gut ausgebildete junge Leute ins Leben entläßt, sollte ein Hersteller in den Rocky Mountains Espanola in Erwägung ziehen. Vor kurzem hat Lucero einen großen Industriepark zwischen Espanola und Los Alamos neu geschaffen sowie Pläne entworfen für ein Gelände in der Stadtmitte mit überdachten Galerien, mit Einzelhandelsgeschäften und kulturellen Angeboten im Stil der South Street Seaport in New York City.

Denken Sie an diese kleine Stadt mit ihren frisierten Autotypen und ihren Mietpreisen von zehn Cents pro Quadratmeter, wenn Sie über die Auswirkungen regionaler Katastrophen nachdenken. Zwanzig Prozent Arbeitslose sind für Bürgermeister Lucero kein Horror – er betrachtete sie als Gottesgabe. Sie könnten auch einige Gemeinden von West Texas aufwerten, längs des Mississippi-Deltas in Louisiana sowie im Norden von New Mexiko, für die Arbeitslosigkeit der große Feind ist.

Dasselbe könnte in Ihrer Stadt passieren. Sie sollten die Auswirkungen von Katastrophen dieser Größenordnung einmal vorausberechnen und, wie Bürgermeister Lucero es tut, „so viel Positives wie möglich aus dem Negativen schöpfen". Akzeptieren Sie billige, arbeitsplatzschaffende, staatliche langfristige Kredite zu niedrigen Zinsen sowie Zuschüsse (siehe Kapitel fünf), und binden Sie Arbeitgeber mit Touristenindustrien und kleinen Herstellerbetrieben wieder an sich. Als Ziegel und Mörtel lassen sich niedrige Mieten, Steuernachlässe und ein Bestand an jungen Arbeitskräften positiv einsetzen.

In einigen Landesteilen gehören Krisen gewissermaßen zum Lebensstil, und in diesen abgelegenen Tälern der Arbeitslosigkeit stößt man auf Finanzvirtuosen, die eine wirtschaftliche Wiedergeburt zusammenbasteln können. In Belmont County, Ohio, auf dem gegenüberliegenden Flußufer von Wheeling, West Virginia, ging vor zwanzig Jahren die Bergbauindustrie zugrunde. Es war ein junger Funktionär für Fragen wirtschaftlicher Entwicklung, der sich für die Lösung seiner Frage „Wo finde ich Geld?" gerade diese Region heraussuchte. Er verstand es, beim Bundesstaat Ohio und aus Programmen der Regierung in Washington $ fünf Millionen locker zu machen.

Entscheidend für die Fähigkeit, sich aus einer regionalen Katastrophe herauszuwinden, ist es, das Problem nicht zu leugnen. Wie Hsün-tzu schrieb, muß man sich in die Gedanken des Gegners versetzen, um den Krieg zu gewinnen. In diesem Falle ist das Fehlen geschäftlicher Aktivitäten der Gegner. Gelingt es Ihnen, die Anschauungen zu verändern, die die Menschen von ihrer Gemeinde haben, dann kann man auf dem aufbauen, was sie als Katastrophe betrachten. Eine regionale Katastrophe zu leugnen und zu glauben, es werde schon alles wieder besser werden, verschlimmert das Problem beträchtlich. Interventionstechniken bei Krisen werden in Kapitel zwei erörtert.

Wirtschaftlicher Abschwung in der Branche

Jeder von uns kennt eine Handvoll Branchen, die seit einigen Jahren dahinsiechen. Blicken Sie auf die Wall Street und suchen Sie dort nach den neuesten Geschichten über die Auszehrung der Brieftaschen. Die Wall Street liefert das perfekte Beispiel einer Dienstleistungsbranche, die gerade das beiseite geschoben hat, was sie am besten kann (Dienstleistungen für Kunden) und sich Hals über Kopf in den Verkauf von Produkten stürzt (billige Bonds, Portfolio-Versicherungen, Termingeschäfte), die schnelles Geld bringen.

Doch dürfte ein Schock in der Wall Street ein blasser Schatten sein gemessen an dem, der uns im Gesundheitswesen bevorsteht. Die Ärzte mögen sich im Augenblick eine goldene Nase verdienen und eine dicke Brieftasche haben – doch steht die $ 430-Milliarden-Branche der Gesundheitsfürsorge vor dem Zusammenbruch. Auf diesem Gebiet gibt es genug Anzeichen von Unsicherheit. Würde man jeden einzelnen Hinweis auf einem Röntgenfilm aufnehmen und diese Filme aneinanderkleben, dann würde der Gesamtfilm von der Mayo Klinik bis zur Johns Hopkins University reichen.

Die nationalen Gesundheitskosten steigen dramatisch ohne gleichzeitige Verbesserung der Gesundheit unserer Bürger. Die Ausgaben für das Gesundheitswesen übersteigen in den USA $ 430 Milliarden jährlich, das sind elf Prozent des BSP. Die Krankenkassenbeiträge wurden von 1986 bis 1987 um mehr als 20 Prozent erhöht, die Arzthonorare um sechs Prozent im Jahre 1986. Die Preise für rezeptpflichtige Medikamente kletterten 1986 um neun Prozent und im ersten Halbjahr 1987 um 6,8 Prozent. Die Kosten für die Behandlung von Personen, die an irgendeiner Form von Geisteskrankheit leiden, stiegen in den achtziger Jahren jährlich um zehn bis 25 Prozent. Psychische Gesundheitsprobleme beanspruchen heute 30 Prozent der totalen Gesundheitsfürsorgekosten der Arbeitgeber.

Der Anstieg der Kosten im Gesundheitswesen wäre noch zu rechtfertigen, wenn die Sterblichkeitsrate abnehmen würde. Das ist jedoch nicht der Fall. Vielmehr steigt sie um etwa die Hälfte der Rate der Gesundheitskosten. Die RAND Corporation berichtete neulich, 32 Prozent gewisser chirurgischer Dienstleistungen – koronare Angiogramme sowie Endoskopien des oberen Verdauungstrakts – seien überflüssig. (Siehe *Healthweek* vom 23. November 1987.) Nach einem Bericht des *New England Journal of Medicine* sind 36 Prozent aller Krankheiten iatrogen, das heißt durch eine medizinische Behandlung verursacht. Um es präziser auszudrükken – wir bezahlen mehr und erhalten dafür weniger.

Würden Sie Ihren Betrieb so führen? Wären Sie für die nationalen Gesundheitskosten verantwortlich: Würden Sie dann den Ärzten erlauben, unnötige Verfahren anzuwenden, nur weil ihre Kosten den Patienten erstattet werden? Würden Sie es ihnen gestatten, ohne Kontrollen die Diagnosemethoden immer höher zu schrauben? Würden Sie genehmigen, daß Medikamente verschrieben werden, deren Wirkung nicht gründlich geprüft wurde? Warum hat man es der amerikanischen pharmazeutischen Industrie gestattet, so selbstherrlich zu werden?

Eine Antwort liefert der Mythos der hohen Technologie. Ärzte können aus einer Ansammlung von nahezu 1500 Tests auswählen, von denen viele mit einer verwirrenden Anordnung von Technologien durchgeführt werden. In den USA werden jährlich über zehn Milliarden diagnostische Tests vorgenommen, die fast $ 150 Milliarden pro Jahr kosten, etwa ein Drittel der jährlichen Gesundheitsrechnung der Nation. Dabei ist eines von sieben Testresultaten, die von den Labors den Ärzten übermittelt werden, entweder falsch oder unzuverlässig. Dennoch zahlt die Krankenversicherung für jeden ärztlich verordneten Test.

Ein anderer Grund für den Anstieg der Sterblichkeit und der medizinischen Kosten ist, daß der typische amerikanische Arzt mehr die Symptome der Krankheit testet und behandelt als ihre Ursache. Der Patient beschreibt ihm die Symptome. Der Arzt erkennt weder sofort die Unordnung im Körper, noch erkundigt er sich nach den psychischen oder ernährungsbedingten Faktoren, die zur Erkrankung beitragen könnten. „Vielmehr geht er mit multiplen Tests, Verfahren, Medikationen und Operationen organischen Möglichkeiten nach." Die Kosten dieser Strategie werden nur noch durch den potentiellen iatrogenen Schaden übertroffen. (Siehe *Journal of the American Medical Association* vom 6. Dezember 1985, S. 3075.)

Frühe Warnsignale: Im Oktober 1987 kündigte die amerikanische Bundesbehörde für das Gesundheitswesen an, sie wolle dem Kongreß bis zum Jahresende einen Plan vorlegen, wie man die Ärzte identifizieren könne, die zu viele Tests verordnen. Ziel dieses Plans soll es sein, die 31 Millionen Patienten, die vom Medicare-Programm betreut werden, zu veranlassen, andere Ärzte aufzusuchen. 75 Prozent der von der American Medical Association befragten Ärzte gaben zu, daß sie zu viele Tests verordnen, bezeichneten diese Form „defensiver" Behandlung aber als notwendige Maßnahme, sich vor gerichtlichen Auseinandersetzungen wegen angeblicher Kunstfehler zu schützen. Dennoch verursachen einige Tests tatsächlich den Tod von Patienten: Forscher der University of Massachusetts haben herausgefunden, daß von den Patienten mit

Herzattacken, denen ein Katheter in die Lungenschlagader eingeführt wurde (um Bluckdruck und den Fluß des Blutes aufzuzeichnen), doppelt so viele sterben wie von den Patienten, die nicht so behandelt wurden. Einige Tests sind trügerisch: cytotoxische Tests, die angeblich Allergien, unterdurchschnittliche Vitaminspiegel und zu niedrige Knochenfestigkeit identifizieren, gelten als zweifelhaft. Einige Tests sind sogar absolut unzuverlässig: Die Kongreßbehörde für Abschätzung von Technologiefolgen hat vor kurzem herausgefunden, daß neun von zehn Aids-Tests, die das Ergebnis „negativ“ verkündeten – also kein Aids – falsch waren.

Viele gelbe Warnlichter weisen die Gesundheitsindustrie auf einen bevorstehenden Wandel im Preissystem hin. Sind denn nun die Verantwortlichen dabei, sich auf dieses düstere Szenario vorzubereiten? Keineswegs.

Maßnahmen. Wie sollte ein Unternehmen der pharmazeutischen Industrie oder eine Privatklinik bzw. ein öffentliches Krankenhaus oder der Hersteller von Materialien für medizinische Tests auf diese Warnsignale reagieren? Sie sollten vorausberechnen, wie der Abbau des Systems der Erstattung von medizinischen Kosten sich auswirken wird – zweifellos werden Änderungen der Behandlungsmethoden sowie geringere Honorare die Folge sein. Sobald diese Berechnungen angestellt sind, sollten die betroffenen Unternehmen Barmittel zurücklegen, Zeit gewinnen, die Kosten reduzieren und leistungsschwaches Personal entlassen. Sobald sie abgespeckt haben, sollten sie einen Umstrukturierungs- und Wachstumsplan ausarbeiten und verwirklichen, wie in Kapitel zwölf dargelegt.

Nationale Rezession, Depression oder galoppierende Inflation

Stellen Sie sich vor, alle diese typischen Katastrophen treten gleichzeitig während einer erdbebenartigen nationalen Rezession, Depression oder galoppierenden Inflation auf. Ihr Unternehmen muß für den größten Schlag gerüstet sein.

Am 19. Oktober 1987, den man allgemein als Schwarzen Montag bezeichnet, fiel der Dow Jones Index auf 508 Punkte. Das geschah hauptsächlich als Reaktion auf Gefahrensignale aus der Weltwirtschaft und übermäßig beanspruchten Finanzinstitutionen. Das schlimmste aller Signale war vielleicht nicht einmal das Absacken des Aktienmarktes, sondern die Reaktion der amerikanischen Regierung. Am Dienstag morgen überschwemmte sie die Investmentbanken mit Barmitteln, statt bei deren Bankrott zuzusehen. Ungezügelte und sinnlose Habgier wurde nicht bestraft. Alte Ladenhüter von Bonds wurden hervorgeholt, um jede denkbare Art von Aktienübernahmen zu ermöglichen, während die Investmentbanken Firmenübernahmen finanzierten, da dieses Produkt gut verkäuflich war. Es ist vorbei mit dem Service-Aspekt des Systems der Investmentbanken. Habgier, dein Name ist Übernahme von Ramschbonds!

Wie lange will die Regierung noch das geistlose Verhalten der Wall Street belohnen? Anscheinend ewig. Das wirkt jedoch inflationssteigernd und kann nur zur Folge haben, daß wir dann noch schwerer von der Krise betroffen werden. Warren Buffet predigte den Anhängern von Benjamin Graham während ihres Zweijahres-Treffens in Williamsburg, Virginia (zufälligerweise ausgerechnet am Schwarzen Montag): „Es ist wirklich etwas nicht in Ordnung, wenn jemand ein Sparkonto eröffnen, einen Kredit aufnehmen und staatliche Versicherungsbonds deponieren kann, um in alles investieren zu können, was ihm nur in den Sinn kommt."

Wir dürfen auch nicht den wackligen Untergrund übersehen, auf dem unsere kommerziellen Banken stehen. Unsere größten Banken haben mehr als $ fünf Milliarden an jedes einzelne einer großen Anzahl fremder Länder ausgeliehen, die nicht in der Lage sind, diese Kredite zurückzuzahlen. Werden die Banken eines Tages mit dieser Situation direkt konfrontiert, dürften einige von ihnen aus dem Geschäftsleben ausscheiden – falls sie nicht vom Staat gerettet werden, was dann das Inflationsszenario verstärken wird und Millionen anderer Kredite werden dann zurückgerufen. Wir alle werden dann erleben, wie das Kreditfenster krachend herunterfällt.

Wie steht es eigentlich um die Rechnungslegungspflicht? Wir können sicher sein, daß wir schweren Zeiten entgegengehen, wenn der Rechnungslegungspflicht nicht der Respekt entgegengebracht wird, den sie verdient. Wird Habgier von der Bundesregierung noch unterstützt, werden schlechte geschäftliche Beurteilungen und daraus entstehende Verluste von Uncle Sam mit monetären Transfusionen belohnt, dann wird irgendjemand die Rechnung bezahlen müssen. Dieser Jemand werden unser aller Unternehmen sein, der Preis entweder Inflation oder Rezession oder beides.

Was funktioniert nicht in der Volkswirtschaft? Zumindest drei bedeutsame Faktoren könnten die Wirtschaft der Vereinigten Staaten in eine schwere Rezession taumeln lassen: (1) das allseitige Zusammenschmelzen der Finanzmärkte, wenn das Investmentbankensystem während eines durch reale ökonomische oder politische Kräfte verursachten Ausverkaufs sich nicht in der Lage sieht, Kapital zur Verfügung zu stellen; (2) verstärktes Sparen mit gleichzeitiger stärkerer Kaufenthaltung seitens der Verbraucher, was zur Schließung von Fabriken und zu Entlassungen führt; (3) ausländisches Einwirken auf die amerikanische Wirtschaft, wenn japanische und deutsche oder sonstige ausländische Institutionen einige Emissionen von Schatzanweisungen auf den Markt werfen.

Seit mehreren Jahren fahren wir auf dem falschen Gleis – eine Folge besessener Hingabe an hohe Risiken, Finanzmanöver als abkürzender Weg zum Wohlstand – der „Casino-Gesellschaft", wie die Zeitschrift *Business Week* das im Juli 1987 nannte. Bis Mitte 1987 war das Volumen der Transaktionen auf den Effektenmärkten in den Vereinigten Staaten, Europa, Hongkong und Japan auf ein jeden volkswirtschaftlich vertretbaren Sinn übersteigendes Ausmaß angeschwollen, wodurch das unzureichend mit Kapital ausgestattete Finanzsystem überlastet wurde. Hätte nicht die Federal Reserve Bank am Morgen des Dienstag, 20. Oktober 1987, Geld in die Finanzmärkte gepumpt, dann wären diese in der ganzen Welt zusammengebrochen. Die finanzielle „Kernschmelze“ (wie John J. Phelan, Vorstandsvorsitzender der New York Exchange, den 19. Oktober nannte) trat „in Abwesenheit einer echten Notlage ein“, schrieb das *Wallstreet Journal.* „Was würde den Märkten während einer größeren politischen oder wirtschaftlichen Krise zustoßen?“ fragt das *Journal.* Die Antwort: Es könnte zu einer echten „Kernschmelze“ kommen, und das könnte schon morgen früh eintreten. Wie wird das Land darauf reagieren?

Im allgemeinen reagieren die Menschen auf verbreitete Unsicherheit damit, daß sie sich liquide halten, im echten Sinne liquide. Man spart Geld und verschiebt geplante Einkäufe. In Ländern, die innerhalb der beiden letzten Generationen Krieg, wirtschaftliches Auf und Ab oder politische Unterdrückung erlebt haben, ist die Sparrate erheblich höher als in den Vereinigten Staaten. In den USA sparen wir jährlich $ 9733 pro Kopf. In Deutschland werden $ 12288 jährlich pro Person gespart, in Japan $ 27303. Was meinen Sie wohl, was passieren würde, wenn die Amerikaner anfangen würden, pro Person $ 2000 mehr zu sparen: Eine halbe Billion Dollar würde dem BSP entzogen. Am meisten davon betroffen würden Hausbau, Automobile, Reisen und die Konfektionsindustrie – alles, was dem Verbraucher in großen Mengen verkauft wird – und das würde sich auf uns alle auswirken. Im Jahre 1986 lieferten diese Branchen Waren und Dienstleistungen im Werte von mehr als einer Billion Dollar (zu Fabrikpreisen), und dreizehn Millionen Jobs waren davon abhängig, heißt es im U.S. Industrial Outlook 1987 des US-Handelsministeriums. Wird die Hälfte der neuen Ersparnisse aus diesen vier Industrien abgezogen – in Richtung Ausland, dann werden sie um 25 Prozent oder $ 250 Milliarden schrumpfen. Über drei Millionen Beschäftigte müßten entlassen werden, und der „Horror“ wird sich mit entsprechenden Ergebnissen auf alle wirtschaftlichen Sektoren ausdehnen.

Außerdem können Japaner und Deutsche die US-Wirtschaft in Schwierigkeiten stürzen, wenn sie sich beim Kauf amerikanischer Effekten und Produkte zurückhalten. Die Amerikaner haben sich selbst zu Geiseln der Japaner, Deutschen und Koreaner gemacht, indem sie deren Autos, Videorekorder und Fernsehgeräte kaufen. Gegenwärtig sind ausländische Anleger die Hauptkäufer von US-Schatzanweisungen und -Schuldverschreibungen privater Körperschaften. Sollten sie diese Unterstützung einstellen, würden die Zinsen ebenso steigen wie die Preise für Waren und Dienstleistungen, und dann würde es erst richtig losgehen mit der Schließung von Fabriken, mit Entlassungen und Firmenkonkursen. Würden denn unsere guten Freunde, die Deutschen und die Japaner, das wirklich tun? Natürlich würden sie das. Würden sie sich entschließen, bei der nächsten Auktion des Schatzamts nicht mitzubieten, dann würden sie den Dollar so tief drücken, daß sie später in den Markt zurückkehren und höhere Erträge mit billigeren Dollars erzielen könnten. Ist es denn wahrscheinlich, daß sie das tun werden? Niemand weiß das. Mit dieser Ungewißheit müssen wir leben.

Tatsächlich könnten alle diese Szenarios gleichzeitig oder nacheinander Wirklichkeit werden. Die Pro-Kopf-Ersparnisse könnten ansteigen, die ausländischen Anleger könnten sich des Kaufs amerikanischer Staatsanleihen enthalten, der Umsatz an Konsumgütern könnte steil absacken, die Arbeitslosigkeit steigen und die Zinssätze könnten zweistellig werden. In diesem Falle würde das falsche Gleis, auf dem wir zur Zeit fahren, zum Abgrund führen, und diejenigen von uns, die nicht entsprechend gerüstet sind, würden hineinstürzen.

Wir müssen vermeiden, blind in den Abgrund zu stürzen. Wer von uns täglich einem Job nachgehen und seinen Lebensunterhalt verdienen muß, sollte sich auf die schrecklichen Zeiten vorbereiten, die eine monetäre Krise verursachen könnte.

Der größte Stein steckt in unserem Schuh. Von den drei Szenarios ist eine vom Ausland ausgelöste Rezession das, was die Amerikaner am stärksten trifft. Die Männer und Frauen im Wirtschaftsleben kauen an den Fingernägeln, während sie auf das Todesglöckchen ihrer Gefängniswärter warten. Zwar haben wir in jüngerer Zeit Rezessionen erlebt, die durch Kaufzurückhaltung der Verbraucher (1981) und den Zusammenbruch unserer Finanzmärkte verursacht waren – in beiden Fällen intervenierte die Federal Reserve sofort mit einer Politik leichten Geldes – doch haben wir noch keine Erfahrung mit einer Rezession, die von fremden Mächten orchestriert wird. Aber sehen wir uns doch einmal die Fakten an. Von 1975 bis zum Ende 1986 schnellte das Effektenkapital weltweit von $ 1,5 Billionen auf $ 5,6 Billionen an. Doch schrumpfte der amerikanische Aktienmarkt im selben Zeitraum von 61,2 auf 39,2 Prozent (siehe *Financial Times* vom 21.7.1987). Der japanische Marktanteil stieg von 1975 bis 1986 von 12,3 auf 31,8 Prozent. Amerikanische Unternehmen und die US-Regierung haben sich in alarmierendem Maße ausländischen Märkten zugewandt, um Kapital aufzunehmen. Im Jahre 1986 nahmen amerikanische Firmen und die Regierung Kapital in Höhe von $ 367 Milliarden auf, verglichen mit $ 176 Milliarden im Jahre 1982. Am meisten borgten sie in Japan.

US-Investmentbankiers haben mit Hilfe von (zumeist aus Japan importierten) Elektronik- und Telekommunikationssystemen sekundäre finanzielle Instrumente geschaffen, etwa Optionen und finanzielle Terminmärkte, die hinsichtlich der Geldaufnahme für amerikanische Unternemen etwa so viel bedeuten, als wollte man in Spielkasinos von Las Vegas versuchen, Geld zu gewinnen, das in ehrenwerte Unternehmen investiert werden soll.

Der Handel mit Termingeschäften und Optionen erreichte 1986 $ 655,4 Milliarden, verglichen mit $ 81 Milliarden im Jahre 1980. Man sollte das so sehen, daß Amerika die größten Pokerspiele zu Hause veranstaltet und aus jedem Einsatz zehn Cent herausholt, um sie in Bier und Bretzel zu investieren. Statt im Konkurrenzkampf die Spieleinsätze wieder ins eigene Haus zu holen, läuft Amerika auf der gegenüberliegenden Straßenseite und denkt sich ein paar Zusatzwetten aus, mit denen sich ein paar Dollar verdienen lassen. Das ist nicht die mehrwertschaffende Rolle, die wir von unseren Investmentbanken erwarten. Setzt sich dieser Trend fort, dann werden die amerikanische Industrie und die Regierung bei Deutschen und Japanern verschuldet sein. Und wenn diese fremden Häuser eines Tages nicht mehr Geld verleihen oder Anleihen für verfallen erklären, dann kann Amerika seinem wirtschaftlichen Wachstum Ade sagen.

„Das kann nicht geschehen", meinen Sie. Dazu möchte ich zweierlei sagen. Erstens: Ausländische Banken und Anleger haben Rückstellungen für zweifelhafte Schulden und Mindesteinzahlungsbeträge, die sich von denen der amerikanischen Unternehmen radikal unterscheiden. Ausländische Regierungen sind als Kreditgeber sehr viel aktiver als die US-Regierung. Ausländische Firmen und Banken sind viel höher verschuldet als ihre amerikanischen Partner. Dementsprechend kaufen ausländische Anleger Wertpapiere von amerikanischen Emittenten mit geborgtem Geld. Das ist alarmierend.

Zweitens: Als nach einem Bericht des *Wall Street Journal* die großen amerikanischen Investmentfirmen am Dienstagmorgen des 20. Oktober 1987 bei ihren Banken anriefen, um verzweifelt benötigtes Geld zu borgen, drohten „japanische Banken, keine neuen Kredite mehr zu geben". Auch das sollte uns warnen. Die Zukunft des Landes ist durch den Verkauf von Wertpapieren an ausländische Geldgeber verpfändet worden. Es sind dies Leute, deren Aktionen und Reaktionen auf unsere Bedürfnisse wir weder verstehen noch kontrollieren können. Niesen sie, dann bekommen wir eine Lungenentzündung. Das ist die Größenordnung der gegenwärtigen Unsicherheit.

Die Wall Street vergißt also, daß sie an sich Diensleistungsgeschäfte betreiben soll, und widmet statt dessen den größten Teil der Zeit dem Erschaffen von Produkten – Ramschbonds, Termingeschäften, Optionen, Effektendepotversicherungen. Schlimmer noch – sie beginnt, Kapital in Aufkäufen großer Unternehmen mit geborgtem Geld festzulegen. Also müssen die Regierung und die mit Krediten arbeitenden Großunternehmen sich zwangsläufig Geld auf internationalen Wertpapiermärkten borgen. Das ist das Geisel-Szenario, das am wahrscheinlichsten jenes wirtschaftliche Unheil verursachen wird, das die meisten von uns heute fürchten. Dieses Szenario läßt uns fragen, *wann und wie schlimm* die Katastrophe eintreten wird – Fragen, die so furchterregend sind, daß einige von uns sich scheuen, sie überhaupt zu stellen.

Wann wird die Krise da sein und wie wird sie sich auswirken?

Der große Krach kann jeden Tag eintreten. Zunächst wird er die finanziellen Institutionen in den Bankrott treiben, weil sie am anfälligsten sind und eine große Zahl unerfahrener und überbezahlter junger Männer und Frauen beschäftigen. Ein Viertel der 260000 Angestellten in der Wall Street haben den akademischen Grad eines MBA. Der wahre Wert dieses Stückchens Papier wird bei dem großen Krach ernsthafter Prüfung standhalten müssen. In einer Krise kann man akademische Grade ruhig vergessen. Auf höheren Handelsschulen wird Krisenmanagement nicht gelehrt.

Unmittelbar nach Eintreten des *zweiten* Schwarzen Montags werden Unternehmen, die Kapital benötigen, pleite gehen. Banken, die der Wall Street Geld zu leihen pflegten, werden von uneinbringlichen Außenständen weggefegt; sie werden verliehene Gelder zurückrufen, um an Barmittel zu kommen. Im ganzen Lande werden die Kreditfenster krachend zufallen. Das ist das wahrscheinlichste Krisenszenario.

Wer in turbulenten Zeiten überleben will, muß *furchtlose* geschäftliche Entscheidungen treffen. Ich meine damit nicht harte oder starke, sondern furchtlose; solche, die man trifft, wenn man vor einem Abgrund steht und vermeiden will, hineinzustürzen und alle anderen mit sich zu reißen. Ich kann Ihnen sagen, wie man das macht, habe ich doch alle Arbeitsstunden der vergangenen zwanzig Jahre der Aufgabe gewidmet, Männern und Frauen zu helfen, ihre Firmen zu retten, als diese den Tiefpunkt erreicht hatten.

Furchtloses Handeln

Während der Rezession 1975–1976, als der Leitzinssatz auf 21 Prozent gestiegen war, arbeitete ich mit Roger Main zusammen, um für die IEC Electronics Corporation, Newark, New York $ 750 000 zu beschaffen. Als Vertragshersteller von elektronischen Verbrauchsgütern auf Halbleiterbasis gehört IEC Electronics heute zu den von *Business Week* aufgeführten 100 größten Kleinbetrieben mit einem Umsatz von $ 24 Millionen und einem Reingewinn von $ 2,4 Millionen. Doch bedurfte es der ganzen Zähigkeit des mit dem Rücken an der Wand stehenden Firmenchefs Roger Main, die Firma durch diese grausame Zeit zu bringen. Es war eine Zeit, in der er die wirklichen treuen Freunde an den Fingern einer Hand zählten konnte.

Während derselben Rezession beschaffte ich $ 1,5 Millionen für ActMedia, heute unter den 200 besten Kleinbetrieben, die vom Wirtschaftsmagazin *Forbes* aufgeführt werden. ActMedia verkauft Werbeflächen auf Einkaufskarren von Supermärkten an Hersteller von Konsumgütern. Bruce Failings, jun., hatte Schwierigkeiten mit ActMedia-Anlegern, weil die Umsätze im Jahre nach der Finanzierung steil abgesackt waren und er von einem verärgerten Kader von Risikokapitalanlegern an die Luft gesetzt wurde. Mit grimmiger Entschlossenheit und im Bündnis mit Lieferanten gewann Failing die Kontrolle über sein Unternehmen zurück. Besonders lebhaft im Gedächtnis aus dieser Zeit ist ein Wettlauf zu Fuß zwischen Failing und einem der Anleger zur ActMedia Bank, um Hand auf den Barbestand zu legen. Failing gewann ihn. Bald danach stiegen die Umsätze wieder und die Firma kaufte die Anteile der Anleger zum doppelten Preis zurück. (Hätten sie diese behalten, würden sie inzwischen das Dreißigfache ihrer Einlagen besitzen.) Im Jahre 1986 beliefen sich die ActMedia-Umsätze auf $ 35 Millionen mit einem Reingewinn von $ 4,6 Millionen.

Im Jahre 1978 arbeitete ich mit William Y. Tauscher und seinem damaligen Bankier Richard H. Bard zusammen, als sie die Kontrolle über die Lag Drug Company mit einem Umsatz von $ 80 Millionen übernahmen und dabei feststellten, daß diese Firma hoffnungslos zahlungsunfähig war. Sie benutzten das Vertriebsnetz eines aus dem Geschäftsleben ausgeschiedenen Vertreibers pharmazeutischer Artikel, um einen gesunden Verteiler derselben Größenordnung zu übernehmen – Fox Vliet. Tauscher, Bard und ich selbst überzeugten einige Dutzend Lieferanten der ehemaligen Firma Lag, daß ihre einzige Hoffnung auf das Hereinholen von $ zwölf Millionen darin lag, daß sie den Erwerb von Fox Vliet ermöglichten. Ich beschaffte Tauscher und Bard $ 4,6 Millionen für den Ankauf von Vliet. Anschließend brachten sie die FoxMeyer Corporation auf einen Umsatz von $ 2,4 Milliarden. Dann erwarben sie die Ben Franklin Stores und stellten Coast to Coast auf die Beine, um schließlich im Jahre 1987 die Computerland Corporation zu erwerben.

Haben Sie keine Angst vor der Krise

Es ist nicht nur möglich, sondern sollte auch jedermanns Ziel sein, eine schwierige Periode zu nutzen, um auf eine höhere Leistungsebene umzupolen. Krisen sind dazu da, als Sprungbretter für den Erfolg genutzt zu werden. Man sollte niemals in eine Periode der Unsicherheit oder der Krise mit der Angst ums eigene Überleben eintreten. Vielmehr sollte man dann planen, aus der Krise besser herauszukommen als man hineingeschlittert war. Das chinesische Schriftzeichen für Krise „wei-ji" besteht aus zwei Charakteren. Das erste bedeutet Gefahr, das zweite Chance. Vermögen werden in schlechten Zeiten gemacht und in *guten verloren*. Oder mit Nietzsches Worten: Ein Stern geht aus einem Chaos hervor.

In schweren Zeiten liegt der Schlüssel zum Erfolg beim Zugang zu echter Liquidität. Wir geraten vielleicht in eine tiefe Rezession, in der Kunden, Kreditgeber, Lieferanten und Anleger auf die allgemeine Ungewißheit mit unvorhersehbarem Verhalten reagieren. Sehr bald werden wir alle unsere Geschäfte im Rahmen einer heftigen Umstrukturierung der Kapitalmärkte, massiver Entlassungen, radikalem Schrumpfens vieler Unternehmen, extrem hoher Zinssätze und stark eingeschränkter Ausgaben der Verbraucher betreiben. Die amerikanische Wirtschaft wird dann wieder zu ihren eigentlichen Grundlagen zurückfinden. Der papierne Wohlstand wird vom Winde verweht, „Dynamische Deckungskäufe" werden zum Leitmotiv der Wall Street (Wall Streets Edsel). Und wie Phoenix aus der Asche werden aus dieser unstabilen Periode die Geschäftsleute aufsteigen, die gelernt haben, den Kopf ihrer Firma über Wasser zu halten, wenn die Krise ihren Höhepunkt erreicht.

Was haben wir aus dem Schwarzen Montag gelernt? Daß die Wirtschaft in Schwierigkeiten steckt; daß die Regierung in Washington die Bedeutung der Rechnungslegungspflicht vergessen hat, was inflationäre Folgen haben könnte; daß die amerikanische Wirtschaft sich in Geiselhaft bei Japanern und Deutschen befindet, was eine Rezession bewirken könnte; und daß die kommerziellen Banken schwachen und vor Unruhen betroffenen Ländern Milliarden Dollars geliehen haben, deren Abschreibung unsere gesamte Geschäftswelt in Illiquidität stürzen würde. Das sind die Ursachen der gegenwärtigen Turbulenzen. Was bedeutet das für unsere Unternehmen? Es bedeutet, daß wir die bevorstehende Wirtschaftskrise, welche Form sie auch immer annehmen mag, als einen Faktor in der kurzfristigen Planung unserer Firma behandeln und entsprechende Maßnahmen ergreifen müssen.

Zusammenfassung

Heften Sie die Niederschrift nachfolgender Gedanken deutlich sichtbar an ihre Bürowand.

1. Signale bevorstehender Unannehmlichkeiten

a) *Kraftloses Verhalten und galoppierende Habsucht der finanziellen Institutionen.*

Sobald eine Dienstleistungsbranche, die über das Barvermögen der Nation verfügt, ganz darin aufgeht, Produkte zu verkaufen, statt den Kunden zu dienen, kann man sicher sein, daß wir uns dem höchsten Punkt eines Geschäftszyklus nähern, weil die Grundlagen vergessen wurden.

b) *Pro-Kopf-Ersparnisse in den Vereinigten Staaten*

Lesen Sie regelmäßig die Wirtschaftspresse und achten Sie genau auf diesen Indikator. Beginnt er in einer Volkswirtschaft mit Vollbeschäftigung zu steigen, dann wird es Entlassungen geben.

c) *In Geiselhaft ausländischer Anleger*

Keine noch so große Überredungskunst der Regierung kann die Milliarden Dollars beeinflussen, die deutsche und japanische Anleger dadurch verdient haben, daß sie uns Autos, Computer, Videorekorder und Fernsehgeräte verkauft haben. Geld sucht stets nach dem höchsten und sichersten Ertrag, und den findet es zur Zeit in staatlichen und privatwirtschaftlichen amerikanischen Schuldverschreibungen. Warum sollten ausländische Anleger nicht Emissionen des

US-Finanzministeriums ausnutzen, um später höhere Erträge durch billigere Dollars zu erzielen? Achten Sie auf Anzeichen dafür, daß die US-Regierung Schwierigkeiten hat, ihre Schuldverschreibungen an den Mann zu bringen.

d) *Verantwortlichkeit der Regierung*

Seit 1989 haben wir eine neue Regierung. Wird sie der Branche der Investmentbanken den Begriff der Rechnungslegungspflicht nahebringen, wenn der nächste Schwarze Montag zuschlägt? Oder wird sie wiederum die Habgier der Wall Street mit leichten Kreditbedingungen belohnen? Wird man es den kommerziellen Banken gestatten, uneinbringbare Schulden von Ländern der Dritten Welt so zu behandeln, als seien es gute Schulden? Werden öffentliche und private Krankenversicherer weiterhin die höheren Kosten für das Gesundheitswesen an Industrie und Gewerkschaften weitergeben? Lautet die Antwort „nein!“, und entschließt sich die Regierung, die noch unbelastete Würde einer ersten Amtsperiode des Präsidenten dafür zu nutzen, ins Washingtoner Wörterbuch den Begriff Verantwortung wieder einzubringen, dann werden wir das plötzliche Schrumpfen dreier gewaltiger Branchen erleben: Investmentbanken, kommerzielle Banken und Gesundheitswesen.

2. Vier Krisen-Szenario

a) *Produktionsüberalterung*

Verkauft Ihre Firma ein Produkt oder Dienstleistungen an finanzielle Institutionen, Betriebe der Gesundheitsfürsorge, kapitalintensive Hersteller oder Verbraucher, dann kann Ihr Produkt oder Ihre Dienstleistung sehr schnell überaltert sein. Dann wären Sie gut beraten, entweder neue Produkte oder Dienstleistungen für andere Märkte zu entwickeln oder Wege zu suchen, billigere Produkte oder Dienstleistungen für Ihre gegenwärtigen Kunden zu entwickeln. Es ist dann an der Zeit, an fünf bis zehn andere Quellen für *Cash-flow* zu denken, weil sie diesen brauchen werden. Haben Sie in Ihrer Firma eine Abteilung, die Sie schnell umstellen können, damit sie Bargeld einbringt? Wenn ja, tun Sie es sofort. Lockt irgendeine wirtschaftlich rückständige Region Sie mit billigem Geld, dort in einer aufgegebenen metallverarbeitenden Fabrik etwas Neues zu entwickeln? Tun Sie es jetzt.

b) *Wirtschaftlicher Notstand in Ihrer Region*

Wie würde Ihre Stadt oder Gemeinde bei 25 Prozent Arbeitslosigkeit aussehen? Könnte sie einen solchen Schlag verkraften? Hat man dafür gesorgt, eine solche Situation aufzufangen? Vergessen Sie staatliche Kredite für regionale Notfälle, vergessen Sie Hilfsmaßnahmen der jeweiligen Zentralregierung. Die neue Regierung wird im Stile der Redewendung „Neue Besen kehren gut“ Ihrer von Not betroffenen Region den Rücken zukehren. Rufen Sie statt dessen lieber die anderen leitenden Unternehmer der Region zusammen, um mit ihnen einen Notplan zu entwerfen. Versuchen Sie, den Grad der Turbulenzen vorauszusehen, die Ihre Region treffen werden. Fördern Sie eine aufrichtige Analyse der Stärken und der Schwächen Ihrer Region, und dann beginnen Sie nach Notmaßnahmen Ausschau zu halten – keine Placebos, sondern solide, gut abgestützte Fundamente. Vielleicht würde jedes Unternehmen zustimmen, fünf Prozent seines Pensionsfonds in ein regionales Planungsunternehmen zu investieren, um in Not geratene lokale Arbeitgeber zu unterstützen, die unvorbereitet von der Krise überrascht wurden. Entsprechende Vorbereitung kann die Wucht des Schlages dämpfen.

c) *Industrieller Abschwung*

Die nahende Wirtschaftskrise könnte Ihre Branche schwer treffen. Haben Sie diese Eventualität richtig vorausgesehen? Haben Sie eine Idee für eine Diversifizierung, die sie in einen Plan umsetzen können? Können Sie irgendein anderes Unternehmen akquirieren, vielleicht eine Exportfirma, mit der sich leicht etwas verdienen läßt? Jetzt haben Sie noch Zeit, vernünftige Diversifizierungsmaßnahmen zu überlegen, damit Sie nicht mehr so stark vom Cash-flow Ihrer Hauptaktivitäten abhängig sind. Lesen Sie die Biographien der Pioniere der amerikanischen Automobilindustrie. General Motors, Ford und Chrysler stellen nicht Schiffsmaschinen, Kühlschränke und Raumfahrtausrüstungen her, weil diese Produkte etwas mit Automobilen zu tun haben. Im Gegenteil. Diese Automobilgiganten diversifizierten, um ihre Unternehmen mehrmals während kritischer Zeiten in den vergangenen 50 Jahren über Wasser zu halten. Mit den heute so gut praktizierten Finanzierungsmethoden für Aufkäufe anderer Firmen kann man diversifizieren, ohne Barmittel zu binden.

d) *Nationale Rezession, Depression oder galoppierende Inflation*

Das ist wirklich Horror – die schlimmste aller Krisen. Eine Kombination dieser schlimmsten Szenarios könnte einen landesweiten Zusammenbruch von Unternehmen bedeuten. Stellen Sie sich vor: eine Volkswirtschaft ohne Geld, Bankpleiten, geschlossene Fabriken, Arbeitslosigkeit und wertlose Investitionen. Was kann man heute tun, um den Bankrott und die Liquidation Ihrer Firma zu vermeiden? Man kann die Dienstleistungen voraussehen, die Ihre Branche in einem solchen Untergangsszenario benötigen wird – Dienstleistungen für Umzüge und Lagerung, Liquidierung und Versteigerung, Tauschgeschäfte, Ankauf und Verkauf gebrauchter Ausrüstungen, Sicherheitsdienste und Wachpersonal zur

Verhinderung von Vandalismus, sowie Erfahrungen mit Notstandsplanungen und Neuanfängen. Wer liquide ist, wird während einer Depression massenhaft kaufen, das Zeug in einem billigen Lagerhaus speichern und Stück für Stück verkaufen können, wenn die Volkswirtschaft wieder im Aufwind ist.

3. Step'n Fetchit

Der großartige schwarze Komödiant Step'n Fetchit starb vor einigen Jahren. Doch leben seine heiteren Begegnungen mit Mamma Mably und anderen fort. Um Ihnen zu sagen, was Ihnen in diesem Buch noch bevorsteht, zitiere ich ihn:

„Erst mal will ich Ihnen sagen, was ich Ihnen sagen werde. Dann werde ich Ihnen sagen, was ich sagte, ich würde es Ihnen sagen. Und schließlich werde ich Ihnen sagen, was ich Ihnen wirklich gesagt habe."

Nun denn – hier ist das, was ich Ihnen sagen werde.

(1) Die größten Vermögen werden in schwierigen Zeiten gemacht.

(2) Man kann eine Krise als Sprungbrett für größere finanzielle Erfolge nutzen.

(3) Damit Ihre Firma eine Krise überstehen kann, müssen Sie folgendes tun:

- Die Auswirkungen der Krise voraussehen
- Sich die richtigen Kampfgefährten aussuchen
- Echte Liquidität schaffen
- Zeit kaufen
- Kosten senken

- Die Taktik erlernen, wie man mit dem Rücken an der Wand kämpft
- Einen Umstellungs- und Wachstumsplan aufstellen
- Diesen Plan durchführen

Kapitel 2

Krisen erkennen und bewältigen

Ungewißheit verursacht Streß. Eine *Krise* ist ein Zustand, der wachstumsfördernd sein kann. Sie können Probleme nicht lösen, wenn Ihre Firma von Streß geplagt ist. Können Sie jedoch Krisensituationen voraussehen und Ihre wichtigen Mitarbeiter überzeugen, Ihnen zu helfen, die Krise zu überwinden, dann haben Sie bereits das Sprungbrett für einen echten Erfolg geschaffen.

Als Chef des Unternehmens kommt es für Sie darauf an, gewissermaßen wie ein Filmproduzent die Generalprobe Ihres Unternehmens für das kommende Drama „Der Tag des Jüngsten Gerichts“ zu leiten. Sie wollen zweierlei erreichen: (1) Das Drehbuch schreiben – Anfang, Mittelteil und Ende; und (2) die Schauspieler auswählen, die Ihrer Meinung nach das Stück am besten spielen können. Als Produzent wollen Sie in das realistische Stück investieren und Ihr Geld für die überzeugendsten Schauspieler und Schauspielerinnen aufwenden. Als Regisseur möchten Sie, daß das von Ihnen ausgesuchte Drehbuch mit Leben erfüllt wird, mit der Wirklichkeit übereinstimmt, und daß die von Ihnen ausgesuchten Akteure ihre Rollen wirklich von innen heraus mit vollem Einsatz spielen, weil davon Erfolg oder Mißerfolg des Dramas abhängt.

Den Rahmen für die Vorbereitung der Generalprobe des „Jüngsten Gerichts“ liefert das Konferenzzimmer Ihrer Firma, Ausstattungsstücke sind der Konferenztisch, die Stühle, einige Notizblöcke und Bleistifte sowie eine schwarze Tafel und Kreide.

Wie man die Auswirkungen einer Krise vorhersieht

Bevor Sie die Schauspieler und Darstellerinnen für die Proben ins Konferenzzimmer rufen, schreiben Sie die vier möglichen Krisenszenarios auf die schwarze Tafel:

- Produktüberalterung
- Regionale Wirtschaftskatastrophe
- Abschwung in Ihrer Branche oder Ihrem Industriezweig
- Nationale Rezession, Depression oder galoppierende Inflation

Die Wahrscheinlichkeit eines dieser vier Ereignisse ist der Grund, weshalb Sie sich entschlossen haben, das Stück aufzuführen. Denn Sie wollen die Auswirkungen auf Ihre Firma vorhersehen und Ihre Gefährten (die besten Darsteller und Darstellerinnnen) für den bevorstehenden Kampf auswählen. Informieren Sie Ihre Manager nicht schon vorher über das Thema des Treffens, denn Überraschung ist das entscheidende Element Ihres Gesamtplans.

Die mögliche Krise als Rollenspiel

Rufen Sie Ihre wichtigsten Mitarbeiter im Konferenzraum zusammen und sagen Sie ihnen, sie wollten sich mit möglichen Verschlechterungen der Wirtschaftslage befassen. Dann bitten Sie Ihre Leute, einmal alles ins Gedächtnis zu rufen, was in ihrer jeweiligen Abteilung falsch laufen könnte. Wenn Sie dann alles auf die Tafel schreiben, dürfte die Liste etwa folgendermaßen aussehen:

Marketing

1. Kunden werden Lieferungen mit der Bemerkung zurückschikken, sie hätten die Ware überhaupt nicht bestellt.

2. Potentielle Kunden, die zur Zeit unsere neuesten Produkte testen, werden sie nicht bestellen. Ihre Begründung: Sie hätten nicht genug Informationen darüber, ihr Budget sei gekürzt worden, oder ein Vorgesetzter habe das Projekt gestoppt.

3. Meine Spitzenverkäufer werden kündigen und zur Konkurrenz gehen.

4. Die Kunden werden Zahlungen von 30 auf 60 Tage verzögern: einige werden sogar erst in 90 Tagen zahlen.

5. Die Kunden werden für jeden Auftrag eine stärkere Service-Komponente fordern, bessere Ausbildung ihres Personals, längere Garantiezeiten und sonstige Dienstleistungen.

Herstellung

1. Unsere wichtigsten Zulieferer könnten ausscheiden und wir haben für diesen Fall keine Vorsorge getroffen. Es kann aber auch sein, daß die Zulieferer der zweiten Linie nicht ausreichend kapitalisiert sind für die an uns zu liefernden Komponenten oder daß diese teurer geworden sind.

2. Einzelne Zulieferer können für wichtige Produktionskomponenten schnellere Bezahlung fordern. Sind wir nicht in der Lage, regelmäßig zu vereinbarten Terminen zu bezahlen, wird man uns nur gegen Barzahlung beliefern.

3. Es ist nicht abwegig, eine Verschlechterung der Qualität der an uns gelieferten Teile zu erwarten, wenn unsere Zulieferer ihre Qualitätskontrollen oder andere wichtige Bereiche stark einschränken.

4. Ein weiterer Verfall des Dollars könnte die Kosten unserer importierten Komponenten unerträglich verteuern.

5. Wir müssen vielleicht Arbeiter aus der Produktion entlassen. Das könnte unsere Produktion oder die Bewahrung unseres Qualitätsstandards vermindern.

Mitarbeiter

1. Unsere größte Sorge gilt der Gefahr von Streiks und Arbeitsunterbrechungen. Läßt sich eine Periode von Entlassungen nicht vermeiden, könnten wir davon betroffen werden.

2. Ein weiterer Alptraum ist Streikgefahr infolge der Reduzierung unserer Stundenlöhne.

3. Sinkende Arbeitsmoral als Folge der Angst vor einer Rezession, vor Entlassungen oder Lohnkürzungen ist ein anderes mögliches Problem.

Bankverbindungen

1. Unsere Bank könnte in Schwierigkeiten geraten. Unsere dortigen Guthaben könnten eingefroren und Beträge über $ 20 000 von Gläubigern beschlagnahmt werden.

2. Der für uns zuständige Sachbearbeiter bei der Bank könnte diese verlassen oder versetzt werden. Er hat uns bisher auf alle Einlagen sofort Kredit gegeben, statt erst einmal sieben Tage zu warten. Diese Vorzugsbehandlung könnten wir verlieren, wenn er die Bank verläßt.

3. Unsere Bank könnte von einem Bankriesen eines anderes US-Bundesstaates übernommen werden, wodurch wir zu einer bloßen Kontonummer würden. Die Gehaltsschecks unserer Mitarbeiter könnten dann nicht sofort eingelöst werden, oder wir könnten sonstige Privilegien verlieren.

Finanzierung und Kapitalmarkt

1. Unser Investmentbankier könnte versagen und damit unser Zugang zu den Kapitalmärkten blockiert sein.

2. Unsere Aktiennotierung könnte heruntergehen, und obwohl wir vielleicht versuchen wollten, unsere eigenen Aktien zurückzukaufen, sobald das Kreditfenster geschlossen ist, könnten wir einem plötzlichen Angriff von Unternehmensaufkäufern zum Opfer fallen.

3. Unsere Expansionspläne für das kommende Jahr erfordern $ 10 Millionen neues Kapital. Die konventionellen Finanzierungsquellen können von der Bildfläche verschwinden und uns mit einer halbfertigen Fabrik und nur zur Hälfte entwickelten neuen Produkten zurücklassen. Bringen wir die zehn Millionen nicht auf, dann könnte unsere Firma ihre gegenwärtige Position als Branchenführer verlieren und zu einem anonymen Mitglied des Rudels werden.

Die Leistungen der Darsteller werden überprüft

Die von Ihren leitenden Managern beschriebenen Szenarios sind Stressoren – in Worte gefaßte Darstellungen ihrer Bereiche potentieller Verwundbarkeit – aber noch keine Krise. Sie müssen nun entscheiden, ob diese Stressoren das klare und effektive Denken Ihrer Manager überwältigen, oder ob diese mögliche schlimme Situationen beschreiben, für die sie bereits Lösungen ersonnen haben. Hören Ihre Manager die Schritte der herannahenden Krise und reagieren sie schnell darauf? Oder gehören sie zum Rudel der „Weh mir!“-Klagenden? Ein anderes Problem sind diejenigen, die für alles die Antwort „Kein Problem!“ bereit haben und nicht die geringsten Schwierigkeiten am Horizont auftauchen sehen. Eine dritte Gefahr stellen Manager dar, die nicht mit anderen zusammenarbeiten können.

Beschreiben Sie Ihren Managern die vier Szenarios: Sagen Sie ihnen, Sie machten sich Sorgen und wollten, daß das Unternehmen für Schwierigkeiten gerüstet ist. Fragen Sie, ob sie wirksame Strategien haben, die bedrückenden Alpträume zu verscheuchen. Wahrscheinlich sind Ihre Manager unvorbereitet und verfügen über keine wirksamen Strategien. Entlassen Sie diejenigen, die nicht vorbereitet sind? Es kommt darauf an. Es gibt drei Arten von Managern, denen man am besten kündigen sollte. Das sind erstens die „Weh mir!“, zweitens die „Kein Problem“ und drittens die nicht zur Zusammenarbeit fähigen Leute. Ich werde gleich erklären, warum. Wir wollen jedoch noch einmal kurz auf die Firma Itel zu sprechen kommen.

Versetzen Sie sich einmal in Gedanken auf den Sessel des Chefs von Itel in dem Augenblick, in dem der doppelte Haken sein Kinn trifft: IBM kündigt die Fertigstellung eines neuen Zentralrechners an, der mit einem Schlag die von Itel verleasten Computer im Werte von mehreren hundert Millionen Dollar veralten läßt. Und dann erklärt Lloyd's of London die Leasing-Versicherungspolice des Unternehmens für verfallen. Sie wissen nun, daß Sie das Geschäft mit dem Leasen von Computern aufgeben müssen. Daher blicken Sie auf das Management der Data Products Group, um dort Rückhalt zu finden. Es kommt zu einer äußerst bösen Überraschung: Die Abteilung Management hat alle Probleme unter den Teppich gekehrt, die Bücher und Aufzeichnungen sind in heilloser Unordnung, und die Geschäftsleitung ist zu wenig zur Kooperation bereit, als daß sie dem Vorstand die Wahrheit sagen würde. Eine interne Betriebsprüfung bei der Data Product Group offenbart, daß das Management dieser Abteilung, die im Jahre 1977 einen Erlös von $ 170 Millionen auswies, die Umsätze und Lagerbestände erheblich übertrieben hat, während es ebenso erheblich die Verschlechterung der Beziehungen zum Computerlieferanten und

Risiken der Konkurrenz durch IBM und anderer Hersteller von Zentralrechnern untertrieben hat. Meines Erachtens wäre der interne Betriebsprüfungsbericht Grund genug gewesen, das gesamte Management-Team der Data Products Group zu entlassen. Wahrheitsgetreue Berichte, Klarheit bei den Kommunikationen und Aufgreifen der Probleme dieser Abteilung hätten Itel retten können. Doch die leitenden Herren entschieden sich für genau das Gegenteil. Das verursachte den Zusammenbruch des Unternehmens; alle Investitionen gingen verloren und die von Angst besessenen Personen wurden persönlich ruiniert.

Weisen Sie den „Kein Problem"-Mitarbeitern die Tür

Bei der Erörterung potentieller Probleme mit den wichtigsten Managern werden Sie auf Ihre Frage nach deren Vorbereitung von einigen die Antwort erhalten „Kein Problem". Ich kann dieses Faktum gar nicht genug betonen: Seien Sie bei diesen unrealistischen Typen sehr vorsichtig und trennen Sie sich schnell von ihnen. Würde man zulassen, daß deren Wertvorstellungen sich in der ganzen Organisation verbreiten, so daß niemand aufsteht und sagt „Moment mal, das könnte zu Schwierigkeiten führen!", dann wird Ihre Firma bis zu dem Zeitpunkt, in dem das Problem schließlich erkannt wird, sich in einem krisenhaften Zustand befinden, zu gelähmt, um sich noch frei bewegen zu können. Ist dieser Zustand erst eingetreten, dann werden die täglichen Aktivitäten der Firma von gegenseitigen Anschuldigungen, Vergeltungshandlungen, allgemeiner Streitsucht, Demoralisierung und schließlichem Ruin überschwemmt.

Sanford C. Sigoloff, 56 Jahre alt, ist der bekannteste Experte für die völlige Umstellung von Betrieben auf neue Produktionen – beispielsweise Ampex, Daylin und in jüngster Zeit Wickes, der zweitgrößte Fall einer zahlungsunfähigen Bank im Jahre 1982. Wenn er sich an die Rettung eines vor dem Konkurs stehenden Unternehmens macht, dann besteht sein erster Schritt darin, sich die loyalsten Mitarbeiter zu suchen. Von mittleren Managern will er nicht „Kein Problem" hören. Vielmehr will er Details über ihre Probleme erfahren. Bruce Spector, ein auf Bankrotts spezialisierter Anwalt in Los Angeles, der im Falle Wickes mit Sigoloff zusammengearbeitet hat, sagt über ihn: „Es ist die Komplexität der Dinge. Er hat einfach eine Nase dafür. Seine ganze Liebe gilt dem Lösen von Problemen und dem Zusammenfügen von Informationen. Das ist sein Lebensinhalt" (siehe *Forbes*, 5. Januar 1987).

Sigoloff hat nicht nur akademische Grade in Physik und Chemie an der Universität Los Angeles erworben. In den ersten Tagen der Krisenintervention bei Wickes rief er an den Samstagvormittagen seine Manager zusammen und verblüffte sie mit einer unglaublichen Menge von Einzelheiten, die ihm während der ersten 30 Tage als Unternehmensleiter aufgefallen waren. Er kannte die genaue Meterzahl vom Förderband zur Laderampe, wußte, ob es im ersten Stock eine Damentoilette gab und wie weit diese von den Aufzügen entfernt war, sowie was alles in den Regalen lagerte. Bis in die späte Nacht arbeitete Sigoloff an seinem Home-Computer an verschiedenen Cash-flow-Modellen. Seinem Auge entging keine Einzelheit, und für die geringsten Details fand er eine Zelle in seinem Gedächtnis. Die Manager konnten die Probleme in ihren jeweiligen Sachbereichen vor Sigoloff nicht verheimlichen. Man gab ihm den Spitznamen „Ming, der Gnadenlose".

Um während der Umstrukturierung der Firma Daylin Spannungen zwischen den mittleren Managern abzubauen, gab Sigoloff den Krisen der Firma eigene Namen. Jede einzelne wurde als eine „tikkende Zeitbombe" bezeichnet, und er gab seinen Managern mit Weckeruhren ausgestattete Bombenattrappen. Er befaßte sich auch mit den dringlichsten Anliegen der Manager. So brachte er das Inventarverzeichnis wieder ins Gleichgewicht, damit das Unternehmen Aufträge ausführen und so den Marketingmanagern das Leben erträglich gestalten konnte, während, seinen Anweisungen entsprechend, Tausende von Mitarbeitern entlassen wurden und man jedes entbehrliche Stück Ausrüstung gegen bar verkaufte.

Ein mittlerer Itel-Manager wäre unter dem krisenorientierten Chef wie Sigoloff keine Sekunde auf seinem Arbeitsplatz geblieben. Gegenüber seinen Managern ist er unnachsichtig, wenn es darum geht, alle Probleme auf den Tisch zu legen. Über seinem Schreibtisch bei Daylin hing ein Schild mit folgender Inschrift:

> *When You Walk Through the Valley of the Shadow of Death, Rembember This: I Am the Meanest Son of a Bitch in the Valley.*

Härte und Zähigkeit mag nicht Ihr natürlicher Managementstil sein, und ich will Sie nicht ermuntern, sich einen unangenehmen Charakter zuzulegen. Doch müssen Sie jeweils der Sache auf den Grund gehen, müssen Ihren Managern kritisch begegnen und von ihnen während sich anbahnender Krisen vollständige Klarheit fordern.

Im Gegensatz zu Sigoloff konnte Steven Kumble seinen Managern bei der Anwaltfirma Finley, Kumble, Wagner, Heine, Underberg, Manley & Carey kein Vertrauen und keine Loyalität einflößen. Er hatte diese Firma im Laufe von zehn Jahren aufgebaut und mit ihr Erlöse von $ 165 Millionen erwirtschaftet. Um das Jahr 1986 hatten die 650 Anwälte aus den zwölf Filialen sich befehdende Lehnsherrschaften gemacht. Einige Büros weigerten sich, Telefongespräche von anderen entgegenzunehmen, und Kumble und andere leitende Partner sprachen nicht mehr miteinander.

Kumble hatte sogenannte „Regenmacher" dazu gebracht, in die Firma einzutreten – ehemalige Politiker wie den Gouverneur Hugh Carey von New York –, die der Kanzlei angesehene Klienten zuführen konnten. Doch bald stritten die Partner darüber, wer welchen Klienten geworben hatte. Bei einem regulären Managementtreffen im Februar 1987 fand sich eine Stimmenmehrheit gegen Kumble als Seniorpartner. Die Firma brach in mehrere Teile auseinander, und ein Jahr später stellte sie gerichtlichen Vergleichsantrag (siehe *Forbes*, 1. Juni 1987).

Es wird Ihnen nicht gelingen, Ihre Manager zu bewegen, alle ihre Probleme auf den Tisch zu legen, wenn Sie ihnen nicht Vertrauen, Loyalität und Fairneß eingeimpft haben. Aufrichtigkeit muß ermutigt werden. Man muß dem Kaiser sagen dürfen, daß er keine Kleider trägt. Er darf den Boten, die ihm schlechte Nachrichten bringen, nicht den Kopf abschlagen lassen. Ebensowenig darf er alle schwierigen Jobs – fristlose Entlassungen, Schließen von Betrieben und Rechtsstreitigkeiten – an andere delegieren. Doch hat er die Verantwortung, sich als gnadenlos zu erweisen, wenn mittlere Manager ihm nicht die ungeschminkte Wahrheit mit vollständigen Einzelheiten über ihre Befürchtungen, Probleme und Ungewißheiten vortragen. Danach muß er entscheiden, wen er als Gefährten für die Reise durch das Tal der Schatten des Todes mitnehmen will.

Was macht einen guten Manager aus?

Bei der Suche nach den richtigen Offizieren für die bevorstehende Schlacht sollten Sie auf folgende persönliche Charaktereigenschaften achten:

- Anteilnahme: der Antrieb, der jemanden bewegt, zur Rettung der Firma Opfer zu bringen
- Fähigkeit zur Zusammenarbeit: Verständnis für das Gesetz der Gegenseitigkeit, das eine Mannschaft zusammenhält, selbst wenn die individuellen Aufgaben verschieden sind
- Mut: die innere Stärke, den schwersten Angriffen ohne Wimpernzucken und Zurückweichen zu widerstehen
- Verständnis für Hebelwirkungen: ein Gespür dafür, daß (1) die kurzfristigen Ziele des Kampfes Zeitgewinn, Barmittel und Un-

terstützung von außen sind; und (2) daß jede Ressource als Hebel zur Unterstützung dieser drei Ziele eingesetzt werden muß.

Über die persönlichen Charaktereigenschaften von „Gewinnern“ ist schon viel geschrieben worden. Lassen Sie mich dem meine Gedanken darüber hinzufügen, was einen Überlebenden ausmacht.

Anteilnahme. Sie sollen Heerführer auswählen, die bereits schwere Entbehrungen und empfindliche Verluste erlitten und überstanden haben. Vielleicht sind sie in bitterer Armut aufgewachsen oder haben in der Kindheit nicht mit anderen Kindern spielen dürfen. Vielleicht sind sie auch als Waisenkinder aufgewachsen (wie Richard Bard, der an zweiter Stelle in der Leitung von FoxMeyer steht, hinter Bill Tauscher). Wie immer die seinerzeitige Entbehrung auch ausgesehen haben mag, Sie möchten, daß Ihre Kampfgefährten vom Drang zum Überleben beseelt sind – weil Nichtüberleben, die Rückkehr zu jener früheren Zeit der Entbehrungen, zu schmerzlich ist, als daß man es auch nur in Erwägung ziehen könnte.

Wer mit einem Sicherheitsnetz aufgewachsen ist, hat selten Herz und Mut. Den festen Willen zur Überwindung schwieriger Verhältnisse kann man nicht entfalten, wenn man in sich nicht den natürlichen Antrieb hat, der sagt: „Ich muß überleben, vorankommen und Erfolg haben. Ich muß dies mit dieser Firma und unter diesen Gegebenheiten tun, weil das genau die Situation ist, für die mich die schweren Zeiten in meiner Kindheit geschult haben. Diese Firma ist meine Bühne. Ich bin einer ihrer Stars. Das ist meine Stunde, meine Chance.“

Menschen mit Herz akzeptieren *alle* Verantwortung für ihre Entscheidungen. Man kann voll auf sie zählen. Sie werden nicht durch die Angst vor dem Scheitern gelähmt, messen ihre Leistungen nicht an äußeren Standards. Vielmehr messen sie ihren Erfolg daran, wieviel sie selbst zu den Zielsetzungen ihrer Firma beitragen, wie gut sie den Wandel bewältigen, wieviel Verwirrung sie mit Klarheit und Voraussicht gelöst haben und wieviel Freude und Befriedigung es ihnen verschafft, wenn das Unternehmen den Kampf gewinnt, welcher Art er auch sein mag.

Menschen mit Herz siegen immer über Menschen ohne Herz. Der Grund dafür ist recht einfach. Ein Mensch mit Herz weiß, was andere ohne Herz antreibt. Umgekehrt jedoch begreifen Leute ohne Herz niemals, was Menschen mit Herz motiviert.

Kennen Sie den psychologischen Zustand Ihrer Manager noch nicht, wissen Sie nicht, welche Entbehrungen sie in ihrer Kindheit erlebt haben oder was sie im Innersten motiviert, dann ist jetzt die richtige Zeit für ein paar tieferschürfende persönliche Gespräche mit ihnen.

Die Fähigkeit zur Zusammenarbeit. Die überragende unausgesprochene Spielregel im Geschäftsleben ist Vertrauen – das allen Geschäftsleuten eigene Wissen, daß man dem anderen vielleicht noch einmal begegnen wird und man jemandem, der sein Wort nicht gehalten hat, beim nächsten Male nicht trauen kann. Das ist das Gesetz der Gegenseitigkeit. Leistung wird belohnt, Versagen bestraft, und Unehrlichkeit führt zu Entlassung. Zusammenarbeit mit Menschen inner- und außerhalb der Organisation funktioniert, wenn jedermann das Gesetz der Gegenseitigkeit versteht.

Zusammenarbeit zwischen Managern läßt sich am besten bewerkstelligen, wenn man frühzeitig eine schriftliche Erklärung über die Überlebensmission des Unternehmens fixiert. Die angestrebten Ziele und der ihrer Verwirklichung dienende Moralkodex sollen klar formuliert werden. Gehört zu den Zielen die Inanspruchnahme der in Kapitel IX beschriebenen Maßnahmen, mit denen Zeit für die Durchführung des Plans gewonnen werden soll, dann machen Sie das jedermann klar. Fordern Sie Ihre Mitarbeiter auf, die Grundsatzerklärung sorgfältig zu studieren. Sagen Sie ihnen, sie könnten in den schwersten Phasen des Kampfes nur guter Stimmung sein, wenn sie sich auf die Mission konzentrieren und sich an den Moralkodex halten. Klarheit ist für Zusammenarbeit von entscheidender Bedeutung. Die Leute können nicht kooperieren, wenn sie nicht genau wissen, was man von ihnen will und was nicht toleriert würde. Deshalb kommt es sehr darauf an, daß Sie sich klar ausdrücken. Lassen Sie die Mitarbeiter wissen, was Sie von ihnen erwarten und was diese von Ihnen erwarten können.

Die wichtigste Antriebskraft für Zusammenarbeit in einer überlebensorientierten Firma ist die Kontinuität der Beziehungen. Ich habe einen Test ersonnen, mit dem ich herausfinde, wen ich als Kampfgefährten brauchen kann, und wen nicht. Rufen Sie einen Ihrer Manager zu sich, schließen Sie die Tür und bitten Sie ihn, das folgende Rätsel zu lösen.

> Jemand, den er nicht kennt, ruft ihn an. Er hat die Stimme noch nie gehört und kann sich weder Alter noch Geschlecht des Anrufers vorstellen. Die Stimme sagt: „Jeden Montag um Mitternacht kommen Sie mit einem Koffer mit 1000 Dollar in bar zu einem Baum im Central Park. Sie stellen ihn dort ab und setzen sich dann fünfzehn Minuten in Ihren Wagen. Dann gehen Sie zu dem Baum zurück, wo Sie einen Koffer voller Diamanten (oder Gold oder Baseballkarten, oder was Sie sonst noch glücklich machen könnte) vorfinden werden. Erzählen Sie niemandem davon. Versuchen Sie auch nicht herauszufinden, wer die Diamanten hinterläßt. Sind Sie damit einverstanden?" Der Manager ist einverstanden. Am ersten Montag hinterläßt er am verabredeten Baum um Mitternacht den Koffer mit Geld, kehrt dann zurück und findet den Sack voller Diamanten. Am darauffolgenden Montag tut er dasselbe und findet erneut einen Sack voller Diamanten. Das tut gut, und ihm gefällt die Sache. Am dritten Montag läßt er den Sack mit Geld zurück, wartet fünfzehn Minuten und geht zum Baum zurück – doch da ist kein Sack mit Diamanten.
>
> „Was würden Sie am darauffolgenden Montag tun?"

Blicken Sie bei dieser Frage Ihrem Manager fest in die Augen. Es gibt zwei falsche Antworten und eine richtige. Die erste falsche

Antwort wäre: „Ich würde wie üblich das Geld im Koffer hinstellen und sehen, ob er die Diamanten zurückläßt." Das ist die Antwort eines Menschen, der gerne gefällt und einen Gefallen daran findet, die Bedürfnisse eines anderen seinen eigenen vorzuziehen. Er sagt sich: Du hast mich einmal getäuscht, doch bin ich ohnehin meistens ein Opfer, deswegen will ich dir noch eine Chance geben, bevor ich Gleiches mit Gleichem vergelte." Dieser Manager wird Ihnen in einem Sperrfeuer von Raketen, die von Geldgebern und Gläubigern abgefeuert werden, keine guten Dienste leisten.

Die zweite falsche Antwort wäre: „Dieser Mistkerl hat mich einmal reingelegt. Eine zweite Chance werde ich ihm nicht geben." Dieser Manager ist zu leicht verärgert. Er vergibt sich damit die Möglichkeit, künftig Annehmlichkeiten einzuheimsen, nur weil er die Person, die ihn enttäuscht hat, bestrafen will. Er wird seinen Ball und die Baseballhandschuhe nehmen und das Spielfeld verlassen, seine Ehre wie eine Tapferkeitsmedaille zur Schau tragend. Zeigen Sie diesem Manager die Seiten mit Stellenangeboten im *Wall Street Journal.*

Die richtige Antwort wäre: „Ich würde am folgenden Montag um 00.15 Uhr zu dem Baum gehen, und wenn der Sack Diamanten, den er mir schuldet, dort liegt, würde ich am Montag danach um Mitternacht meinen Sack mit Geld deponieren und das Spiel wieder aufnehmen." Dies ist jemand, der etwas von Zusammenarbeit versteht. Er spielt ein perfektes Spiel Gleiches mit Gleichem zu vergelten, hält die Backe nicht zum zweiten Male hin und gibt auch nicht zu verstehen „Das Spiel ist aus, Du hast mich betrogen". Er hat dem anderen Spieler mit demselben Mittel geantwortet. Diese Person wird Ihnen in einer Krise gute Dienste leisten. Die Leute werden ihm trauen, und Sie können darauf vertrauen, daß er Aufträge auf seine Art gut erledigt.

Der Zusammenhalt einer Kooperation ist nicht so stark in einem bürokratischen Unternehmen, in dem der Leim des Aktienbesitzes nur eine dünne Schicht bildet. Dort verweigern viele Beschäftigte die Kooperation. Sie nehmen vielleicht Belobigungen für sich in Anspruch, die einem Kollegen gebühren. Vielleicht verkaufen sie ihre Aktien auch aufgrund von Insiderinformationen, wie es bei Itel geschah. Oder sie erbringen keine Gegenleistung, nachdem ein Kollege sich kooperativ gezeigt hat. Viele Topmanager, die in einem Elfenbeinturm leben, versäumen es, klar zum Ausdruck zu bringen, was sie in der Organisation von anderen erwarten. Dieser Mangel an Klarheit bewirkt oft einen Mangel an Kooperation oder ein Mißverstehen der ethischen Normen. Das kann zu allgemeiner Verwirrung führen. Und an diesem Punkt verläßt der Kamerad, auf den Sie gezählt haben, frustriert und enttäuscht Ihr Unternehmen und geht zu einer Firma, in der Zusammenarbeit stets eine Sache von Gegenseitigkeit ist.

Masuru Ibuka und Akio Morita hatten die Bedeutung von Kooperation begriffen, als sie 1948 die SONY Corporation gründeten. Sie schrieben sogar die Worte „gegenseitige Zusammenarbeit“ in die Grundsatzerklärung über die Mission ihres Unternehmens hinein. Die Jahre vergingen und die Firma wuchs und wuchs – Zusammenarbeit behielt jedoch Priorität und galt als das Markenzeichen der Tätigkeiten von SONY. Ibuka und Morita kooperierten mit Kunden durch Lieferung von Produkten in Spitzenqualität, und die Kunden zahlten als Gegenleistung höhere Preise für Produkte mit dem Markennamen SONY – das Gesetz der Gegenseitigkeit in voller Aktion.

Mut: Ihre Kampfgefährten werden Mut brauchen – nicht die physische Form, die man von Testpiloten und U-Bootfahrern erwartet, sondern den Mut eigener Überzeugung – Zivilcourage. Sieht Ihr Überlebensplan eine informelle Reorganisation und einen Umstellungs- und Wachstumsplan voraus, wie in dem von mir in Kapitel zwölf dargestellten Beispiel, dann wird es Ihrer Firma an jenem juristischen unangreifbaren Sicherheitsnetz mangeln, das ihr Chapter XI des Federal Bankruptcy Code (amerikanisches Konkursgesetz) bietet. Infolge dessen werden Sie selbst und Ihre Firma ziemlich viel Prozesse am Hals haben, weil Sie einen unkonventionellen Überlebensplan anwenden, mit dem Sie die Gelder Ihrer Gläubiger und Anleger möglichst bewahren wollen, statt sie durch Beantragung eines gerichtlichen Vergleichs zu verschleudern.

Ihre größten Gläubiger, die sich die angesehensten Anwälte leisten können, werden Sie für alles verklagen, was sie sich als Versäumnisse Ihrerseits nur ausdenken können. War Ihre Firma nicht in der Lage, für eine Rohstofflieferung zu zahlen, wird der Anwalt der Lieferfirma wahrscheinlich laut von „Betrugsabsichten" sprechen, in der Hoffnung, im Falle eines Bankrotts Ihrer Firma werde die Betrugsbehauptung bestehen bleiben und er den vollen Betrag für die Lieferung plus Zinsen und Anwaltsgebühren herausholen können.

Es gibt keine Grenzen für die Tiefen von Täuschung und Bösartigkeit, zu denen Anwaltsfirmen sich herablassen, um Honorare im Namen eines bedeutenden Klienten zu verlangen. Bedauerlicherweise sind Prozesse öffentliche Dokumente, und für die Lokalzeitung kann ein Berichterstatter im Gerichtssaal sitzen, der die saftigeren Prozesse am folgenden Morgen in Einzelheiten publiziert. Man braucht schon Mut, um die Nachrichten über die Prozesse seiner Firma in den Lokalzeitungen hinnehmen zu können oder, schlimmer noch, sie auch in den Wirtschaftszeitungen wiederzufinden. Wir werden später eine Strategie erörtern, wie man solchen Situationen begegnet. Im Augenblick genügt die Feststellung, daß Sie Ihre Truppen in Straßenkampfaktionen mit dem Rücken zur Wand schulen müssen, wenn Ihr Gegner ein Anwalt ist.

A propos Mut. Das erinnert mich an die Schiffahrtsunternehmer früherer Zeiten. Ein Mann mußte schon außerordentlichen Mut haben, seine ganzen Ersparnisse in eine Frachtladung zu investieren, die gute Aussichten hatte, auf dem Grund des Meeres zu landen oder von Piraten geraubt zu werden. Doch die einstigen Unternehmer hatten diese Art von Mut. Daher wurden sie wohlhabend, weil sie Waren lieferten, die andere Leute brauchten und kauften.

Ein zeitgenössisches Beispiel dieser Art von Mut liefert Cecilia Danieli in Italien. Als sie 1980 die Leitung der Danieli Company übernahm, war diese Baufirma in ernsthaften finanziellen Schwierigkeiten. Sie hatte Verluste in Höhe von 1,7 Milliarden Lire erlitten und die Gewinnmargen bei großen Bauaufträgen wurden immer dünner. Daraufhin entschloß sie sich zu drei kühnen Maßnahmen, mit denen sie nicht nur die Firma rettete, sondern sie zu einem Unternehmen machte, das 1985 einen Umsatz von $ 200 Millionen erzielte.

Zunächst einmal schrieb sie den Geschäftsplan des Unternehmens um, wozu sie die eigentlichen Grundlagen überdenken mußte, auf denen die Danieli Company aufgebaut war. Danach beteiligte sie sich nur noch an Ausschreibungen für mittlere Projekte und ließ riesige Vorhaben links liegen. Sie setzte auch alle Kräfte der Firma für schlüsselfertige Projekte ein und war für das Design, die Herstellung, das Management und die Inbetriebnahme ganzer Fabriken verantwortlich. Als dritten Schritt ihrer Strategie überschritt sie wagemutig die Grenzen Italiens und bemühte sich um Aufträge in anderen europäischen Ländern, selbst in der Sowjetunion und den Ostblockstaaten. Um die angestrebte Umsatzsumme zu erzielen, unternahm Frau Danieli die Reisen zur Beschaffung von Aufträgen höchstpersönlich. Dabei gelang es ihr unter anderem, Aufträge über den Bau eines Walzwerks in Schweden und eines Stahlwerks mit einer Jahresproduktion von 750 000 Tonnen sowie einer Verpackungsfirma in der UdSSR hereinzuholen.

Infolge ihres Mutes, Dinge anzupacken, die niemand sonst zu tun gewagt hätte, baute Frau Danieli ihr Unternehmen so um, daß es weltweit Projekte durchführen kann und jetzt mit Mitsubishi, Hitachi, NKK und Krupp zusammenarbeitet, was ebenfalls einen Löwenmut erfordert.

Die Quellen des Mutes scheinen eine Art von Vision zu erzeugen, die es dem Menschen gestattet, unüberwindlich erscheinende Probleme ins Auge zu fassen und direkt auf die einzig richtige Lösung zu stoßen. Mit sechzehn Jahren arbeitete Jeno Paulucci, späterer Begründer der Chun King Corporation, mitten in der Großen Depression in einem Krämerladen in Duluth, Minnesota. An einem warmen Tage hatte der Kühlschrank des Ladens eine Panne, was dazu führte, daß die Schalen von achtzehn Bananenbündeln mit braunen Flecken übersät, aber sonst nicht beschädigt waren. Der Ladenbesitzer befahl seinem jungen Angestellten, die Bananen wegen ihres ungewöhnlichen Aussehens außerhalb des Ladens billig zu verkaufen. Jeno war trotz seines jugendlichen Alters ein Mann mit Mut und Visionen. Er trug die Früchte nach draußen, machte ein Schild mit der Aufschrift „Argentinische Bananen" und rief laut eine Ladung exotischer Früche aus. Innerhalb von drei Stunden hatte er alle achtzehn Stauden zu einem Preis pro Pfund verkauft, der um vier Cents über dem gewohnten Preis für Bananen lag.

Bei der Auswahl Ihrer Kampfgefährten sollten Sie nach Leuten Ausschau halten, die begreifen, daß Gewinnen bedeutet, einmal mehr aufzustehen als man niedergeschlagen wurde.

Verständnis für Hebelwirkungen. Die letzte Eigenschaft, die Ihre Kameraden haben sollten, ist ein Verständnis für die Wirkung der Hebelkraft. Sie kann dreierlei Formen annehmen – in den Bereichen Finanzen, Kommunikationen und Nutzung der Zeit. Die Hebelkraft der Kommunikation offenbart sich in der Fähigkeit, andere Menschen zu überreden, Dinge für Sie zu tun, die sie eigentlich nicht zu tun beabsichtigten, bevor Sie sie darum baten. Finanzielle Hebelkraft liefert die Nutzung geborgten Geldes. Im Zusammenhang mit Zeit bedeutet Hebelkraft, daß man das Hinausschieben fälliger Zahlungen erreicht und die Beträge für eigene Leistungen und Lieferungen früher hereinholt, als die Regel ist.

Kapital borgen heißt natürlich sich verschulden, eine Tatsache, die den meisten Geschäftsleuten wohlvertraut ist. Sie werden aber noch sehen, daß Art und Höhe der finanziellen Hebelkraft, die Sie und Ihre Kampfgefährten einsetzen müssen, persönliche Risiken mit sich bringen kann. (Glücklicherweise gibt es Möglichkeiten, das Ausmaß persönlicher Risiken klein zu halten, wie in Stufe drei der Straßenkampftaktiken geschildert.) Um gewaltige Hebelkräfte ins Spiel zu bringen, muß Ihre Mannschaft genügend Vertrauen in den Umstrukturierungs- und Wachstumsplan sowie in die Zusammenarbeit aller Kameraden haben.

Doch letzten Endes ist es das *Herz,* das Ihre Leute motivieren wird und jenen unsichtbaren Leim schafft, der alles zusammenhält. Anzeichen dafür werden Sie in der Art und Weise erkennen, wie Ihre Leute sich bewegen – etwas angeberhaft, gekoppelt mit schnellem festen Gang; aber auch in der Art, wie sie sprechen – klar, genau zur Sache kommend, nur das Wesentliche betonend. Typisch auch ihre äußere Erscheinung – einfache Kleidung mit wenig Extras, die den Anschein von Lässigkeit erwecken. So sieht Ihr Team aus, „Offiziere und Mannschaften", von dem jeder ohne Rücksicht auf sein Geschlecht bereit ist, Krisen jeder Größenordnung entgegenzutreten.

Und nun sitzen Sie in Ihrem Konferenzzimmer, haben das Drehbuch verfaßt und Ihre Schauspieler warten aktionsbereit auf ihren Stühlen. Einen Augenblick herrscht unbehagliches Schweigen in der Gruppe.

Sie fragen jetzt: „Haben wir die richtigen Mitspieler, um unsere Firma durch die eben erörterte Krise zu bringen?"

Ihr Ziel ist es, Ihre Mannschaft zu motivieren, sich der bevorstehenden Aufgabe voll und ganz zu widmen, und allen die Ernsthaftigkeit zu vermitteln, mit der Sie die Möglichkeit schwerer Zeiten ins Auge fassen. Nach der Besprechung werden die wirklich interessierten Mitspieler wahrscheinlich noch kurze Zeit dableiben und Sie wissen lassen, wie sie die Sache aufnehmen.

Wie man den Auswirkungen einer Krise begegnet

Wichtigstes Zielobjekt bei der Navigation Ihrer Firma durch eine Periode der Unsicherheit ist die Meinung der Leute, die Ihnen hinderlich sein könnten. Siegen würde hier nicht bedeuten, daß Sie diese Leute k. o. schlagen, sondern sie an moralischer und intellektueller Stärke übertreffen. Sie müssen die Pläne Ihrer Gläubiger vereiteln, Keile zwischen Konkurrenten treiben, die sich gegen Sie verbünden, und unter Kunden, Lieferanten, Geldgebern und Anlegern Verbündete für Ihre Firma suchen. Wie Hsün-tzu schon vor 2500 Jahren schrieb:

Den Feind ohne Kampf zu unterwerfen,
ist der Gipfel aller Fähigkeiten.

Legt ein Gläubiger Hand auf Ihre Bankkonten mittels einer Pfändungsverfügung, notieren Sie laufend den Schaden, die diese Verfügung Ihrem Geschäft verursacht. Messen Sie im Verlauf eines Monats die Schäden, die von geplatzten Schecks und der Unfähigkeit, eingegangenen Verpflichtungen nachzukommen, verursacht wurden. Dann führen Sie das alles in einer Gegenklage auf. Zu diesem Zeitpunkt befindet Ihr Unternehmen sich im Kriege mit dem Gläubiger. Sie können ihn jedoch an den Tisch des Schlichters bringen, wenn Sie mit seinen Vorstandsmitgliedern Kontakt aufnehmen. Sagen Sie ihnen, daß die Haftpflichtversicherung ihrer Direktoren und Manager – die die meisten Unternehmen für ihre Direktoren abschließen – sie nicht schützen wird, sollte Ihre Klage auf Ersatz erlittener Schäden Erfolg haben, weil die Angestellten des Gläubigers nachlässig gehandelt haben. Gelingt es Ihnen, unter den Vorstandsmitgliedern des Gläubigers Zwiespalt zu säen, dann „unterwerfen Sie den Feind kampflos“.

Umschiffen Sie Ihre Gegner, vor allem diejenigen, die über größere Geldmittel verfügen als Ihr Unternehmen. Vermeiden Sie eine mit großem finanziellem Aufwand geführte Schlacht mit einem Riesenunternehmen, das Sie während eines Rechtsstreits alleine durch den Kostenaufwand ins Hintertreffen bringen kann. Bringen Sie gegen eine Bank oder einen Lieferanten, der Ihre Firma rechtmäßig geschädigt hat, eine Gegenklage ein. Wird die Bank oder der Lieferant an der Börse notiert, dann sorgen Sie dafür, daß Ihr Schadensanspruch in den Akten der SEC (Securities Exchange Control) vermerkt wird. Danach können Sie dann eine Liste der institutionellen Aktionäre des gegnerischen Unternehmens erhalten und diese informieren, daß das Unternehmen möglicherweise mehrere Millionen Dollar durch Schadensansprüche verlieren wird. Informieren Sie auch die Finanzpresse, so daß der Kleinanleger ebenso und zur gleichen Zeit informiert wird wie die institutionellen Anleger.

Riesige bürokratische Unternehmen werden alsbald von Anfragen seitens der SEC und großer Aktionäre geplagt werden. Sorgen deren Vorstandsmitglieder sich um persönliche Haftung für die Handlungen des Managements, wird der Druck unerträglich, und man wird Ihnen ein Vergleichsangebot machen. Bürokratische Unternehmen haben dreierlei gemeinsam: sie sind groß, reich und feige. Sie selbst dagegen sind nicht feige. Sie bewegen sich schnell und geschickt und arbeiten klug und findig. Bewegen die großen Burschen sich schnell, indem sie sich Pfändungsbescheide besorgen, Bankkonten einfrieren lassen, Lieferungen zurückhalten oder Waren zurückschicken, obwohl sie verbindliche Aufträge unterzeichnet hatten, geben sie sich Blößen gegenüber Ansprüchen auf Schadensersatz. Diese Bloßstellung müssen Sie nutzen, um zuzuschlagen.

Nehmen wir den Fall von Hugh Liedke, den Geschäftsführer von Pennzoil. Auch er glaubte nicht daran, daß eine so mächtige Organisation wie Texaco alle seine Akquisitionen ungestraft zertrampeln könnte. Die Manager von Texaco wußten genau, daß das, was sie Pennzoil antaten, unmoralisch war. Wäre das nicht so gewesen – warum haben dann deren Anwälte und Investmentbanken vom Texaco-Vorstand Entschädigungen erhalten, bevor Pennzoil die Firma Getty Oil weggeschnappt wurde? Kurz: Haben Sie keine Angst vor großen Tieren. Je größer die Gegner sind, desto härter fallen sie – vor allem, wenn sie in die von Ihnen ausgelegten Fallstricke geraten.

Erwecken Sie den Anschein von Schwäche gegenüber den Großen und von Stärke gegenüber den Kleinen. Täuschen Sie gegenüber den Großen, die Sie schwer verletzten, Armut und bittere Not vor. Während deren Anwälte Memoranden schreiben, in denen sie melden, man habe Sie schon fast in den Bankrott getrieben, werden die Großen von ihren Betriebsprüfern, ihren ängstlichen Direktoren und besorgten Anlegern sowie einer achtsamen SEC Briefe erhalten, die sich nach dem Stand der gerichtlichen Auseinandersetzungen erkundigen.

Ich werde ein Szenario vorschlagen, das von Ihnen furchtloses Verhalten fordert. Werden aber auch Ihre Kameraden entsprechend reagieren? Werden sie den Mut dazu aufbringen? Wird ein verwirrter und nervöser Leiter der Marketingabteilung imstande sein, richtig auf Anrufe von der Fachzeitschrift Ihrer Branche zu reagieren, die sich nach den von den Gläubigern angestrengten Gerichtsverfahren erkundigen? *Sie* wollen, daß der Artikel erscheint, um eine Flut von Schädigungen durch die Gläubiger aufzuzeigen. *Er* will, daß der Artikel nicht erscheint, weil das den Umsatz gefährden könnte.

„Natürlich werden die Umsätze leiden und andere Lieferanten gewarnt. Der Artikel kann allerlei anrichten“, sagen Sie ihm. „Andererseits wird er uns zeigen, wer unsere echten Freunde sind. Es kann auch Sympathieaufträge geben und neue Lieferanten in

Erscheinung treten lassen. Und er kann uns zu einer großen Entschädigung verhelfen."

Ist dieser Marketingmanager kein flinker Seiltänzer, der mit seinem Gegner Katze und Maus spielt, wie Muhammad Ali es in Zaire mit George Foreman tat und dabei einige Dutzend Schläge wegsteckte, bis der Gegner müde und leicht k. o. zu schlagen war – dann ist er vielleicht nicht der beste Mann für diesen Job. Wahrscheinlich fehlt ihm das Standvermögen, um Seite an Seite mit Ihnen die schlimmsten Stunden des Kampfes durchzustehen.

Wetteifern Sie der Pioniermutter im Wilden Westen nach

Stellen Sie sich einen Hollywood Westernfilm aus den fünfziger Jahren bildlich vor. Die Viehräuber brennen die Ranch nieder, schießen den braven Ehemann mitten ins Herz und machen sich mit fünfzig Rindern davon. Die Verfolger treffen ein, und der Sheriff stolziert schweren Schrittes zu der rußgeschwärzten Witwe, die ihre erschreckten Kinder umarmt und streichelt.

In seiner typisch texanischen Mundart brummelt er: „Sie sollten besser mit uns in die Stadt kommen, Ma'am. Hier steht ja kein Stein mehr auf dem anderen."

Sie macht ein verbissenes Gesicht. Und mit Augen, die so scharf blicken, daß sie ins Herz schneiden, antwortet sie: „Das hier ist *unser* Land, wir bleiben hier und werden es verteidigen, bis wir sterben."

Können Sie sich die Stärke und Entschlossenheit einer solchen Pioniermutter vorstellen, dann sind Sie für die vor Ihnen liegende Aufgabe gerüstet.

Die Pionierfamilien beherrschten Krisenmanagement, weil sie häufig aus einem Lande emigrierten, in dem die Bevölkerung unterdrückt wurde. Vielleicht hatten sie auch schon erlebt, wie der Vater oder der älteste Sohn plötzlich zwangsweise zum Militär eingezogen oder unter falscher Anklage ins Gefängnis gesteckt wurden. Studien über Tausende vom Kriege auseinandergerissene amerikanische Familien haben gezeigt, daß Krieg als streß-auslösendes Element eine *Variable* ist, keine Konstante. Die Mühsal, die er verursacht, kann die Familienangehörigen zu höheren Ebenen von Stärke und Leistungen treiben. Beim Studium dieses Phänomens habe ich herausgefunden, daß 60 Prozent der von mir interviewten 400 erfolgreichen Unternehmer Formen ernsthafter Entbehrungen erlitten hatten. (Siehe A. David Silver, *The Entrepreneurial Life,* New York: John Wiley & Sons, 1983.) Zu den streßerzeugenden Faktoren gehörten ein abwesender Vater, die Notwendigkeit, die Schule aufzugeben und zur Verbesserung des Familieneinkommens eine Arbeit anzunehmen, schwere Kinderkrankheiten, Flucht aus einem diktatorisch regierten und die Bevölkerung unterdrückenden Staat.

Die meisten Familien konnten auf eine lange Geschichte von Schwierigkeiten zurückblicken und hatten dabei bestimmte Prozeduren entwickelt, wie man Verantwortung aufteilt, um bevorstehende Krisen durchstehen zu können. Obwohl die Familie für das Lösen von Problemen schlecht organisiert ist, hat sie dabei besseres geleistet als jede beliebige andere Organisation. Familien sind schwer mit Abhängigen belastet; sie können nicht ohne weiteres schwache Mitglieder zurückweisen und stärkere rekrutieren. Ihre Angehörigen werden akzeptiert, auch wenn sie dafür nichts besonderes leisten. Sie bezahlen auch nichts für ihre Zugehörigkeit. Kurz gesagt, die Familie ist eine unbeholfene Gruppe, wenn es um Entscheidungen geht, schlecht gerüstet für die Überwindung von Streß. Und doch hat unsere Gesellschaft ihr die schwerste Verantwortung zugewiesen, nämlich die emotionalen Bedürfnisse aller Bürger, ob jung oder alt, zu befriedigen.

Sie sind die Pioniermutter Ihres Unternehmens. Um jedermann für möglicherweise bevorstehende Kämpfe zu rüsten, kommt es entscheidend darauf an, daß Sie die Themen identifizieren, die eine Krise auslösen könnten. Geben Sie den Themen Namen und beschreiben Sie sie. Legen Sie sie auf den Tisch, messen Sie sie, fassen Sie sie an, sprechen Sie über sie und nehmen Sie die Krise theoretisch vorweg – gegebenenfalls in Generalproben – um zu lernen, wie Sie mit ihr umgehen, sobald sie da ist.

Geben Sie dem Stressor eine Bedeutung!

Die Fähigkeit, das streßerzeugende Ereignis ohne Lähmung oder Desorganisation durchzustehen, hängt davon ab, welche Bedeutung Ihre Firma dem Stressor gibt. Der begriffliche Rahmen des Geschehens vom Stressor bis zur Krise wird in Zeichnung 2.1 dargestellt.

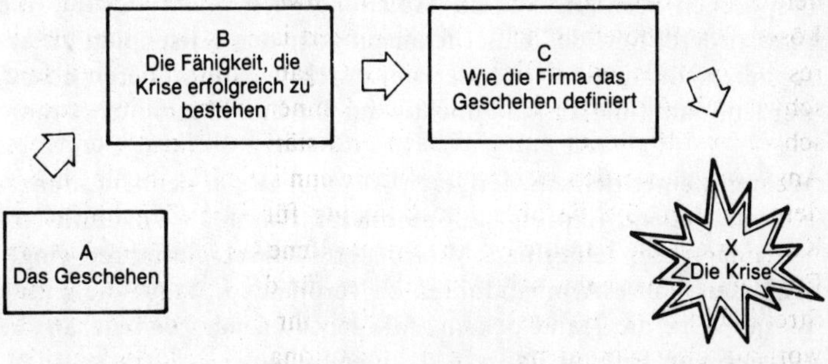

Abb.: 2.1 Wie ein streßerzeugendes Geschehen eine Krise herbeiführt

Die zweiten und dritten Determinanten – Ressourcen der Firma und Definitionen des Geschehens – befinden sich innerhalb des Betriebs selbst und müssen aus der Sicht der Strukturen und Wertvorstellungen der Firma gesehen werden. Die Mühen und Härten, die die erste Determinante ausmachen, liegen außerhalb des Unternehmens und sind Attribute des Geschehens selbst.

Die *Ressourcen zur Bewältigung der Krise* Ihrer Firma bestimmen die Kapazität, Hindernisse zu überwinden und die Firma von den Punkten größter Verwundbarkeit wegzusteuern. Zu den Ressourcen zur Bewältigung von Krisen gehören eine Übereinstimmung aller Mitarbeiter bezüglich ihrer Rollenstruktur, die Unterordnung persönlichen Ehrgeizes unter die Ziele der Organisation und Befriedigung innerhalb der Organisation darüber, daß die emotionalen Bedürfnisse aller Mitarbeiter durch die Ziele abgedeckt werden, auf die die Firma sich kollektiv hinbewegt. Elegante Taktiken zur Bewältigung der Krise beginnen mit der Art, wie Telefonanrufe beantwortet und Mitteilungen aufgenommen werden, und reichen bis zum äußeren Erscheinungsbild Ihres Produkts, wenn es im Ladedock des Kunden eintrifft. Während der Krise muß jedermann von der Unternehmensspitze bis zum jüngsten Lehrling seine Rolle spielen. Unbrauchbare Ressourcen müssen ernstgenommen und in offenen Diskussionen zwischen Abteilungsleitern besprochen werden. Ist ein Abteilungsleiter nicht gewillt, die Stressordefinition des Unternehmens oder den Krisenplan zu akzeptieren, dann sollte er (oder sie) durch jemand anderen ersetzt werden, damit die Firma kollektiv auf ihr Ziel hinarbeiten kann.

Während einer der schwierigeren Augenblicke in der Gründungszeit von Federal Express bat Frederick E. Smith als Vorstandsvorsitzender jeden einzelnen Mitarbeiter – die Lieferfahrer eingeschlossen – ihre Armbanduhren zu verpfänden, damit die Firma Barmittel in die Hand bekam. Alle machten mit, weil sie an die Mission von Federal Express glaubten.

Träge gewordene und nicht fachmännisch gemanagte Unternehmen werden in Zeiten geschäftlichen Stresses von anderen gekauft und aufgeteilt, weil sie über keine der Eigenschaften einer Pionierfamilie verfügen. Typisch für bürokratische Unternehmen sind widersprüchliche Rollen, Auseinanderfallen in verschiedene Klassen und auseinanderstrebende Entwicklungen, die alle zusammen eine Kaskade von Stressoren schaffen. In einer Krise können sie niemals zusammenfinden und sich auf ein gemeinsames Ziel konzentrieren.

Eine voll galoppierende Krise ist wie ein großes Zirkusorchester. Dessen Instrumente: Anwälte, die Forderungen stellen; Inkasso- und Vollstreckungsbeamte, die drohen; Gerichtsdiener, die Vorladungen überbringen; gekündigte Angestellte, die um ihren Job betteln; besorgte Kunden; aufgeregte Bankiers; händeringende Zulieferer sowie Mitarbeiter, die sich fragen, ob sie einen neuen Job finden werden, falls auch sie das Los trifft. Es ist eine Kakophonie von Geräuschen, angeführt von laut klingelnden Telefonen, Textautomaten, die wie ein Dutzend nicht gestimmte Klaviere Texte ausdrucken, Maschinen zur Übermittlung von Faksimiles, die wie eine Kapelle hysterischer Pikkoloflöten pfeifen, und schließlich Leute, die von einem Büro zum anderen rasen mit Neuigkeiten über die jüngsten Drohungen, Forderungen, gerichtlichen Klagen oder Meldungen über Betriebsschließungen. Im Büro des Vorstandsvorsitzenden überschneiden und überschlagen sich Stimmen aus den Telefonlautsprechern, mit lebenden Stimmen, die neueste Schläge verkünden, die die Firma einstecken muß: „Meine American Express Karte wird nicht mehr akzeptiert ... die Bank fordert sofortigen Ausgleich des überzogenen Betrages ... Sally Smith meldet eine ungesetzliche Kündigungsaktion ... in der Lieferabteilung gibt es keine Container mehr ... ein Kunde storniert einen $ 80000 Auftrag bis er unseren letzten Bilanzabschluß gesehen hat ... da ist ein Anwalt am Telefon, der angeblich zwei unserer Gläubiger vertritt. Er will uns morgen verklagen, wenn er nicht voll mit einem bestätigten Scheck bezahlt wird.“ Eine Krise ist immer intensiv. Es ist wie bei einem Ringkampf im Schlamm mit einem Oktopus in einer lärmenden Discothek.

In den wilden Tagen einer Krise, in der uns der Kopf zu bersten scheint und die Spannungen kaum zu ertragen sind, ist kein Platz für unterwürfige Manager im Nadelstreifenanzug, von denen jeder mit allen Kollegen um eine Beförderung rivalisiert. Es ist kein Platz für persönlichen Ehrgeiz, für Leute, die grundsätzlich anderen die Schuld zuschieben, für schwatzhafte Übermittler von Neuigkeiten.

Eine Pioniermutter mit starkem Willen würde diesen Kindern mit einer Tracht Prügel zu etwas Verstand verhelfen. Dann würde sie diese Burschen aus der Blockhütte schicken, Holz für ein Lagerfeuer zu suchen, die Zäune zu flicken oder das entlaufene Vieh wieder einzufangen. Auch Sie müssen das tun. Suchen Sie sich Mitspieler zusammen, die Mehrwert für die Firma schaffen und aus dem Liederbuch des Unternehmens vom Blatt singen können, und weisen Sie den anderen die Tür.

Passen Sie sich der Krise an!

Eine Firma wird weitgehend in dem Maße Erfolg haben, in dem ihre Mitarbeiter ihre Rolle spielen. Krisen äußern sich unter anderem darin, daß sie diese Rollenmuster verändern. Sie werden sicher einige Manager finden, die freiwillig eine dreißigprozentige Gehaltskürzung hinnehmen. Eine junge Dame aus dem Schreibpool wird Sie schüchtern um eine Unterredung bitten, und Ihnen schnell berichten, ihr Onkel manage einen bedeutenden Kapitalpool und sie wäre bereit, Sie mit ihm bekanntzumachen. Der Lieferantenbuchhalter bietet vielleicht an, an Wochenenden ohne Überstundenbezahlung zu arbeiten. Angesichts sich ständig verändernder Situationen und Erwartungen ist es erforderlich, daß die Mitarbeiter der Organisation verschiedene Muster ausarbeiten. Sie werden Ihrer Führung folgen, wenn diese klar, ehrlich und furchtlos ist. Bis die Firma ihren Überlebensplan ausgearbeitet hat, wird sie eine Periode laufender Anpassungen erleben.

Bevor Ihr Unternehmen vom wirtschaftlichen Aufschwung erfaßt wird, müssen Sie und Ihre wichtigsten Mitarbeiter ein *Drehbuch* schreiben, in dem genau festgelegt ist, was Außenstehenden gesagt werden soll, wenn die Firma in eine kritische Situation gerät. Leute außerhalb der Firma werden mitbekommen, daß es Probleme gibt. Vielleicht werden sie auch nur erfahren haben, daß „die Firma von einem schweren Schlag getroffen wurde", aber nicht mehr als das. Die Mitarbeiter der Firma müssen ihre Beziehungen zu Außenstehenden der jeweiligen Lage anpassen. Wem überhaupt sollte etwas gesagt werden? Wem nicht? Sollte man denen, die informiert werden, *alles* sagen? Sie müssen für Ihre Angestellten ein Drehbuch abfassen, damit sie wissen, wem sie etwas und was sagen sollen. Es gibt ein Prinzip richtig bemessener Informationen, das von den Mitgliedern der Organisation *Rollenspiel* verlangt. Denjenigen, die in bestimmtem Rahmen informiert werden müssen, sollte man sagen: „Ja, ich möchte Sie nicht mit allen Einzelheiten langweilen oder belasten, doch sollten Sie wissen, daß wir ein Problem haben. Wir glauben es zu verstehen und beschäftigen uns damit. Am Ende wird alles gut werden. Achten Sie darauf, wie wir es anpacken."

Der Außenstehende wird Ihnen daraufhin vielleicht gutes Gelingen wünschen, vielleicht aber auch sagen, Sie bekämen nur, was Sie verdienen. Zumindest werden solchen Reaktionen Ihnen Auskunft über den Grad von Hilfe oder Tröstung geben, den Sie erwarten können. Einige Außenstehende werden vielleicht auch sagen: „Sie sollen wissen, daß wir mit Ihnen fühlen, und wenn wir irgendwie helfen können, dann wenden Sie sich an uns. Das meinen wir ganz ehrlich." Das sind die Art von Freunden, die wir alle brauchen. Andere jedoch werden Ihnen den Rücken kehren, bis Sie alle Schwierigkeiten überwunden und einen noch besseren Status errungen haben, als sie selbst besitzen. Diese werden dann die ersten sein, die sagen: „Sehen Sie, ich wußte schon immer, daß Sie es schaffen werden."

Hsün-tzu schrieb, die Kriegskunst basiere auf der Täuschung des Gegners. Der geschickte General tut Dinge, die den Feind verwirren und täuschen. Da Ihre Feinde Konkurrenten oder Gläubiger sein können, müssen Sie den einen gegenüber Stärke und den anderen gegenüber Schwäche mimen. Bewegen Sie sich so, daß man Sie nicht fassen kann, wie ein „Geist im Sternenlicht" (schrieb Hsün-tzu), unsichtbar, schweigsam, so daß der Feind nicht die wahre Stärke Ihrer Truppen erkennen kann. Ihre Berichte nach draußen sollten klar für Ihre Freunde und verwirrend für Ihre Feinde sein.

Sobald die Krise sich voll entfaltet, läßt die Dynamik in der Firma nach. Es wird mit weniger Begeisterung gearbeitet. Konflikte innerhalb des Personals kommen stärker zum Ausbruch oder werden zu Spannungen. Die menschlichen Beziehungen werden gespannter. Möglicherweise zeigen sich organisatorische Zerfallserscheinungen. Greift der Anführer dann ein und beginnt Ordnung zu schaffen, dann bessern sich die Dinge. Versuch und Irrtum, überlegtes Planen und Opfern lassen eine neue Routine zur Wirkung kommen, und die Mitarbeiter erzielen neue Absprachen, wie die Zielsetzungen verwirklicht werden können. Wer die Dynamik einer in Schwierigkeiten geratenen kleinen Familie beobachtet, kann viel daraus lernen.

Beobachter von Alkoholikerfamilien haben festgestellt, wie diese sich erfolgreich der Krise anpassen. Davon können auch unsere Unternehmen lernen. Die einzelnen Phasen der Anpassung einer solchen Alkoholikerfamilie verlaufen parallel zu denen einer Firma, die aus der Krise wieder den Weg nach oben findet:

1. Versuche, das Problem ganz zu leugnen
2. Versuche, das Problem zu beseitigen
3. Desorganisation
4. Versuche, sich trotz des Problems zu reorganisieren
5. Bemühungen, dem Problem zu entkommen: Man beschließt, sich vom alkoholkranken Partner zu trennen, (die in Schwierigkeiten geratene Firma zu verlassen).
6. Reorganisation der Familie ohne den Ehepartner (Angestellte in leitender Stellung denken daran, ihre eigene Firma zu gründen).
7. Reorganisation der ganzen Familie, deren Bindungen nun enger sind als zuvor.

Diese Anpassung an die Krise kann man als Berg- und Talfahrt darstellen. Natürlich kann ein Unternehmen nicht ohne persönliche Schocks eine solche holprige Fahrt unternehmen. Schwächere Firmen verlieren schon in den ersten Stadien Angehörige durch Schock, fehlendes Vertrauen, Erstarrung oder Trauer. Gut integrierte und anpassungsfähige Firmen, vor allem solche, die schon vor der Krise gut organisiert waren, bestehen diese Fahrt mit großem Schwung. Sie bleiben dabei unverwundbar und befinden sich nach der Krise auf einer höheren Ebene als zuvor.

Eine Firma, die inmitten einer Krise eine auffallende Demoralisierung erlebt, war vor der Krise wahrscheinlich schlecht organisiert und nicht gut integriert. Sie pflegte alle Probleme entweder völlig zu ignorieren oder übermäßig auf sie zu reagieren: genau genommen war sie krisenanfällig. Viele Unternehmen versuchen, den Problemen durch gutes Zureden beizukommen, durch einen Public Relations Angriff oder, wie Itel es machte, durch Vorlage falscher finanzieller Informationen. Wer die Krise bewußt ignoriert, der verlängert und vertieft sie nur. Er verzögert die Ausführung von Plänen, die das Unternehmen retten könnten. Osborne Computer Corporation, der erste Hersteller tragbarer Personal-Computer, mußte zum Mißvergnügen eines Dutzends von Anlegern von Risikokapital aus dem Geschäftsleben scheiden, weil das Management über keinen Krisenplan verfügte. Es hatte keine Vorausberechnungen für Krisenfälle erstellt und auch keine Pläne, wie man deren Auswirkungen abschwächen könnte. Die Mitarbeiter waren nur auf das eigene Wohl bedacht und hatten sich recht kurzfristige Ziele gesetzt – arbeiteten gewissermaßen nur für den Monatsscheck. Sie meinten, die Kapitalanleger würden ihnen schon aus der Patsche helfen. Sie blickten nur hilfesuchend nach draußen, obwohl die Hilfe hätte von innen kommen sollen.

Das ökologische System

Eine in der Krise steckende Firma sollte sich nicht als einsamer Krieger sehen. Sie gleicht einem auf dem Fußballplatz gestürzten Libero, der damit rechnen kann, daß seine Teamkameraden ihm wieder auf die Beine helfen werden und der Mannschaftsarzt ihm mit einer Spritze die Rückkehr auf das Spielfeld ermöglichen wird. Ihre Lieferanten brauchen einen guten Kunden. Ihre Banken wollen schließlich ihr Geld zurückhaben. Ihr Versicherungsagent will weiterhin Provisionen an Ihnen verdienen. Diese Liste kann beliebig fortgesetzt werden.

Angesichts einer ernsthaften Krise müssen Angehörige der Belegschaft auf einer bestimmte Ebene darüber informiert werden, daß Probleme bestehen. Das erfordert Planung, weil die vorschnell herausgeplatzte ungenaue oder auf anderen Kanälen durchsickernde Nachricht Lieferanten, Kunden und Bankiers auf eine Berg- und Talfahrt des Mißtrauens schicken würde – zuerst Erstarren über die schlechte Nachricht, dann Klagen darüber und schließlich Verzweiflung. Diese Reaktion auf die Krise könnte der Firma schlecht bekommen und Aktionen auslösen, die zum Untergang des Schiffes führen. Deshalb muß ein interner Kreis der Belegschaft erfahren, was er unbedingt wissen muß – und zwar nach gründlicher Überlegung und Vorbereitung.

Hsün-tzu schrieb: „Subtil und substanzlos hinterläßt der Kundige keine Spuren. Auf göttliche Art geheimnisvoll, ist er nicht wahrnehmbar. So ist er Herr über das Schicksal des Feindes."

Formulierung der Krise

Als im Jahre 1985 die Erdölpreise stark fielen, war es John Madden, dem Präsidenten der Firma Houston's Rex Machinery (Umsatz $ 30 Millionen) klar, daß die nach Erdöl schürfenden Unternehmen künftig wenig Bedarf an Bohrausrüstungen haben würden, dem Hauptprodukt seiner Firma. Madden nahm an, die Krise werde tief und anhaltend sein. Was würde die Industrie dann vor allem benötigen? Nach sorgfältigen Überlegungen fielen ihm drei Bedarfslücken ein, die seinerzeit nicht richtig gedeckt wurden: (1) wie konnte man am besten nicht mehr benötigte Ausrüstungen abstoßen; (2) wo und wie ließen sich weniger kostspielige gebrauchte Ausrüstungen erwerben; (3) man brauchte einen Mechanismus, Ausrüstungen abzutransportieren und zu lagern. Im Zuge dieser Überlegungen schuf Madden drei neue Geschäftszweige: für Umzüge, Lagerung und Verkauf gebrauchter Ausrüstungen. Dann ernannte er mittlere Manager, die bisher neue Ausrüstungen verkauft hatten, zu Chefs der drei neuen Abteilungen. Und das Ergebnis? Statt tatenlos zuzusehen, wie das Unternehmen langsam in den Bankrott abrutschte, steigerte die Firma Rex ihre Gesamtumsätze und Erlöse, da die drei neuen Abteilungen prächtig auf den Bedarf des Marktes reagierten.

Um die Art von Krise vorauszusehen und zu definieren, die Ihre Branche heimsuchen kann – nämlich Überalterung des Produkts, allgemeiner Abschwung in der ganzen Branche, regionale Rezession – sollten Sie mit der Analyse der Symptome beginnen. Halten Sie Ihr Ohr am Boden. Sprechen Sie routinemäßig mit Ihren Kunden oder Klienten, um herauszufinden, was sie befürchten und was sie in naher Zukunft tun könnten. Planen sie liquider zu werden? Beabsichtigen sie, die Lagerbestände zu reduzieren? Wollen sie etwa von drei auf zwei Arbeitsschichten heruntergehen! Gedenken sie, ihre Werbeetats zu kürzen? Sind sie dabei, eine „Bunker“ mentalität anzunehmen? Anders ausgedrückt – vibriert der Boden infolge herannahenden Unheils?

Legen Sie für die Formulierung der potentiellen Krise ein Merkbuch der Fakten an. Notieren Sie darin Ihre eigenen Fragen: Ist bei meinen Kunden und Lieferanten eine Krisenmentalität erkennbar? Ist diese geographischer, demographischer oder psychologischer Art? Was berichtet die Wirtschaftspresse? Nehmen Sie Kontakt auf mit dem Newsletter Clearinghouse in Rhinebeck, New-York, und lassen Sie sich von dort die Namen der Informationsbriefe geben, die sich mit wirtschaftlichen Indikatoren, Rezessionen und den Themen unsicherer Zeiten beschäftigen. Betreiben Sie Ihr eigenes telefonisches Marketing, um zu prüfen, wie Ihre Kunden und Lieferanten auf eine sich radikal ändernde Wirtschaftslage reagieren könnten. Laden Sie Ihre Bankiers zum Lunch ein und befragen Sie diese nach Veränderungen in lokalen Trends und ihrer Kreditpolitik. Kurz gesagt: Sammeln Sie so viele Informationen wie nur möglich. Dann werden Sie nicht nur in der Lage sein, potentielle Probleme im voraus wahrzunehmen, sondern auch wie John Madden vorherzusehen, welche neuen Produkte und Dienstleistungen durch die Krise selbst geschaffen werden.

Gewinnen Sie Zeit

Ihr wichtigster Aktivposten im Überlebensspiel ist Zeit. Organisieren Sie in Erwartung einer Krise Ihr Leben so, daß Sie täglich bis zu zwei Stunden gewinnen. Stellen Sie eine Couch oder ein Sofa in Ihr Büro, wie Ted Turner es tat, als er täglich achtzehn Stunden arbeitete, um die Turner Broadcasting Company über Wasser zu halten.

Vereinfachen Sie Ihre außerplanmäßigen Arbeiten. Streichen sie zeitraubende und gesellschaftliche Aktivitäten, die Ihre Zeit in Anspruch nehmen. Halten Sie in Ihrem Büro stets zwei Anzüge und einen gepackten Koffer (mit Toilettensachen und Wäsche zum zweimaligen Wechseln) bereit. Sorgen Sie vor, daß Ihr Kraftwagen in den nächsten zwölf bis achtzehn Monaten keiner Reparaturen bedarf. Kaufen Sie Flugtickets im voraus unter Ausnutzung Ihrer Vielflieger-Kreditkarten und tragen Sie diese stets bei sich, damit Sie nicht an Schaltern von Fluggesellschaften Schlange stehen müssen. Haben Sie stets genügend Bargeld bei sich, um für plötzliche und unerwartete Flugreisen gerüstet zu sein. Achten Sie darauf, daß zumindest eine Ihrer Kreditkarten erheblich unter ihrem Limit belastet ist, so daß Sie damit jederzeit Hotel- und Mietwagenkosten bestreiten können.

Setzen Sie für Ihre Mitarbeiter neue Regelungen in Kraft, die deren Zeit und Leistungsfähigkeit maximal gestalten. Streichen Sie Mittagessen außer Haus, ausgenommen, wenn sie dem Ziele dienen, Barmittel locker zu machen. Ändern Sie die Parkvorschriften auf dem Betriebsgelände so, daß die Kunden nahe dem Eingang parken können. Nehmen Sie Kontakt mit den Ehefrauen aller wichtigen Mitarbeiter auf, um sie darüber zu informieren, daß länger gearbeitet werden muß – und versprechen Sie einen späteren Bonus dafür.

In der Rezession der Jahre 1975–1976 wurde Robert Luedke gebeten, einen Umstrukturierungsplan für die erheblich unterkapitalisierte und zu stark aufgeblähte Firma Mine & Smelter Supply Company in Denver/Colorado auszuarbeiten. Damals lieferte dieses Unternehmen (Erlös $ 60 Millionen) Minenausrüstungen in die Rockies. Luedke holte mich als Finanzberater dazu, und wir entwarfen einen informellen Reorganisationsplan. Dazu gehörte auch das Abstoßen von Teilen der Firma, um Barmittel hereinzuholen, sowie das Überziehen von Kreditlinien bis zu dem Augenblick, in dem die Barmittel flossen. Wir wußten, daß wir harten Zeiten ins

Auge sehen und die Moral der Mitarbeiter stärken mußten. Luedke schrieb den Ehefrauen der Mitarbeiter, deren aufopferungsvolle Arbeit für das Überleben der Firma entscheidend war, die Firma mache zur Zeit eine Krise durch, weshalb ihre Ehemänner früh zum Dienst kommen, spät nach Hause gehen und wahrscheinlich auch an Wochenenden arbeiten müßten. Sobald die Umgestaltung des Unternehmens abgeschlossen sein würde, werde es einen Bonus geben. Dem Briefumschlag lag eine Fünfzig-Dollar-Note als Ausdruck der Zuversicht bei.

Die Wirkung zeigte sich sofort. Das Personal entwickelte eine gute Stimmung, wie man sie im Sport bei Spielen der untersten Liga erlebt, wenn der kleinste Mitspieler ein Tor erzielt. Bevor der Brief geschrieben war, hoben sich die Köpfe, wenn Luedke und ich durch die Buchhaltung gingen und zwanzig Augenpaare suchten in unserem Gesichtsausdruck nach Hinweisen auf düstere Entwicklungen. Nach diesem Brief sahen wir beim Gang durch die Buchhaltung, daß jeder seiner normalen Beschäftigung nachging. Man verhandelte mit Lieferanten über längere Zahlungsfristen oder sprach mit Kunden über schnellere Begleichung von Rechnungen.

Wie sieht ein Krisenzustand aus?

Streß ist ein negativer Zustand. Krisen dagegen verfügen über ein wachstumssteigerndes Potential. Streß ist eine Last, unter der man entweder zusammenbricht oder überlebt. Im Gegensatz dazu ist eine Krise ein Katalysator, der alte Gewohnheiten durcheinanderbringt, neue Reaktionen erzeugt und neue Entwicklungen inspiriert. Eine Krise ist ein Aufruf zum Handeln, eine Herausforderung, die neue Mechanismen zur Bewältigung von Problemen hervorbringt, mit denen die Anpassungsfähigkeit des Einzelnen gestärkt wird. (Siehe hierzu: Lydia Rapoport, The State of Crisis: Some Theoretical Consi-derations, in *The Social Service Review* 27 (2), 1962).

Gerald Caplan definierte Krise als „Störung eines Gleichgewichtszustandes“. Mit einer Reihe von Anpassungsmaßnahmen und problemlösenden Aktivitäten ist die Firma bemüht, den Gleichgewichtszustand zu erhalten. Im Laufe von Tagen und Wochen normaler geschäftlicher Tätigkeiten wird dieser jedoch bei vielen Gelegenheiten gestört. Diesen Störungen begegnet man mit konventionellen Anpassungsmechanismen etwa Austausch von Personal, Revolvieren von Krediten oder Intensivierung des Kundendienstes.

Doch sind die gewohnten Reaktionen auf einen Krisenzustand nicht ausreichend und erzielen nicht das erforderliche Gleichgewicht. Krisen gefährden ernsthaft die Integrität des Unternehmens, und das erzeugt Ängste. Verluste können zu einer Depression führen. Deshalb muß die Firma sämtliche Energie mobilisieren, um allem zu begegnen, was ihr Gleichgewicht bedroht.

Reaktionen auf eine Krise

Die richtige Reaktion auf eine Krise ist dreifacher Art:

(1) gehen Sie ihre Auswirkungen frontal an; (2) weichen Sie elastisch vor und zurück; (3) beginnen Sie, die Lösungen energisch anzupacken. Reagiert eine Firma nicht angemessen, dann findet sie auch keine praktischen Lösungen, weshalb Desorganisation und Zerfall einsetzen. Folgende Maßnahmen sind notwendig, um wirksam auf eine Krise zu reagieren:

1. *Wahrnehmung.* Bemühen Sie sich um die richtige Wahrnehmung der Situation, indem Sie neue Informationen sammeln und das Problem nicht aus den Augen verlieren.

2. *Namensgebung*. Managen Sie die Auswirkungen auf Ihr Personal, indem Sie den Ursachen der Krise besondere Namen geben.

3. *Delegieren von Aufgaben*. Entwickeln Sie Prozeduren, um Hilfe von außerhalb der Firma zu suchen und zu nutzen, und delegieren Sie an diese Helfer von draußen bestimmte Aufgaben.

Wahrnehmung. Wer sich durch eine Krise hindurchkämpft, muß volle Klarheit über die sie erzeugenden Elemente haben. Manchmal ist es einfach nur ein Problem der Organisation der Herstellung, das die Verzögerung der Produktion, Ausfallzeiten und defekte Produkte verursacht. Zu anderen Zeiten ist es eine gerichtliche Anklage.

Am 31. Januar 1975 wurde Fred Smith, Hauptgeschäftsführer der Federal Express Corporation, angeklagt, „er habe durch Vorlage falscher Dokumente Gelder von der Union Bank erhalten". Und am Montag, 3. Februar, wurde ein Haftbefehl gegen ihn ausgestellt. Das war jedoch nur ein Teil seiner Schwierigkeiten. Am selben Tag, an dem die Anklage gegen ihn erging, überfuhr und tötete er einen Fußgänger, der unvorsichtig auf die Fahrstraße torkelte. (Siehe Robert A. Sigafous, *Absolute Positively Overnight: The Story of Federal Express* (Mentor, 1983). Obwohl Smith vom Vorstand zum Ausscheiden aus der Firma gezwungen wurde, verlor das Unternehmen 426 Millionen und konnte einen überfälligen Kredit für die Anschaffung von Ausrüstungen nicht zurückzahlen. Smith wurde im Dezember 1975 freigesprochen, doch hatten seine Teamkameraden das schon Monate vorher getan, indem sie mit ihrem Rücktritt drohten, sollte der Vorstand ihn nicht wieder als Hauptgeschäftsführer einsetzen.

Wahrnehmung beruht auf etwas, was als *gezieltes Erinnern* bekannt ist. Man hört oder sieht ein bestimmtes Faktum, leitet es in den eigenen Gedächtnisspeicher, setzt es dort in Beziehung zu anderen Erfahrungen und hat dann das sogenannte „Aha-Erlebnis".

Gehört das krisenerzeugende Geschehen in den Bereich des *Cashflow,* dann sollte man gezieltes Erinnern auf alles anwenden, was man über Bargeld, Banken, telegraphische Überweisungen, Kreditbriefe, verkäufliche Aktivposten, beschleunigtes Einkassieren, Skonti für ausstehende Forderungen und dergleichen weiß. Das ist jedoch noch nicht alles. Man muß auch Visualisierungs- und Imaginationstechniken anwenden. Bringen Sie Ihren Bedarf an Barmitteln gedanklich in Verbindung mit einem Wassertank. Welche Möglichkeiten gibt es, den Tank in kürzester Zeit mit Wasser (Bargeld) zu füllen? Brauchen Sie mehr Einflußrohre? mehr Schläuche? mehr Wasserträger? Greifen Sie nach einem Lexikon und schlagen Sie nach: Welche Synonyme gibt es für das Wort *„füllen"*. Dann werden Sie auf Wörter wie auffüllen, vollstopfen und dergleichen stoßen. Sie werden Verben verschiedenster Nebenbedeutungen finden. Eines davon mag Ihnen vielleicht einen visuellen Schlüssel zur korrekten Wahrnehmung der Krise liefern.

Gelegentlich ist die Wahrnehmung ungenau. Wie die Menschen in Platos Höhle, sind Sie an einen Ort gefesselt und starren auf Schatten an der Wand. Sie können diejenigen nicht sehen, die die Schatten werfen, müssen jedoch auf Grund der Schattenumrisse *Urteile fällen.* Und wieder verlassen Sie sich auf gezieltes Erinnern. Ähnlich wie der Kinobesucher erkennt, daß „die Schurken schwarze Hüte tragen", kann der Geschäftsmann die Schatten an der Wand interpretieren im Sinne von „Unsere Defizite halten bereits zu lange an, als daß sich unsere Bank überreden läßt, einen Kredit zu gewähren." Achten Sie darauf, daß Sie nicht falsch interpretieren oder einfach raten. Wahrnehmungen pflegen unter Druck entstellt zu werden.

Namemsgebungen. Geben Sie den krisenerzeugenden Geschehnissen Namen – machen Sie sie bedeutend, erinnernswert, wichtig.

Sie könnten zum Beispiel kleine Statuen miteinander kämpfender griechischer Ringer kaufen und sie auf die Schreibtische Ihrer Buchhalter und Vertriebsleute stellen. Kleben Sie auf die eine das Schildchen „Charles (Name des Buchhalters) im Kampf mit Jim (Bankier der Firma)". und schreiben Sie auf die Statuette Ihres Vertriebsmannes „Bill würgt einen Auftrag eines geschätzten Kunden ab".

Heften Sie eine passende Peanuts-Karrikatur ans Schwarze Brett Ihres Produktionsmanagers; vielleicht eines, das zeigt,wie Snoopy mutig mit den kleinen Vögeln fertig wird, die seinen Tagsablauf stören. Damit vermindern Sie bestehende Spannungen und tun den ersten Schritt zur Meisterung des Problems.

Dem Mitarbeiter, den Sie beauftragen, hundert Angestellten der Verwaltung zu kündigen, stellen Sie ein ausgestopftes Rhinozeros hin mit der Aufschrift „Mike, der Unbarmherzige". Damit sagen Sie ihm: „Ich weiß, daß ich Ihnen einen unangenehmen Job zumute. Sie sind ein gutherziger Bursche, der ein hartes Stück Arbeit gut bewältigt hat. Weiter so."

Geben Sie Ihren Feinden Spitznamen. Dem hartnäckigsten Inkasso-Agenten bezeichnen Sie mit dem lächerlichsten Wort, das Ihnen einfällt, etwa „Al, der Ameisenbär" der „Godzilla Gorilla" oder, besser noch, ermuntern Sie Ihre Lieferantenbuchhalter sich solche Namen auszudenken, wobei Sie dem Gewinner einen Preis von fünfzig Dollar versprechen. Sie meinen, das wäre lächerlich? Glauben Sie mir, mit diesem Namensspiel können Sie die Betriebsmoral unerhört stärken. Humor ist eine hervorragende Antriebskraft, mit der Sie erreichen können, daß die Krise zugleich real und überwindbar erscheint.

Delegieren von Aufgaben. Michael Dingman, 56 Jahre alt, Hauptgeschäftsführer der Henley Group, ist vielen seiner Fans in der Wall Street als erstklassiger „Schmuser" bekannt. Dingman weiß genau, wie er seine Manager bearbeiten muß. Er delegiert alles an sie und streichelt sie dann, indem er das Charisma dick aufträgt. Ihre Fähigkeit zur Bewältigung ihrer Aufgaben wird durch etwas gefördert, was Felix G. Tohatyn von der Lazard Frères Company „schmusen“ nennt. Genau übersetzt heißt das: Man sitzt mit Leuten beisammen, spricht mit ihnen, trägt dick auf und überschüttet sie so mit Schmeicheleien, daß sie nicht mehr wissen, ob sie Männlein oder Weiblein sind. Das züchtet Loyalität, und wenn es echte Freundschaft ist, dann funktioniert es auch.

Delegieren Sie keine Aufgaben, ohne mit den Mitarbeitern in Fühlung zu bleiben. Behalten Sie sie genau im Auge und demonstrieren Sie, für wie wichtig Sie die delegierte Aufgabe halten. Sie haben es mit sehr unterschiedlichen Persönlichkeiten zu tun. Auch wenn Sie persönlich für die Bewältigung von Krisen geradezu maßgeschneidert scheinen, könnten Ihre Teamgefährten doch zusätzliche Aufmunterung vertragen.

Personen außerhalb der Organisation, an die Aufgaben delegiert werden, sollten häufig aufgesucht werden. Haben Sie einen Außenstehenden damit beauftragt, das Gebäude Ihrer Hauptverwaltung zu verkaufen und anschließend zu leasen, bleiben Sie ihm stets im Nacken. Laden Sie ihn zum Abendessen ein und lassen Sie sich ständig über seine Fortschritte unterrichten. Besprechen Sie immer wieder Einzelheiten. Reden Sie ihm ein, dieser Verkauf mit anschließendem Leasen des Gebäudes sei das Kernstück Ihrer Überlebensstrategie. Helfen Sie ihm bei der Pflege seiner Selbstachtung. Lassen Sie ihn täglich über Fortschritte seiner Mission berichten. Geben Sie ihm ihre private Telefonnummer und ermuntern Sie ihn, ein schnelleres Tempo einzuschlagen. Machen Sie ihm klar, daß die besorgten Blicke eines ganzen Unternehmens, vielleicht sogar einer ganzen Region, auf ihn gerichtet sind. Das wird sich auszahlen.

Krisen sind zeitlich begrenzt

Sind Sie und Ihre Manager für künftige Krisen gerüstet, wenn Sie einer verzweifelt scheinenden Lage mutig begegnen und sie durchstehen? Die Antwort ist ein laut widerhallendes „Ja!“Ich glaube, das ist für die Manager in Schlüsselpositionen von weit größerem Nutzen als stetiges Wachstum. Warum? Weil wir das wichtigste Faktum über Krisen lernen: Sie sind zeitlich begrenzt. Krisen dauern nicht ewig. Je besser vorbereitet und anpassungsfähig die Firma vor der Krise ist, desto kürzer wird die Periode der Reorganisation sein. Und noch eines: Was auch immer die Ursachen einer Krise sind – das Unternehmen, das sie übersteht, wird so schlank und effizient, daß es nach dem Ende der Krise sofort in eine Wachstumsphase übergehen kann.

Krisen lehren uns, unsere Firma so zu organisieren, daß wir nicht in Stücke gerissen werden. Wir müssen einen aktionsorientierten Verhaltenskodex erarbeiten, wie Marineinfanteristen, deren Landungsboote auf den Strand auflaufen, und die nach allen Seiten feuernd an Land springen.

Die Kommunikation in Krisenzeiten

Ganz entscheidend für das Überleben sind Ihre Reaktionen auf Informationen. Die Kommunikationsleitungen müssen für Sie rund um die Uhr offen gehalten werden. Um klarzustellen, was Ihnen berichtet werden sollte und was nicht, müssen Sie den Mitarbeitern ständig die Mission der Firma erläutern und ihnen sagen, wie sie auf die einzelnen Geschehnisse und Daten reagieren sollen. Unterscheiden Sie deutlich zwischen streßerzeugenden Geschehnissen (Probleme, die auftreten *können*) und echten Krisen (realen und potentiell verheerenden Geschehnissen). Darüber hinaus sollten Ihre Vorstellungen über die angemessene Reaktion auf das eine oder andere Geschehen mit denen Ihrer Mitarbeiter übereinstimmen. Diese werden streßerzeugende Geschehnisse bereits für Krisen halten, wenn man es ihnen nicht ausredet. Das tun sie vor allem, wenn sie bis vor kurzem noch für Großbetriebe gearbeitet haben. Deren Reaktion auf Probleme besteht ja häufig darin, daß sie diese durch bewußtes Ignorieren noch verschlimmern, durch Einlassen auf massive Rechtsstreitigkeiten oder einen beträchtlichen PR-Aufwand, der die Wirklichkeit so sehr vernebelt, daß niemand mehr Wahrheit und Fiktion unterscheiden kann.

Hicks Waldron, Hauptgeschäftsführer von Avon Products, verlor offensichtlich den Überblick über das, was 1986 im Tochterunternehmen Avons's Foster Medical geschah. Dessen Management hatte es versäumt, Veränderungen der staatlichen Richtlinien für die Erstattung der von Foster vertriebenen Sauerstofftherapie vorauszusehen und sich auf sie einzustellen (Jahresumsatz ca. $ 100 Millionen). Die Regierung hatte sich geweigert, Foster für die an Patienten des Medicare-Programms geleisteten Sauerstofftherapien zu bezahlen, woraufhin Foster diesen Service ganz aufgeben mußte. Ganz offensichtlich hatte da jemand seine Pflicht zu rechtzeitiger Information versäumt. (Siehe Zeitschrift *Forbes* vom 2. Januar 1987).

In schwierigen Zeiten ist Kommunikation von größter Wichtigkeit. Kommunikation vermittelt Sachverhalte, Gefühle und Ideen an die Mitarbeiter des Unternehmens (interne Kommunikation) und an Außenstehende (externe Kommunikation). Als Chef müssen Sie bestimmen, welche Mitteilungen es wert sind, weitergegeben zu werden. Die Auswahl wird auch beeinflußt von dem Wertesystem, das Sie in Ihrer Firma geschaffen haben. Achten Sie darauf, daß alle Kommunikationen, die internen wie die externen, das Wertesystem des Unternehmens reflektieren. Das erfordert genaue Beachtung von Einzelheiten.

Beachtung von Einzelheiten

Wenn in einem Betrieb alles gut läuft, lassen sich die Leute gehen und werden nachlässig. Kommt es jedoch zu einer umfassenden und die Firma ernsthaft bedrohenden Krise, dann muß *jedermann* alle Einzelheiten genau beachten.

Achten Sie darauf, daß kein Vorschlag, keine Offerte und kein Angebotsrundschreiben zur Post geht, das nicht in jeder Hinsicht genau und so attraktiv wie irgend möglich abgefaßt ist. Verschicken Sie Dokumente als Eilsendung, dann notieren Sie die Luftfrachtnummer. Bitten Sie um Übersendung eines Schecks durch Nacht-Eilsendung, geben Sie dessen Absender Ihre Kontonummer, oder besser noch, schicken Sie ihm einen schon von Ihnen beschrifteten Kurierumschlag und Luftfrachtbrief. Haben Sie den Kunden überredet, bestimmte Beträge telegrafisch zu überweisen, dann sorgen Sie dafür, daß er auch die Bankleitzahl der Empfängerbank angibt. Machen Sie Ihre Bank darauf aufmerksam, daß eine telegrafische Anweisung unterwegs ist, und bitten Sie um Rückruf, sobald sie eingetroffen ist.

Inmitten einer Krise kann es zu chaotischen Zuständen im Büro kommen. Papiere können verloren gehen: Der Reinigungsdienst wirft möglicherweise Papiere fort, die versehentlich auf dem Fußboden gelegen haben. Verlangen Sie von jedermann Reinlichkeit und Ordnung. Denn es ist schließlich möglich, daß ein besorgter Lieferant oder Bankier unerwartet erscheint. Da er sich auf Chaos eingestellt hat, wird er auch danach suchen. Lassen Sie nicht zu, daß schwierige Zeiten zu Nachlässigkeit und Schlamperei führen. Von besonderer Wichtigkeit ist es, daß jeder Mitarbeiter Details genauestens beachtet. Denken Sie an das Diktum von Mies van der Rohe „Der Teufel steckt im Detail“.

Krise als Antriebskraft

Ihre Begründungen sollten einfach, jedoch elegant sein. Saugen Sie Daten wie ein Schwamm auf und bringen Sie sie mit einfachen Fakten in Zusammenhang, etwa mit Sportereignissen oder Kennworten. Mindern Sie Spannungen durch Verwendung von Spitznamen. Das läßt die Krise besser managebar erscheinen. Delegieren Sie Aufgaben in Verbindung mit Schmeicheleinheiten. Lassen Sie es dazu kommen, daß die Krise Ihnen und Ihren Managern neuen Auftrieb verschafft. Sobald sie Schritte hören und hinter jeder Ecke eine Krise lauern sehen, ermutigen Sie Ihre Leute, einen Notstandsplan zu entwickeln, der einsatzbereit vorliegt, wenn der Plan für normale Aufwärtsentwicklung versagt. Helfen Sie allen, instinktive Fähigkeiten für die Anpassung an die jeweilige Lage zu entwickeln.

Krisen können auch angenehmere Seiten haben. Ein Klient meiner Firma wurde seinerzeit so häufig vom Sheriff dienstlich aufgesucht, daß daraus eine Freundschaft entstand und mein Freund später dem Sheriff half, eine Firma für Werkschutz aufzubauen.

Krisen bringen die Menschen einander näher, weil wir um unseres Schutzes willen die Reihen fester schließen. Jedermann bemüht sich, zur Entspannung der Lage andere an Galgenhumor noch zu übertreffen.

Mitten in der Krise wird selbst der kleinste Sieg zu einem großen Ereignis. Eintausendzweihundert Dollar von einem 120-Tage-Konto einzukassieren, das man bereits abgeschrieben hatte, wird zu einem Topereignis. Dieses Bargeld sandte der Himmel, also sollten Sie dieses Glück mit den Männern und Frauen in Ihrer Firma teilen. Bestellen Sie Lunch für alle Mitarbeiter oder geben Sie jedem ein knisterndes Fünfzig-Dollar-Scheinchen. Das wird allen neuen Auftrieb geben, und das Licht am Ende des Tunnels wird heller erscheinen.

Zusammenfassung

Je besser Ihre Firma für eine Krise gerüstet ist, desto höher werden Sie aus der Krise nach oben springen. Sobald die Firma in nervöse Zeiten gerät, sollten Sie Ihre Abteilungsleiter versammeln und sie ermuntern, ihre Befürchtungen und Frustrationen zu äußern. Wer von diesen Leuten abstreitet, daß die streßerzeugenden Faktoren zu einer Krise führen könnten, wird vermutlich nicht in der Lage sein, gemeinsam mit Ihnen die Krise erfolgreich zu überstehen, wenn sie zuschlägt. Die unvermeidliche Periode des Selbstmitleides und des Leugnens der Schwierigkeiten muß so schnell wie möglich überstanden werden.

Und danach können Sie mit der Bewältigung der Krise beginnen. Zunächst einmal sollten Sie jede Angst abstreifen und feste Entschlossenheit demonstrieren. Als Befehlshaber wählen Sie Ihre Kampfgefährten nach den Kriterien von Herz, Mut, Loyalität und Kooperationsfähigkeit aus. Sammeln und studieren Sie schnell alle erreichbaren Informationen. Geben Sie den Fakten ihre einfachste Bedeutung, den Verursachern der Krise aber Spitznamen. Bauen Sie Spannungen ab, und schaffen Sie unter Ihren Leuten ein Zusammengehörigkeitsgefühl. Delegieren Sie Aufgaben, vor allem auch an Außenstehende, und belohnen Sie Ihre Mitstreiter. Beziehen Sie nach und nach außenstehende Helfer in Ihre Probleme ein und nutzen Sie deren Ressourcen. Schaffen Sie interne und externe Kommunikationskanäle, die das weitertransportieren, was zum jeweiligen Zeitpunkt bekanntwerden soll. Und achten Sie schließlich sorgsam auf Details.

Sobald Sie das alles getan haben, ist Ihr Unternehmen für die Krise gerüstet. Es ist gut organisiert. Jeder kennt den Angriffsplan. Die Verursacher der Krise haben Namen; sie sind für jeden Wirklichkeit. Wer die Krise ableugnete, wurde entlassen. Die Stressoren wurden identifiziert und mit Etiketten versehen, so daß man mit ihnen offen und effizient umgehen kann.

Phase 2

Echte Liquidität schaffen

Phase 2

[illegible]

[illegible]

[illegible]

[illegible]

[illegible]

Kapitel 3

Stoßen Sie etwas ab!

Im langen heißen Sommer des Jahres 1976 verhandelte ich an vielen Nachmittagen mit Charles Tandy, dem Gründer der Tandy Corporation und Eigentümer der Radio-Shack-Kette. Das Land befand sich im Tal einer Rezession, und Tandy versuchte, mehrere seiner Firmen zu verkaufen, um das erlöste Bargeld in den TRS-80-Mikrocomputer von Radio Shack zu investieren. Meine Firma bemühte sich, von Tandy die Allied Electronics Corporation zu erwerben, und zwar durch Aufkauf mit geliehenem Geld (im Amerikanischen LBO genannt, das heißt 'leveraged buy-out). Es handelte sich also um den Aufkauf einer Firma, bei dem der Kaufpreis durch Kredite beschafft wird, die durch Aktivposten der aufgekauften Firma abgesichert werden. Danach verkauft man Teile der erworbenen Firma oder erzielt aus ihren Aktivitäten Cash-flow, mit denen der Kredit zurückgezahlt wird. Tandy, der viele Unternehmen gekauft und verkauft hatte, brachte mir einiges über echte Liquidität bei.

Ich pflegte nach Fort Worth zu fliegen und zu Tandy's Büro in der City zu fahren (wo er mit einigen „good old boys“ aus Ost-Texas Hof hielt). Tandy begrüßte mich burschikos mit Bemerkungen wie „Hoffentlich hast du mir was Gutes anzubieten, mein Sohn. Ich bin nämlich beschäftigter als ein einbeiniger Eselstreiber.“ Jedesmal, wenn ich einen neuen Preis oder neue Konditionen bot, lehnte Tandy das mit komischen Bemerkungen ab, die seine Kumpel zu dröhnendem Lachen veranlaßten, etwa „Wenn Sie den Preis festsetzen, dann werde ich die Bedingungen festsetzen, aber Sie können nicht die Kuh und die Milch gleichzeitig haben.“ Tandy verstand mehr davon, wie man aus Vermögenswerten Bargeld herausquetschen kann, als jeder andere Geschäftsmann, der mir je begegnet ist, und er wollte keine Wechsel oder ähnlichen „Papierkram“, wie er es nannte, in Zahlung nehmen. Bei einem meiner Angebote hätte er mehr „Papier“ als Bargeld akzeptieren müssen. Er lehnte sich mit brüllendem Gelächter in seinem Stuhl zurück und überschwemmte mich dann mit einer Flut der komischsten und schmutzigsten Ausdrücke, die ich jemals gehört habe. Das war seine Art, mir zu erklären, daß er aus dem Verkauf von Allied Electronics nur Bargeld herausholen wollte. Einen meiner bargeldlosen Vorschläge lehnte er mit der Bemerkung ab: „Dieses Angebot ist wie ein Furz, mein Sohn. Es ist doch überhaupt nicht ausgegoren.“ Und in diesem Stil ging es weiter. (Ich kam damals nicht auf die Idee, Kredit auf die Kundenliste von Allied Electronics aufzunehmen, um das Bargeld aufzubringen, auf das Tandy scharf war. Ein anderer Käufer tat dann genau das und machte damit ein gutes Geschäft.)

Tandy wuchs bettelarm während der Depression im Staubloch Ost-Texas auf und kannte haargenau den Unterschied zwischen Bargeld und dessen Faksimile. In der Tiefe seiner Seele wußte er, daß Bargeld König ist und es dafür keinen Ersatz gibt, und daß er keine Firma, die Cash-flow erzeugte, für etwas anderes als einen voll in bar gezahlten Kaufpreis abgeben würde. In meiner Vorstellung schuf er ein unauslöschliches Bild davon, wie es ist, in einer Welt ohne Bargeld zu leben, und diese Lektion ist an mich nicht vergeudet worden.

Mit dem Verkauf seiner Firmen Allied, Pier I und Tandy Crafts erzielte Tandy das Bargeld, das er brauchte, um ins Geschäft mit Personal Computern einzusteigen. Er hat es nicht mehr erlebt, daß seine Tandy Corporation inzwischen zu einem bedeutenden Mitspieler im Handel mit Personal Computern geworden ist (1987er Umsatz $ neun Milliarden). Daraus läßt sich die Lehre ziehen: Willst du aus einer Krise mit einem Sprung nach oben herauskommen, dann solltest du rechtzeitig für Barmittel sorgen.

Eine Welt ohne Bargeld

Denken Sie einen Augenblick darüber nach, wie es wäre, wenn Ihre Firma in einer Welt ohne Bargeld funktionieren müßte. Das ist der größte aller Schrecken, der tiefste Punkt der geschäftlichen Talsohle, der schlimmste Alptraum jedes Geschäftsmannes. Es ist durchaus möglich, daß beim Zusammenbruch einer großen Zahl von Investment- und Geschäftsbanken das Bargeld aus der Volkswirtschaft verschwindet: Die Käufer werden Barmittel horten, die Lieferanten werden nur gegen Barzahlung liefern, Hunderte von Banken werden ihre Schalter schließen und die FDIC (Bundesanstalt für Krediteinlagenversicherung) wird so pleite sein, daß sie den Banken nicht mehr aus der Patsche helfen kann. Die Volkswirtschaft würde einige Monate ohne Bargeld stöhnen und seufzen. Was tut man, um ein solches Szenario zu überleben? Ganz einfach – Sie stellen sich schon heute darauf ein und sorgen für die Beschaffung von Cash. Setzen Sie sich das als Ziel und fangen Sie schon heute damit an, denn wir könnten bald in einer Welt ohne Bargeld leben.

Sie glauben das nicht? Dann lesen Sie einmal in ein paar Geschichtsbüchern nach, was dort über die Große Depression geschrieben steht. Lesen Sie nach über die irische Kartoffel-Hungersnot der Jahre 1836–1840. Damals gab es in Irland fast fünf Jahre lang kein Bargeld. Lesen Sie nach, wie es dem amerikanischen Süden während des Bürgerkriegs erging oder Japan nach dem Zweiten Weltkrieg. Dann werden Sie erfahren, wie Leute Handel treiben, Waren und andere Dinge austauschen und neue Mittel zum Überleben erfinden, um in einer Welt ohne Bargeld leben zu können.

Viele von Ihnen können sich nicht eine ernsthaft am Boden liegende und illiquide Volkswirtschaft vorstellen, in der alles zum Verkauf angeboten wird, sich aber keine Käufer finden. Doch genau das könnte geschehen. Deshalb erörtere ich in diesem Kapitel so viele Strategien, wie ich mir ausdenken kann, um Ihnen zu helfen, echte Liquidität zu beschaffen.

Als ersten Schritt sollten Sie eine persönliche Bestandsaufnahme aller Aktiva Ihrer Firma machen und alles verkaufen, was für deren Aktivitäten nicht benötigt wird. Dann sollten Sie über die nachstehenden Vorschläge zur Beschaffung von Cash nachdenken. Einige von ihnen dürften mehr für im Vertrieb tätige Firmen geeignet sein, andere mehr für Einzelhändler oder Hersteller.

Vorschläge für die Beschaffung von Barmitteln

- Kredite maximieren
- Tauschgeschäfte
- Verlagerung von Kosten auf die Kunden
- Hausieren mit nicht mehr benötigter Ausrüstung
- Lizenzen und Konzessionen vergeben
- Aufspüren nicht bilanzierter Vermögenswerte
- Verkauf von Gebäuden und Ausrüstungen mit Rückkaufgarantie
- Den vorhandenen Verteilerkanälen neue Produkte hinzufügen
- Aus gängigen Produkten neue Einkommensquellen schaffen
- Verwendung von Rufnummern, über die der Kunde zum Ortstarif anrufen kann
- Postwurf Marketing
- Einsatz von Videoclips
- Ausnutzen von joint ventures
- Ausnutzen von Postwurf-Marketing in Gemeinschaft mit anderen Firmen
- Werbung über Kabelfernsehen
- Marketing auf EDV-Basis
- Erwerb von mehr Kenntnissen über Verbrauchergruppen
- Diskussion auch von verrückten Ideen beim Brainstorming, um den Denkprozeß anzukurbeln.

Eine persönliche Bestandsaufnahme

Wurden Sie von einer ernsthaften Cash-Krise an die Wand gedrückt, dann wissen Sie aus den vorangegangenen Kapiteln über psychologische Anpassung an Krisen, daß es nicht guttut, zu lange den Märtyrer zu spielen. Sie müssen so schnell wie möglich die Stadien des Ableugnens, des Zorns und der Schuldzuweisung hinter sich lassen. Vergessen Sie, daß Sie in diesem oder jenem Geschäftszweig tätig sind. Das sind Sie jetzt nicht mehr. Vielmehr betreiben Sie nunmehr das Überlebensgeschäft, und Sie müssen eine Bestandsaufnahme aller Dinge machen, die Sie verkaufen können, um Bargeld hereinzubekommen. In Ihrer Firma gibt es keine heiligen Kühe. Sie haben jetzt nur eine Mission – Bargeld aufzutreiben.

Nachstehend einige Tips, wie man schnell Bargeld zusammenbringen kann. Zunächst einmal sollten Sie den Raumbedarf Ihrer Firma überprüfen. Könnten Sie mit kleinerem Raum auskommen? Brauchen Sie wirklich alle Büros? Ihren gesamten jetzigen Lagerraum? Warum vermieten Sie nicht einige Büros und Lagerräume an kleinere Firmen? Als zu Beginn der 1980er Jahre die Belegung der Krankenhäuser zurückging, wurden nicht benutzte Räume unter anderem an Speiseeisverkäufer vermietet, die ihre Produkte an Patienten und Besucher verkauften. Suchen Sie passende Firmen, die Ihnen für die Benutzung von Büroräumen, eine gemeinsame Empfangsdame, einen Konferenzraum oder Lager- und Produktionsräume Miete zahlen.

Die Intex Corporation in Reno, Nevada, ist der landesweit größte Hersteller von Toilettenanlagen für Parks, Golfplätze und Erholungsgebiete. Die Firma erlebte ein schnelles Wachstum bis zum Jahre 1986, als sie unerwartet einen umfassenden Vertrag mit der General Services Administration verlor, der ihr mehr als die Hälfte ihres Umsatzes gesichert hatte. Daraufhin verkaufte Intex-Präsident Charles E. Kaufman III die Produktionsanlagen des Unternehmens. Damit schrumpfte zwar die Bandbreite des Bruttogewinns. Andererseits konnte er jedoch mehr als eine Million Dollar Schulden aus der Bilanz streichen. Seine Entscheidung machte etwa ein Viertel der Büroräume der Firma Intex überflüssig, so daß Kaufman diese Räume mit Gewinn an eine Maschinenbaufirma vermieten konnte. Wenn Intex nunmehr Dienstleistungen aus dem Maschinenbaubereich benötigt, sind sie ein paar Meter weiter zu haben. Das zusätzliche Einkommen vermehrte den Cashflow der Firma, während sie ihre Einkommensbasis neu aufbaute.

Sehen Sie sich die Lagerbestände Ihrer Firma genau an. Wenn sie im Jahr sechsmal umgeschlagen werden; könnte das nicht auch achtmal geschehen? Oder zehn- oder gar zwölfmal. Ganz bestimmt ist das möglich.

Als Herstellerfirma sollten Sie Ihre Kunden bitten, das benötigte Rohmaterial selbst zu kaufen und Ihnen zu liefern. Damit sparen Sie Cash und steigern beträchtlich das Lagerumschlagsverhältnis: Die Shadyside Stamping Corporation in Ohio stellt Kühlerhauben und Türverkleidungen für Automobil- und Lkw-Hersteller her. Mehrere ihrer Kunden, darunter Navistar, kaufen die Stahlbleche und liefern sie an Shadyside.

Übertragen Sie Ihre Lagerbestände an Fertigprodukten von einer Saison auf die nächste? Das ist ebenfalls Cash-intensiv. Peter B. Hollis (44 Jahre alt), neuer Hauptgeschäftsführer der Ames Department Stores, setzte diesem Recycling der saisonalen Lagerbestandsaufnahmen ein Ende. Er veranstaltete Ausverkäufe mit dem Ergebnis, daß *das gesamte* unverkaufte Inventar am Ende jeder Saison veräußert war und nichts zwölf Monate auf Lager blieb.

Ihre Firma hat wahrscheinlich eine Menge überzähliger Ausrüstungen auf Lager: Schreibtische, Stühle, Lampen, Rechenmaschinen, Computer, Karteikästen, Teppiche, Vasen, Garderobenständer, Behälter aller Art und andere Überbleibsel aus der Zeit, als Sie noch zu den Industriemagnaten gehörten. Fort damit – überlassen Sie die Sachen gegen Cash dem Trödler.

Ihre Maschinen und sonstigen Ausrüstungen werden wahrscheinlich nicht rund um die Uhr benutzt. Bieten Sie anderen Herstellern in Ihrer Region Herstellungsdienstleistungen auf Vertragsbasis an. Statt einer Schicht täglich könnten Sie zwei fahren. Außerdem könnten Sie Herstellung auf Vertragsbasis während der freien Tage anbieten. Produzieren Sie für den heimischen Markt, dann bieten Sie vertraglich gesicherte Herstellungsdienste ausländischen Firmen an, neben sonstigen Dienstleistungen wie Werbung, Marktforschung, Vertrieb, Kundendienst und Buchhaltung.

Gehören Ihnen Liefer- und Lastwagen, dann steigen Sie ins Speditionsgeschäft ein und lassen Sie Ihren Wagenpark ganzzeitlich die Waren anderer Leute transportieren. Ist Ihnen das nicht möglich, dann verkaufen Sie Liefer- und Lastwagen gegen bar und mieten Sie Speditionsdienste einer unabhängigen Transportfirma.

Neulich stieg eine Firma in Albuquerque, die Pizzas ins Haus liefert, ins Geschäft mit Lieferung von Videofilmen ins Haus ein, um die Erlöse pro Lieferfahrt zu steigern. Die Firma führte eine neue Dienstleistung ein: sie lagerte Videofilme auf Kommission und offerierte für jede Pizza über fünf Dollar eine kostenlose Video-Miete. Die Fahrer holten die Kassetten am darauffolgenden Tag wieder ab. Diese Verbundgeschäfte laufen so gut, daß die Firma demnächst vielleicht schnellverderbliche Nahrungsmittelprodukte verkaufen und liefern wird, um den Kunden den Weg zum Laden zu ersparen.

Zeigt sich jemand in Ihrem Betrieb besonders begabt beim Abstoßen gebrauchter Ausrüstungen, dann fragen Sie ihn oder sie, ob er/sie eine Möglichkeit sieht, gebrauchte Ausrüstungen auch anderer Firmen an den Mann zu bringen. Daraus könnte sich für Sie ein kleines, aber bedeutungsvolles Profit-Center ergeben. Fred Herdlick, President von Electro-Rep, einer Vertriebsfirma für Batterien in St. Louis, Missouri, entdeckte eine Marktnische in der Reinigung und Instandsetzung gebrauchter Batterien für Versorgungsbetriebe und Betreiber von Gabelstaplern.

Und dann ist da noch der Faktor Mensch. In einem Betrieb, dessen Aktivitäten heruntergefahren werden, braucht man weniger Personal. Man kann stets mit einigen Buchhaltern oder Verwaltungsangestellten weniger auskommen. Drei Vertriebsleute können sich eine Sekretärin teilen. Die Lieferantenbuchhaltung kann mit weniger Leuten auskommen, wenn Sie Ihre Einkäufe von Rohmaterial reduzieren.

Maximierung von Krediten

Hat Ihre Firma eine Buchhaltung für Außenstände ohne eine gleichzeitige Kreditlinie für Außenstände, dann sollten Sie Kontakt mit einer kommerziellen Finanzierungsfirma aufnehmen und entsprechende Kredite verabreden. Für Außenstände von Firmenkunden können Sie bis zu 85 Prozent des Rechnungsbetrages borgen, wenn der Umsatz zustande kommt. Für schon bestehende Forderungen können Sie 85 Prozent des Rechnungsbetrages für Beträge aufnehmen, die in weniger als neunzig Tagen fällig werden. Haben Sie Außenstände bei Privatpersonen oder bei Behörden, dann können Sie vielleicht nicht für alle Kredit aufnehmen, es sei denn, Sie können belegen, daß die Schuldner bisher stets pünktlich gezahlt haben. Auf jeden Fall dürften sich die Vorschüsse auf diesen nicht sehr beliebten Konten auf weniger als 80 bis 85 Prozent belaufen. Es gibt Versicherungsgesellschaften, die gegen eine Gebühr das Inkasso der meisten Außenstände garantieren. Das ist wichtig, wenn sie ausländische oder private Schuldner haben.

Eine teurere Form der Beschaffung von Barmitteln für die Außenstände Ihrer Firma ist das Factoring. Statt Kredit auf sie zu geben, kauft sie der Factor und übernimmt damit das Inkasso-Risiko. Der Factoring-Preis kann bis zu 16 Prozent der Rechnung betragen, obwohl er normalerweise bei zehn bis zwölf Prozent liegt. Der Kunde zahlt an den Factor statt an Sie.

Besorgen Sie sich bei einem kommerziellen Finanzierungsunternehmen eine Kreditlinie für Ihre Außenstände, dann fragen Sie den Kreditgeber, ob er bereit wäre, Kredit auf Ihr Inventar zu geben. Fertigwaren und Rohstoffbestände gelten als kreditwürdig. Doch werden Kredite selten höher als 60 Prozent ihres Wertes gewährt, können aber auch nur 30 Prozent betragen. Kommerzielle Finanzierungsunternehmen pflegen den Liquidationswert Ihres Inventars zu kalkulieren, also den Preis, den es unter dem Hammer erlösen würde. Und dann bieten sie Bargeld mit einem Abschlag von diesem errechneten Wert an. Liegt diese Vorauszahlungsrate bei 35 Prozent, dann können Sie auf jeden Dollar des vom Kreditgeber akzeptierten Lagerbestandswertes 35 Prozent aufnehmen. Dasselbe gilt für Käufe. Sobald Sie dann die Fertigwaren verkaufen, wird die Rechnung dem Factor oder dem kommerziellen Finanzierungsinstitut übergeben, und Sie erhalten 85 Prozent des Verkaufspreises, zahlen die 35 Prozent Vorschuß zurück und behalten dann schließlich Bargeld in der Tasche.

Führt Ihre Firma in ihren Bilanzen schuldenfreie Maschinen oder Ausrüstungen, kann man auf sie langfristige Kredite aufnehmen oder sie an eine Leasinggesellschaft für Ausrüstungen verkaufen und von ihr anschließend leasen. Als Vorschuß erhält man normalerweise 60–75 Prozent des Liquidationswertes des jeweiligen Vermögenswertes. Darüber später mehr. Dasselbe gilt für Ihre Gebäude oder Ihren sonstigen Besitz.

Außerdem gibt es in den meisten amerikanischen Bundesstaaten von den Behörden verwaltete Fonds für Kredite, die zur Erhaltung oder Schaffung von Arbeitsplätzen dienen. Sie liegen zwischen $ 10000 und $ 20000 in bar für jeden von Ihrer Firma für die nächsten zwei oder drei Jahre geplanten oder erhaltenen Arbeitsplatz. Als Sicherheiten gelten gewöhnlich die bei den Vermögenswerten der Firma verbleibenden Wertpapiere, nachdem sie konventionellen Geldgebern verpfändet wurden. Staatliche Kredite werden gewöhnlich mit sechs bis acht Prozent jährlich verzinst, bei Laufzeiten von zehn bis fünfzehn Jahren – was beträchtlich länger ist als für konventionelle Kredite. Gegenüber staatlichen Kreditgebern müssen Sie eine Haltung des „Endweder-Oder“ zeigen. Das heißt, Sie müssen ihnen klar machen: Entweder Ihr gebt mir den Kredit oder aber ich muß fünfzig Mitarbeiter entlassen, bzw. werde nicht in der Lage sein, im Laufe von drei Jahren fünfzig neue Arbeitsplätze zu schaffen. Es gibt fast immer vielfältige Möglichkeiten, aus konventionellen und staatlichen Krediten Barmittel herauszuholen.

Selbstverständlich müssen Ihre Erklärungen zur Cash-flow Situation und Ihre Projektionen verdeutlichen, daß Sie in der Lage sind, den Zinsendienst zu leisten und die Schuld zurückzuzahlen. Um einen Kredit von $ drei Milionen bei einem jährlichen Zinssatz von neun Prozent in „normalen“ Zeiten verzinsen zu können, müssen Sie vor Zinsen und Steuern jährlich $ 270 000 erlösen, plus zumindest das Doppelte dieses Betrages für die Rückzahlung eines Teiles des Kredites plus Zinsen. Denken Sie daran, bargeldlose Ausgaben hinzuzurechnen, wie etwa Abschreibungen und Amortisierung, wenn Sie Ihre Fähigkeit für den Schuldendienst kalkulieren.

Benötigen Sie einen jährlichen Erlös von Steuern und Zinsen in Höhe von $ 540 000, um eine Schuld von $ drei Millionen zu regeln, dann können Sie sich ausrechnen, daß Sie in schwierigen Zeiten etwa 50 Prozent mehr brauchen, wenn Ihre Kredite an den Zinssatz der Primerate gebunden sind. Sind sie das, und verdoppeln sich Ihre Schuldenkosten auf 18 Prozent im Jahr, dann brauchen Sie für den Schuldendienst Einkünfte von mehr als $ 800 000 jährlich.

Nehmen wir an, Sie verhandeln über neue Kredite, während Sie am Ende des Sprungbretts einer Ihrer Ansicht nach stürmischen Wirtschaftskrise stehen. Dann versuchen Sie, eine Obergrenze für den Zins zu vereinbaren, wenn dieser an die Primerate gebunden ist. Versuchen Sie ferner, persönliche Garantien zu vermeiden und in das Kreditabkommen eine „Erholungsperiode" von nicht weniger als neunzig Tagen einzubauen, innerhalb derer eine Zahlungseinstellung korrigiert werden kann. Die beiden ersten Maßnahmen scheinen vom Inhalt her ganz eindeutig, die dritte soll Ihnen drei Monate Aufschub geben, um Ihre Firma wieder auf die Beine zu stellen, wenn Sie den Kredit nicht zurückzahlen können und der Gerichtsvollzieher vor der Tür steht.

Man kann darüber reden, wie habgierig man vor einer ernsthaften Rezession am Kreditschalter sein sollte. Wollen Sie sich Aktienkapital beschaffen, dann gibt es keine Obergrenze bei der Frage, wieviel Kastanien Sie sammeln sollten, um die Familie während des langen und kalten Winters zu ernähren. Kredite müssen jedoch zurückgezahlt werden, und dies gilt es bei der Kreditaufnahme zu bedenken.

Xicor, ein Hersteller von Halbleitern in Milpitas, Kalifornien, beendete das Kalenderjahr 1987 mit über $ 45 Millionen in Cash. Im März 1988 jedoch nahm er zur Bildung einer Reserve ungefähr $ 20 Millionen auf dem freien Kapitalmarkt auf. Raphael Klein wurde von den Anleihegaranten gefragt, warum er mehr Cash brauche. Er antwortete, ihm sei die ernste Rezession in der Halbleiterindustrie in den Jahren 1983–1984 in lebhafter Erinnerung. Deshalb wolle er niemals wieder in die Lage geraten, ohne Bargeld zu sein.

Schulden lassen sich jedoch nicht wie Wertpapiere behandeln. Leiht man sich Geld, um zu vermeiden, ohne Bargeld dazustehen, dann muß man seine Krisenplanung so einrichten, daß mehrere Alternativen verfügbar sind, wenn die Umsätze absacken und das Einkommen nicht für den Schuldendienst ausreicht.

Trägt Ihre Firma vor einer Rezession eine bequeme Schuldenlast, dann sollten Sie versuchen, jetzt Ihre Kredite umzustrukturieren, um den Zinssatz für den Großteil der Kredite festzusetzen. Das kann man durch private Plazierung bei Versicherungsgesellschaften oder Pensionsfonds oder über den Verkauf von Schuldverschreibungen an die Öffentlichkeit tun.

Tauschhandel

Praktisch jedermann kann Tauschwirtschaft betreiben und überzähliges Inventar gegen kostensparende Dienstleistungen wie Anzeigenraum, Flugtickets, Hotelzimmer, Mietwagen für Handelsvertreter der eigenen Firma und dergleichen mehr eintauschen. Ich bat Fred Tartar, den Gründer der Deerfield Corporation, der führenden Tauschhandelsfirma der Welt, mir zu erläutern, wie seine Firma das macht:

„Nehmen wir an, St. Tropez Cosmetics ruft mich an und sagt, sie würden gerne 10000 Gros Lippenstifte, zwölf pro Schachtel – das sind etwa 15 Millionen einzelne Lippenstifte – loswerden. Im Lagerbestand von St. Tropez schlägt das mit $ 7,5 Millionen zu Buche. Nehmen wir ferner an, ich kann bei verschiedenen lateinamerikanischen Vertreibern von Gesundheits- und Schönheitsprodukten Lippenstifte im Wert von $ 2,5 Millionen unterbringen. Das ist gut für St. Tropez, doch haben die Lateinamerikaner keine $ 2,5 Millionen in bar. Also frage ich sie: „Was könnt ihr anstelle des Bargeldes bieten?“ Sie sagen, sie hätten Verschiedenes zur Hand – Flugtickets, schon bezahlte Gutscheine für Mietwagen, sowie einige Regierungskredite. Dieses Paket ist ein wenig beschwerlich, beschafft meinem Klienten jedoch einiges Bargeld, das in Dollars konvertiert wird. Dann nehme ich mir die Flugtickets und Mietwagenkredite vor. Es stellt sich heraus, daß Hertz gerne die Rückseite von Magazinen von Inland-Fluggesellschaften kaufen möchte. Und da tausche ich nun mein Bündel Mietwagen-Gutscheine bei Fluglinienzeitschriften gegen Werberaum für Hertz ein, wobei Hertz den Preisunterschied ausgleicht. Dann verkaufe ich die Plätze in Linienmaschinen gegen Bargeld an Käufer von verbilligten Flugtickets und bezahle meinen Klienten.“

Ich nickte Tartar höflich zu – vermutlich nickt ihm jeder in der Hoffnung zu, er werde ihn nicht in bezug auf das gerade Erzählte testen müssen. Auf jeden Fall sind Tauschhandelsexperten kreative Beschaffer von Barmitteln. Man kann bei ihnen verkäufliches Inventar gegen Bargeld oder Tauschhandelsgutscheine los werden, und danach werden sie auf zahllosen Umwegen die Sachen an Vertreiber losschlagen, die sie benötigen. Die Tauschhandelsfirmen beschaffen keine Riesenbeträge. Sie sind ein Zufluchthafen im Sturm, eine Insel der Sicherheit in der tosenden See, eine Form von Bürgschaftsversicherung für Firmen, die in illiquiden Vermögenswerten ertrinken.

Gehört Ihre Firma zur Dienstleistungsindustrie und verfügt sie über kein überzähliges Inventar, das sich eintauschen läßt, dann überprüfen Sie einmal Ihre nicht voll ausgenutzten Dienstleistungskapazitäten und tauschen diese gegen Produkte oder Dienstleistungen ein, die sich zu Bargeld machen lassen. Kann Ihre gut funktionierende Abteilung für das Inkasso von Außenständen ähnliche Dienstleistungen für Kunden erbringen, die dafür in bar zahlen oder mehr Dienstleistungen bei Ihnen ordern? Haben Sie mehr Druck- und Vervielfältigungs-, Telefon- oder Computerkapazitäten als Sie brauchen? Rundfunk und Fernsehstationen tauschen häufig ungenutzte Werbezeiten (oder Zeiten, die infolge Rücknahme der Werbespots in letzter Minute frei geworden sind) bei Maklern ein, die sie an große und häufige Werbekunden zu Diskontpreisen abgeben. Für die Zahnpasta Topol der Firma Tartar wird fast ausschließlich in Sendezeiten geworben, die durch Streichung von Werbespots in letzter Minute frei werden.

Kämmen Sie auf diese Weise Ihr Inventar nach Produkten und Dienstleistungen durch, die sich eintauschen lassen, dann sollten Sie daran denken, daß Ihre Schwächen die Stärken eines anderen sein könnten und umgekehrt. Während des größten Teils der Zeit funktioniert die Volkswirtschaft reibungslos wegen ihres eleganten Mechanismus, Bedarf durch entsprechende Lieferungen zu befriedigen.

Weitergabe von Kosten an den Kunden

Fragen Sie sich, welche Aufgaben Ihre Kunden selbst übernehmen können (ohne daß Sie dadurch Einkünfte verlieren), und zwar Aufgaben, die Sie zur Zeit für die Kunden erledigen, was Sie Bargeld kostet. Können Sie einige dieser Dienstleistungen an die Kunden weitergeben und dadurch Vermögenswerte oder Mitarbeiter freisetzen?

Früher einmal waren amerikanische Zoos und Parkanlagen für wilde Tiere ausschließlich Betriebe der öffentlichen Hand. In der Mitte der siebziger Jahre jedoch entdeckte Lion Country Safari Möglichkeiten, solche Anlagen mit einem kleinen Anfangskapital auf gewinnbringender Grundlage zu betreiben. Diese Firma gab die Last der Kosten für Käfige und Energie an die Kunden weiter. Die Besucher der Tierparks von Lion Country zahlten für die Käfige (ihre eigenen Autos) und die Energiekosten (das Benzin für ihre Autos) und dazu noch Eintrittsgebühren. Die Firma ihrerseits bezahlte für das Leasen des Grund und Bodens, für den Ankauf der wilden Tiere – die sich glücklich vermehrten – und für das Futter der Tiere. Ein geschicktes Tauschgeschäft. Der Kunde erwarb dabei Bequemlichkeit und das Vergnügen, die wilden Tiere in der ihnen angemessenen Umwelt zu sehen. Lion Country behielt Bargeld und erzeugte Gewinne durch Finanzierung der Bedürfnisse der Kunden.

Hausieren (amerikan. Schlepping)

„Schlepper“ ist ein jiddisches Wort für jemanden, der mit mehreren Säcken alten Krams, den er irgendwo aufgepickt hat, durch die Lande zieht und diesen anderswo verkaufen will.

In Gemeinden mit vorwiegend farbigen Einwohnern war so ein *„Schlepper“* der Lumpen- und Alteisensammler, der mit seinem

Karren mit altem Kram durch die Hinterhöfe zog und das Zeug verkaufte, aufkaufte oder gegen anderes eintauschte, wobei er laut sang „Lumpen, altes Eisen! Kauft Ihr Leute, Lumpen, altes Eisen!"

Die moderne Version des *„Schleppers"* oder Hausierers ist der Katalog für Konsumgüter oder der Versandkatalog des Postversand-Unternehmens, das Waren verkauft, die nicht mehr hergestellt werden oder überzählig auf Lager liegen. Die bekanntesten Firmen in der Branche für elektronische Gebrauchsartikel sind JS&A (Joe Sugarman & Associates) sowie DAK (Dean A. Kaplan). Sie kaufen einmalige Produkte von kleinen Herstellern, die kein Geld für Werbung und Marketing haben – und das zu Notpreisen. Dann werben sie für diese Produkte in ihren Katalogen zu Preisen, die 25–30 Prozent unter dem Einzelhandelspreis liegen. Der mittellose Hersteller kann pro Verkaufseinheit $ 10 in bar für ein Produkt erlösen, das er normalerweise für $ 50 verkaufen würde.

Ich besuchte Ende 1987 den Hersteller eines der bekanntesten Software-Produkte für Wirtschaftsbetriebe, der 50000 Einheiten für nur $ 100 pro Einheit verkaufte. Die Firma hatte kurz vorher einen verbesserten Typ mit über 30 zusätzlichen Merkmalen zum Preis von $ 400 pro Einheit eingeführt. Sie war dabei, die verbesserte Version mit großem Werbeaufwand zu präsentieren, und das Kapital sollte durch eine neue Emission von Stammaktien beschafft werden. Dann jedoch kam der Schwarze Montag. In zwei Monaten sackten die monatlichen Umsätze der Firma von $ 350000 auf $ 15000 ab. Es gab keine Verbrauchergruppe für ihr Produkt, und sie besaß keine Liste ihrer Kundennamen in für andere Firmen verwendbarer Form. Ich entwarf einen informellen Reorganisationsplan. Um einen Notgroschen für die Bezahlung der Gehälter und der Telefonrechnung zu beschaffen, verkauften wir 9000 Stück des Originalprodukts an Software-Hausierer zum Preis von $ 10 pro Stück. Im Handumdrehen verfügten wir über $ 90000, was uns die Möglichkeit gab, den informellen Reorganisationsplan in Gang zu setzen, statt zur Konkurserklärung und sicheren Liquidierung gezwungen zu werden.

Viele der erfolgreichsten Geschäftsleute des Landes begannen als Pfandleiher und Hausierer. Rose Blumkin, die 92 Jahre alte Gründerin der Firma Nebraska Furniture Mart, die im Jahre 1986 für $ 90 Millionen aufgekauft wurde, kam als kleines Mädchen aus Rußland in die Vereinigten Staaten und half später ihrem Ehemann bis zu dessen Tode beim Betreiben einer Pfandleihe. Ohne Barmittel, aber mit Kindern, die sie ernähren und kleiden mußte, begann Rose die Möbel aus ihrem privaten Haus zu verkaufen. Mit den ersten Bareinnahmen erwarb sie mehr gebrauchte Möbel, lagerte und verkaufte sie. Sie behandelte die Käufer ihrer gebrauchten Möbel so anständig, daß dadurch ein anhänglicher Kundenstamm entstand. Schließlich kam unter ihrem Dach eines der größten Möbellager zustande. Rose hatte ein klares Motto: „Bezahle in bar, gib gute Qualität und betrüge niemanden."

Kennen Sie die *„Schlepper"*-Firmen in Ihrer Branche? Wenn nicht, dann sehen Sie die entsprechenden Spalten Ihrer Wirtschaftszeitungen durch. *„Schlepper"* geben nicht viel Geld für Werbung aus, also studieren Sie vor allem die kleingedruckten Anzeigen.

Vergabe von Lizenzen

Angesichts des Drucks, Barmittel aufzubringen, ist jetzt gerade die richtige Zeit gekommen, die Lizenz für eines Ihrer Produkte an ein großes Unternehmen zu vergeben, das einen Markt beliefert, den Sie gegenwärtig nicht erreichen. Stellen Sie industrielle Ausrüstungen her, könnten Sie die medizinischen Geräte an einen Vertreiber auf diesem Markt in Lizenz vergeben. Konzentrieren Sie sich ganz auf Nordamerika, dann könnten Sie die Lizenzen für Europa oder den Fernen Osten vergeben. Einige hervorragende Unternehmen haben diesen Weg beschritten, um dringend benötigte Barmittel aufzutreiben. Ist Ihnen Rank Xerox ein Begriff? Die seinerzeit illiquide Haloid Company, Vorgänger der Xerox Corporation, verkaufte die Marktrechte für das Vereinigte Königreich und die Commonwealth-Länder an die Rank-Organisation.

Es ist unter Computer-Software-Herstellern allgemein üblich, Lizenzen für Produkte auf zwei Märkten gleichzeitig zu vergeben, aber einige Rosinen für sich selbst zu behalten. Gelegenheiten zum Lizensieren gibt es für Hersteller originärer Ausrüstungen, etwa Computerhersteller, deren Geräte durch eine spezielle Software an Wert gewinnen. Ein solcher Hersteller möchte das Recht zum Vermarkten der Software bei den Benutzern seiner Geräte haben und zahlt dafür bar entweder nach entsprechendem Umsatz oder in Form einer Lizenzgebühr. Man nennt das *horizontale Marktlizenz,* weil der Lizenznehmer an viele Endverbraucher in verschiedenen Branchen verkauft. So wird beispielsweise das Softwarepaket für den Wortprozessor WordStar horizontal an praktisch jede Branche verkauft.

Als *vertikale Marktlizenz* bezeichnet man die Vergabe der exklusiven Marktrechte für ein Produkt an eine Firma, die es nur innerhalb einer bestimmten Branche weiterverkaufen darf. So vergab die Cipherlink Corporation, die Software entwickelt, an Cooper & Lybrand die Exklusivrechte zur Nutzung und zum Weiterverkauf des Cipherlink „Automated Auditor"-Pakets an die Hersteller von Buchhaltungsmaschinen. Handelt es sich bei Ihrem Produkt um ein generisches Erzeugnis, dann können Sie verschiedene vertikale Marktanwendungen lizensieren. So hat der Softwarehersteller Enabling Technologies in Chicago seine Software für Festkörpermodellierung an die medizinische Industrie *und* die Druckindustrie verkauft. Auf diese Weise wurden Lizenzen eines Herstellers von Originalausrüstungen an Computerhersteller verkauft, die den Preis für die Enabling-Software in den Preis für ihre Hardware einbeziehen, doch nur in diesen beiden Industrien.

Eine dritte Form der Lizenzvergabe ist die *territoriale Marktlizenz.* Damit verkauft man die exklusiven Rechte zur Vermarktung eines Produkts in einem anderen Teil der Welt – einer Region oder einem Land, das der Hersteller nicht beliefert, weil er es sich nicht erlauben kann, dort eine Verkaufs- und Serviceorganisation aufzubauen. Amerikanische Hersteller von medizinischen Diagnoseausrüstungen verkaufen häufig territoriale Marktlizenzen, weil Europa und der Ferne Osten große Territorien sind und weil ausländische Hersteller von Ausrüstungen für das Gesundheitswesen Vertriebsorganisationen am Ort haben und innovative neue Produkte suchen, die sie über ihre schon bestehenden Vertriebskanäle verkaufen können. Bedenken Sie stets, daß es eine Menge Geld kostet, die Buchführung und Aufzeichnungen für Auslandslizenzen zu überprüfen. Deshalb sollten Sie auf Vorauszahlung bestehen, zumindest 50 Prozent der geschätzten gesamten Lizenzgebühren für das erste Jahr, während die zweiten 50 Prozent innerhalb von sechs Monaten fällig sein sollten. Fragt der Lizenznehmer nach einer Begründung, dann antworten Sie ihm, Sie könnten es sich einfach nicht leisten, seine Bücher zu diesem Zeitpunkt überprüfen zu lassen, noch könnten Sie es sich leisten, ihn zu verklagen, wenn er sie täuschen sollte. Sie fordern also für das erste Jahr eine Vorauszahlung in Höhe der Hälfte der geschätzten Lizenzgebühren. Nehmen wir an, es wird abgesprochen, daß der Lizenznehmer im ersten Jahr mindestens 10000 Einheiten verkauft. Beläuft sich sein Verkaufspreis auf $ 500 und die Gebühr auf fünf Prozent der ersten 10000 Einheiten, dann muß der Lizenznehmer Ihnen zumindest $ 250000 zahlen. Sie sind berechtigt, eine Vorauszahlung von $ 125000 zu fordern, sobald der Vertrag unterzeichnet ist. Achten Sie darauf, daß der Lizenznehmer die zweite Zahlung garantiert und daß seine Garantie auch etwas wert ist.

Sie müssen die durch die Lizenz vergebenen jährlichen Mindestumsätze und das Territorium genau festlegen. Außerdem sollten Sie ein Datum vereinbaren, nach dem die Lizenz in beiderseitigem Einverständnis erneuert werden kann – sagen wir, nach fünf Jahren. Vielleicht sind Sie interessiert, den Markt eines Tages wieder selbst zu übernehmen, den Sie in einem Augenblick der Schwäche aufgegeben haben. Der Lizenznehmer möchte ihn wahrscheinlich behalten, weil er seine Entwicklung finanziert hat. Wenn daher die Zeit gekommen ist, den Vertrag zu erneuern, dann besteht eine große Möglichkeit, daß Sie die Lizenzgebühren erhöhen oder aber den territorialen Markt ganz und gar für eine beträchtliche Gebühr verkaufen können. Suchen Sie eine gute Idee für einen vorteilhaften Vertrag über Lizenzgebühren, dann brauchen Sie nicht weiter zu blicken als bis zur Coca Cola Bottling Company. Im Jahre 1899 wurden die Rechte zum Verkauf von Coca Cola in Flaschen an zwei Chattanooga-Anwälte durch Asa Chandler vergeben, der seinerseits diese Rechte vom Erfinder der Coca Cola für ganze $ 1200 erworben hatte. Obwohl die Abfüller den Sirup bei Coca Cola orderten, schufen die Leute in Tennessee eines der großen Familienvermögen des Südens, indem sie die Abfüllrechte im ganzen Lande lizensierten.

Um einen vollen Überblick über Lizenznehmerkandidaten zu erhalten, tragen Sie am besten die Namen aller Planungsmanager der größten Unternehmen in den USA und den wichtigsten fremden Ländern zusammen – die meisten von ihnen haben Büros in New York oder Kalifornien. Konzentrieren Sie sich auf Firmen, die am wahrscheinlichsten den Wunsch hegen könnten, Ihr Produkt zu vertreiben. Die großen Wirtschaftszeitschriften veröffentlichen häufig Listen solcher Unternehmen, und Sie können telefonisch Kopien ihrer Jahresberichte anfordern. Wollen Sie schneller an diese Listen kommen, dann bestellen Sie sogenannte 10-K-Reports für die SEC über die Adresse Disclosure, Incorporated, P. O. Box 75090, Baltimor, Maryland 21275 (800-638-8241). Diese Firma verkauft Neudrucke der 10-Ks und verschickt sie mit Nachtkurier. Außerdem sind viele der Planungsmanager Mitglieder der Association of Corporate Growth; man kann die Mitgliederliste bei ihr in New York City erhalten.

Wie man nichtbilanzierte Vermögenswerte findet

Eine von einem Makler bewertete Kundenliste stellt ein ausgezeichnetes Hilfsmittel dar. Ein zwanzigmal im Jahr gegen fünf Cents vermieteter Kundenname ist einen Dollar wert. 100000 Namen haben einen Marktwert von $ 100000 und einen Kreditwert von $ 80000. Verfügen Sie nicht über 100000 Namen, dann geben Sie Ihre Namen in einen Pool mit anderen Firmen Ihrer Gemeinde und nehmen dann gemeinsam Kontakt mit einem Makler für Namenslisten auf.

Beginnen Sie sofort mit der Aufstellung einer Kundenliste. Kommt Ihre Firma normalerweise nicht an die Namen und Anschriften Ihrer Kunden, dann denken Sie sich etwas aus. Betreiben Sie z. B. ein Restaurant, in dem nur gegen Barzahlung serviert wird, dann lassen Sie die Gäste Namen und Adresse angeben, wobei sie einen Preis gewinnen könnten, oder lassen Sie sie einen Fragebogen ausfüllen. Die Idee mit einem Preis zieht am besten, weil dadurch mehr Namen zusammenkommen. Vertreiben Sie ein Produkt gegen Barzahlung, dann stellen Sie eine Garantiekarte aus. Die Kunden werden dann gerne Namen und Anschrift nennen. Diese Namen werden von Postversandfirmen sehr gesucht, die stets damit beschäftigt sind, noch umfassendere Listen zusammenzustellen. Enthält Ihre Kundenliste sogar noch die Telefonnummern, dann ist sie für einen Listenmakler mehr als einen Dollar pro Namen wert.

Auch technisches Know-how gehört zu den nicht bilanzierten Vermögenswerten. Eine Computersoftware-Firma trägt die Kosten für die Entwicklung der Codes ihres Primär- oder Quellenprogramms nicht in die Spalten der Bilanz ein, verfügt aber über die Programme. Ein Kreditgeber könnte das Quellenprogramm oder das Know-how der Firma als kreditwürdige Nebenleistung ansehen. Ebenso sind zwar Aufträge von Kunden keine Vermögenswerte, können jedoch für einige Geldgeber zusätzliche Sicherheiten darstellen.

Die Fabrikgebäude und die Ausrüstungen Ihres Unternehmens sind vielleicht schon abgeschrieben und stellen daher in der Bilanz nur einen niedrigen Wert dar. Lassen Sie sie neu bewerten, um herauszufinden, ob sich in Ziegeln, Beton und Stahl nicht doch noch einige Sicherheiten finden lassen.

Überlassen Sie Räume für Einzelhandelsbetriebe durch Leasingkontrakt, dann können Sie diese Leasingverträge einem Kreditgeber überlassen, um an weiteres Bargeld zu kommen. Hersteller elektronischer Verbrauchsgüter können die Listen ihrer Garantiekartenbesitzer verleihen. Sollte Ihr Firmenzeichen gut bekannt sein, wäre es vielleicht für einen Bekleidungsfabrikanten lizenzwürdig. Vor kurzem tat sich die McDonald's Corporation mit Sears zusammen, um die McKids-Modelle für Kinderbekleidung zu kreieren. In den Hügeln der nichtbilanzierten Werte läßt sich gelegentlich noch Gold schürfen.

Verkaufen und zurückleasen

Viele bargeldhungrige Firmen verkaufen Werksgebäude und Ausrüstungen an Leasinggesellschaften, um die dringend benötigten Dollars zu beschaffen. Die Leasinggesellschaften bevorschussen gewöhnlich 75 bis 85 Prozent des Liquidationswertes der Ausrüstungen und 60 bis 75 Prozent des Marktwertes der Fabrikanlagen, und die Firma zahlt der Leasingfirma in fünf bis sieben Jahren das Geld für das Leasen der Ausrüstung und in sieben bis zehn Jahren für das Gebäudeleasing zurück. Viele große kommerzielle Banken und kommerzielle Finanzierungsgesellschaften haben besondere Abteilungen für das Leasen von Ausrüstungen. Um von ihnen finanziert zu werden, braucht man Taxwerte neuesten Datums, von Wirtschaftsprüfern erstellte Gutachten, genau dokumentierte Erklärungen über Cash-flow-Projektionen sowie einen gesunden umfassenden Geschäftsbericht. Stolpert Ihre Firma jedoch in ein Konkursverfahren, dann hat die Leasingfirma einen Anspruch auf die Vermögenswerte, die Sie ihr abgetreten haben, und an diese kommt dann kein anderer Gläubiger mehr heran.

Neue Produkte in alten Vertriebskanälen

Viele Marketingstrategien mit dem Ziel, besonders hohe Barvorauszahlungen zu erlangen, wurden von Geschäftsleuten ersonnen, die verzweifelt nach einer Methode suchten, Barmittel herbeizuzaubern, bevor das Produkt überhaupt ausgeliefert wurde. Vielleicht vertreiben Sie ein Einzelprodukt, etwa einen Tischcomputer, und erhalten dann bei jedem Verkauf einen Scheck. In einem solchen Fall verzichten Sie auf den Verkauf von Software, peripheren Geräten und Serviceverträgen – also auf drei weitere Umsätze über denselben Kanal. Nutzen Sie die sich Ihnen bietenden Möglichkeiten nicht, dann lassen Sie Geld auf dem Tisch liegen.

Buchverleger haben ein Händchen dafür, über ihre primären Buchverteilerkanäle zusätzliche Produkte zu vertreiben. St. Martin's Press und Simon & Schuster haben „viele Füße auf der Straße", die Buchhandlungen besuchen. Es kostet sie wenig, ihren Listen auch noch gute Bücher beizufügen, die von kleineren Unternehmen publiziert werden, womit ihre Buchvertreter zusätzliche Einkommen erzeugen.

Schwierige Zeiten eignen sich am besten dafür, den Aktentaschen Ihrer Handelsvertreter, Ihrem Postversandkatalog oder Ihrer Programmzeitschrift einige innovative Produkte beizulegen. Richard Thalheimer gab ursprünglich nur einen Katalog für spezialisierte elektronische Verbrauchsgüter heraus. Dann schuf er aufgrund einer ganz einfachen Idee *The Sharper Image:* Den Erfindern digitaler Kalorienzähler und von Vorrichtungen zum Aufheizen von Automobilen fehlte das Kapital zum Vermarkten ihrer Produkte. Thalheimer forderte von ihnen eine Werbegebühr für ihre Produkte im *The Sharper Image*-Katalog. Er verlangte eine Kommission von mindestens 30 Prozent für Umsätze, die durch den Katalog zustande kamen. Im Laufe der Zeit erzielte *The Sharper Image* so viel Gewinn, daß die Firma an der Börse notiert werden konnte. Mit den Erlösen schuf er einen neuen Marketingkanal – Einzelhandelsausstellungsräume.

Wie man aus eingeführten Produkten neue Einkommensquellen schafft

T. George Harris, Herausgeber der Zeitschrift *American Health*, kann auf Dutzende kreativer Einkommensquellen aus einem einzigen Produkt verweisen. Zusätzlich zum Verkauf des Magazins selbst bringt *American Health* Cash auf mancherlei andere Weise zusammen:

1. Anzeigen
2. Vermieten von Abonnentenlisten
3. Verkauf von Features zum Thema „Gesundheit und Fitneß" an lokale Zeitungen
4. Verkauf von Artikeln an ausländische Zeitungen
5. Verkauf von Audiokassetten, beruhend auf einer Artikelserie
6. Verkauf von Videokassetten, beruhend auf einer Artikelserie
7. Verkauf von Büchern, beruhend auf einer Artikelserie
8. Honorare für Produktaussagen
9. Verkauf von T-Shirts, Unterhemden und Kübeltaschen mit dem Logo des Magazins
10. Verkauf thematisch verwandter Produkte, etwa von Wörterbüchern für Begriffe aus dem Gesundheitswesen und Fitneßsport.

Als ich im Jahre 1970 meine Investmentfirma gründete, war mir sofort klar, daß ich zusätzliche Einkommensquellen erschließen mußte, um die Cash-flow-Täler zu füllen. Außerdem ging mir auf, daß viele meiner potentiellen Klienten gar nicht wußten, daß ich existierte oder wie sie mich finden konnten. Ich entdeckte, daß es für meine Sachkenntnis sekundäre Kanäle gab – Publikationen und Vorträge. Dies verschaffte mir nicht nur weiteres Einkommen, sondern auch zusätzliche Kontakte: Diejenigen, die meine Bücher lasen und meine Seminare besuchten, konnten sich bei mir melden und die Dienstleistungen meiner Firma in Anspruch nehmen.

Andere, aber ähnliche Branchen haben den Kanal Publizieren/Vorträge noch stärker ausgebaut. Howard Ruff, ein Investmentberater, bietet einwöchige Klausuren für eine Gebühr von mehreren tausend Dollar pro Teilnehmer an. Joseph Mancuso gründete den Chief Executive Officer Club für Topmanager und das Center for Entrepreneurial Management, das im ganzen Land Forumsdiskussionen anbietet, bei denen Mancusos Bücher, Tonbänder und Informationsbriefe vertrieben werden. Sheldon Adelson (der die größte Ausstellung der Computerbranche COMDEX sowie andere Konferenzen der Computerindustrie organisiert) publiziert zugleich die täglichen Ausstellungszeitschriften und verkauft Tonbänder und gedruckte Kompendien der von COMEX veranstalteten Seminare. Als weiteren Kanal zur Beschaffung von Cash gründete Adelson kürzlich eine Reise- und Rundreisenfirma, die die Teilnehmer zu COMDEX und den anderen Konferenzen transportiert.

Sind Sie im Dienstleistungsgewerbe tätig, dann ist jetzt eine gute Zeit zur Einrichtung eines Publikationskanals, den Sie durch Vorauszahlungen der Kunden in Gang bringen können. Er sollte monatlich über die zahllosen Vorkommnisse in der Branche berichten, Einkünfte aus Werbung beschaffen und neue Kunden für Ihre primäre Dienstleistung aufspüren.

Nutzung der Telefonnummer 900 und telefonischer Meinungsumfragen

Im Fernmeldewesen gibt es einige neuere Innovationen, durch die Sie mehr über die Bedürfnisse und Wünsche Ihrer Kunden erfahren können. Diese Marktforschung wird vom Kunden bezahlt, was Ihrem Cash-flow guttut. A6T bietet den „Dial-It 900 service" an (für lokale Anrufe 976). Dieser Service gestattet große Mengen gleichzeitiger Anrufe bei Ihrer Firma zu einem Einheitstarif von 50 Cents für die erste Minute und 30 Cents für jede weitere Minute. Zeitungen wie etwa *USA Today* nutzen diesen 900-Service zum Erkunden von Lesermeinungen über brennende Tagesthemen. Am darauffolgenden Tage veröffentlichen sie die Ergebnisse der Umfrage. Fabrikanten legen den Verpackungen ihrer Produkte eine Mitteilung über den 900-Service bei und ermuntern die Kunden, ihre Kommentare telefonisch zu übermitteln. Der Kunde ruft an, der Hersteller beschreibt zusätzliche Produkte, Dienstleistungen, Wettbewerbe oder stellt eine Reihe vorformulierter Fragen, um mehr Informationen über die Kunden zu erhalten. Die Ralston Purina Company nutzt die Telefonnummer 900 für ihren „Great American Dog"-Wettbewerb, während Quaker Oats Kindern, die Haferflocken essen, die Möglichkeit bietet, über diese Nummer die aufgezeichnete Botschaft eines sehr bekannten Teddybärs zu hören.

Das sogenannte „One-Call polling", eine neue, 1987 von Creative Communications Associates (CCA) in New York entwickelte Dienstleistung ermöglicht es, gleichzeitig 5000 Anrufe an Firmen und Haushalte auf Band aufzunehmen. Diese Anrufe haben die Form eines verzweigten Diagramms, und die Angerufenen reagieren auf die einzelnen Fragen durch Drücken einer Taste.
Bedras Bedrusian, der Vorstandsvorsitzende von CCA, hebt den Wert dieser Dienstleistung für Umfragen, Marktforschung und Werbung hervor. Für CCA ist dieser Service billiger als der Versand von 5000 Fragebogen per Post.

Sie können die beiden hier genannten Dienstleistungen als völlig neue Verteilerkanäle zum Aufspüren neuer Kunden nutzen, ihnen Fragen stellen, ihr Interesse an schon eingeführten Produkten erkunden, die Nummern ihrer Kreditkarten feststellen und ihre Bestellungen ausführen – all das, ohne neues Verkaufspersonal einzustellen. Außerdem zahlt der Kunde mit dem 900-Service für die Zeit, bis er mit der auf Band aufgezeichneten Mitteilung Ihrer Firma verbunden wird. Nehmen wir an, Sie stellen Cajun/Creole-Saucen her, die über Supermärkte verkauft werden. Auf das Etikett lassen Sie ein paar zusätzliche Zeilen mit einer Beschreibung Ihres 900-Services für Kochrezepte aufdrucken. Dann lassen Sie eine Mitteilung auf Band aufnehmen, in der ein Cajun/Creole-Kochbuch für $ 9,95 angeboten wird, dazu ein Suppentopf zum Kochen von Hühnern und Shrimps, wie im Kochbuch beschrieben, für $ 12,95; ferner bieten Sie gratis eine Büchse Cayenne-Pfeffer oder eine Schürze für jeden Auftrag an, der $ 25 oder mehr beträgt. Schließlich erfragen Sie von dem Kunden noch Namen und Adresse sowie seine Kreditnummer. Ist das nicht toll! Auf Kosten des Kunden schaffen Sie eine neue Einkommensquelle für Ihre Firma, ohne für Angestellte, Werbung oder Briefmarken zahlen zu müssen. Der Dial-It 900 Service ist ein völlig neuer Verkaufskanal mit einem riesigen Bargeldpotential.

Marketing durch Postversand

Noch leichter als durch Direktwerbung ist kein Geschäft zu machen, wie alle Versandhauskataloge bezeugen, die uns zugesandt werden.

Unterstreichen Sie diesen Absatz, und schreiben Sie „regionaler Abschwung“ an den Rand. Denn eine der besten neuen geschäftlichen Aktivitäten, die man in einer von wirtschaftlichem Abschwung betroffenen Region in Gang bringen kann, ist z. B. die Gründung einer Firma, die durch Postversandkataloge die einzigartigen Produkte dieser Gegend Touristen anbietet, die sich zum

Fernbleiben entschlossen haben. Santa Fe in New Mexico ist ein bekanntes Gebiet für Sommer- und Ski-Touristen. In den Hundstagen von Februar bis Juni jedoch haben die Andenkenhändler und die Kunsthandwerker magere Zeiten. Ein Postversandkatalog, der deren Waren anpreist, könnte während dieser Monate Bargeld beschaffen. Die lokalen Händler könnten Ihnen Farbfotos ihrer Produkte liefern, dazu eine Liste mit Größenangaben, Farben und Preisen. Sie könnten außerdem ihre Versandlisten zu einem Pool verbinden und so dem Versender Tausende von Prospekten liefern. Die Kosten, um in dieses Geschäft einzusteigen, sind minimal – nur Druck- und Versandkosten. Dieser Direktversand läßt sich auch elektronisch abwickeln. Besitzer eines Personal Computers haben Zugang zu Hunderten von Katalogen und können dann ihre Produkte durch Post, Kurier oder United Parcel Service ordern.

Direkter Postversand ist das am schnellsten wachsende Segment des Einzelhandelsgeschäfts – mit einem Jahresumsatz von etwa $ 150 Milliarden und einem Anteil von etwa 15 Prozent am gesamten jährlichen Einzelhandelsumsatz.

Videokatalog

Angesichts der alle paar Jahre steigenden Postgebühren wenden sich die Versandgeschäfte auf Videobändern aufgenommenen Katalogen zu. Die Firma Home Video Marketplace (HVM) in Laguna Hills, California, brachte 1987 einen solchen Videokatalog mit einer Länge von 38 Minuten heraus, der 29 Produkte in der Preislage von $ 25 bis $ 500 beschreibt. Randy Richards, der Vorstandsvorsitzende, brachte 3000 Video-Auslieferungsfirmen dazu, diesen Videokatalog auf Lager zu haben, und inzwischen verkauft er sich. Er berichtet von Durchschnittsaufträgen über $ 150.

Einige Hersteller produzieren ihre eigenen Videokataloge. Die Royal Silk Manufacturing Company sendet potentiellen Kunden

den Videokatalog, anderen den gedruckten Katalog. Die durchschnittlichen Aufträge seitens der Empfänger des Videokatalogs liegen um 40 Prozent höher als die durchschnittlichen Bestellungen aufgrund der gedruckten Kataloge.

Der Nachteil der Videokataloge ist ihr Preis. Es kostet etwa $ 25 000, eine gute fünfzehnminütige Video-Werbung vorzubereiten, sowie $ 7 bis $ 10, jede einzelne Kopie zu verpacken und zu versenden. Dennoch kann ein Videoband bei einigermaßen komplizierten Produkten mehr Einzelheiten vermitteln als eine gedruckte Mitteilung. Seit 1984 bedient IBM sich des Videomarketings, um die Kunden zu ermuntern, sich neueren Produkten zuzuwenden. Life Fitness, eine Firma, die Fitneßgeräte auf Computerbasis vertreibt, stellte ihre neuen Produkte mit einem fünfzehnminütigen Videoband vor. Durango Cookery in Austin, Texas, führte ein neues Barbecuesystem mit einer Vielfalt von Bautypen ein. Statt Vertriebspersonal einzustellen, beauftragte Durango die Fimra DWJ Associates in New York mit der Herstellung eines Videobandes von 15 Minuten Dauer. Das Band wird an potentielle Händler versandt, an Hardware-Läden und an Unternehmen der öffentlichen Hand, die Einzelhandelsgeschäfte betreiben.

Jack Miller ist Vorstandsvorsitzender der Quill Corporation in Lincolnshire, Illinois, eines Versandgeschäfts für Büroprodukte mit einem Erlös von $ 200 Millionen. Miller mißt dem Verkauf über Videokataloge große Bedeutung bei. Bei 48,3 Millionen bereits in Haushalten installierten Videogeräten und der Aussicht, daß es im Jahre 1990 56 Millionen sein werden, hält Miller Videokataloge für einen bedeutenden sekundären Vertriebskanal.

Verkauft Ihr Unternehmen ein Produkt an Haushalte oder andere Firmen, dann sollten Sie für Ihr Marketing Videokataloge in Erwägung ziehen. Ihre Vertriebsleute sprechen nur einmal beim Kunden vor, während Videokataloge immer wieder abgespielt werden können und eine dauerhafte Information bieten. Sie können die

Bänder an 5000 Kunden schicken, diesen die Telefonnummer 900 für Bestellungen anbieten oder bei telefonischer Umfrage Fragen beantworten und den Scheck anfordern. Nach wiederholten Anrufen werden die Aufträge in Massen hereinkommen; Ihr neuer Hightech-Vertriebskanal könnte genauso viele Aufträge beschaffen wie Ihre gesamte Vertriebsabteilung.

Joint ventures

Joint ventures sind Vertriebskanäle, die häufig übersehen werden; dabei können sie rasch Cash erzeugen. Ein Joint venture ist eine Partnerschaft von zwei oder mehr Unternehmen, die eingegangen wird, um ein bestimmtes Projekt zu verwirklichen. Gute Gelegenheiten für Joint ventures bieten sich an, wenn jeder Partner das einbringt, was der andere nicht hat, was alle Partner jedoch als integralen Bestandteil für den Erfolg des Projekts betrachten.

Eine Firma muß der Tatsache ins Gesicht sehen, daß man mehr als Geld braucht, um ein neues Unternehmen zu gründen. Obwohl das Projekt vielleicht nur die Herstellung oder Verteilung eines bestimmten Produkts vorsieht, wird die Firma durch Kapital alleine noch nicht zum effizientesten Hersteller oder erfolgreichsten Vertreiber.

Vielleicht verfügen Sie über ein wirklich gutes innovatives Produkt, das auf den Markt gebracht werden könnte, doch mangelt es Ihnen vielleicht am „Standbein auf der Straße“, um es verkaufen zu können. Ein Großunternehmen kann ausreichend Produktionsraum zur Verfügung haben, und seine große Vertriebsabteilung ist stets auf der Suche nach neuen Produkten. Eine solche Situation schreit geradezu nach einem Joint venture, einem 50:50-Unternehmen, das Sie gegen Vorauszahlungen in bar und laufende Gebühren managen. Joint ventures erleben wir häufig bei Projekten größeren Umfangs, etwa im Bergbau, der Luftfahrtindustrie und im

Fernmeldewesen. Die Honda Motor Company führte das Moped durch amerikanische Fahrradläden ein, die später ihre Automobilhändler wurden. Ist Ihre Firma sehr innovationsfreudig, jedoch knapp an Mitteln, um die Innovationen zu vermarkten, dann denken Sie sich ein elegantes Joint venture aus, wie Sochiro Honda es tat.

Gemeinsame Postwurfsendungen

Versenden Sie laufend Kataloge oder Postwurfbroschüren an potentielle Kunden, dann gibt es einen unkontrollierbaren Faktor, nämlich die steigenden Postgebühren. Jede unkontrollierbare Variable ist lästig. Wer sich jedoch auf den U.S. Postal Service für die wirksame Handhabung seiner Aussendungen verläßt, der handelt sich eine Migräne ein – ganz abgesehen vom Problem stetig steigender Gebühren. Um diesen Kosten zu begegnen, haben Unternehmer in den letzten zehn Jahren verschiedene Methoden gemeinsamen Marketings über die Post entwickelt. Ihr Werbematerial erreicht den beabsichtigten Empfänger, jedoch gemeinsam mit anderen Broschüren. Das senkt nicht nur die Kosten um zwei Drittel, sondern die zusätzlichen Angebote fördern noch den Umsatz Ihres eigenen Produkts, wenn sie sorgfältig ausgewählt sind. Gemeinsames Postmarketing erspart außerordentlich viele Kosten. Die verschiedenen gegenwärtig tätigen Firmen für gemeinsames Postmarketing arbeiten eng mit dem U.S. Postal Service zusammen, um die prompte Belieferung zu garantieren.

Ende der sechziger Jahre gründete Jack Valentine die Firma Advo Systems in Hartford, Connecticut. Es war eine nicht gerade brillierende Firma für direkten Postversand, die die Adressen sämtlicher Wohnungen der ganzen Nation in ihren Computern speicherte und für ihre Kunden umfangreiche Postsendungen ausführte. Ein mühsamer Infight mit R. R. Donelly, Dun & Bradstreet und anderen Massenversendern war nicht gerade das, was Valentine für eine gute Dienstleistung hielt. Mit Advos 90 Millionen Adressen wollte er etwas Besonderes tun. Sein Team kam dann auf die Idee, jeweils bis zu zehn Postwurfbroschüren in einem Bündel zusammenzufassen, um dadurch die Kosten des Absenders pro Kunden zu reduzieren.

Als Advo Systems im Jahre 1986 von einem anderen Unternehmen aufgekauft wurde, verließ Jay Engstrom diese Firma und gründete in Westminster California die Marketing Publications Inc., eine Firma für gemeinschaftliches Marketing mit Firmenkunden als Zielgruppe. In weniger als zwei Jahren fand sein monatlicher Postversand von Firmen für Firmen mit einer Auflage von einer Million große Zustimmung bei mehreren hundert Kunden, von denen einige behaupten, er sei das beste Werbemittel, das sie jemals benutzt hätten. Eine zweite gebündelte Postsendung geht unter dem Titel „Affluent Lifestyles" (Wohlhabender Lebensstil) allmonatlich an 600000 wohlhabende Eigenheimbesitzer in Kalifornien und enthält zehn individuelle Prospekte. Über Marketing Publications lassen sich mit wenig Kosten Ausgaben reduzieren und der Umsatz fördern. Engstroms neues Unternehmen erzielte im zweiten Jahr seiner Tätigkeit Einkünfte von über $ 5 Millionen.

Betätigt Ihr Unternehmen sich im Druckereigewerbe, oder verschickt es täglich eine Menge Werbematerial per Post, dann ist es möglich, anderen Firmen, die denselben Markt anvisieren, jedoch keinen entsprechenden Werbeetat haben, einen Huckepackdienst anzubieten. Diese anderen Firmen können ihre Adressen in eine gemeinsame Postversandliste einbringen. Für eine kleine Gebühr können Sie dann deren Werbematerial drucken und versenden. Kommen zehn solcher Interessenten zusammen, sinken die Kosten für direkte Postsendungen beträchtlich. Darüber hinaus machen Sie dann aus einem Kostenbereich ein Profit-Center.

Marketing über Kabelfernsehen

Einkaufen über Kabel ist ein großes Geschäft, das im Jahre 1986 insgesamt $ 1,2 Milliarden umsetzte und in jeder Hinsicht noch ansteigt. Unternehmenskonsortien kaufen ganze Blöcke von Sendezeiten bei Kabelgesellschaften und verkaufen sie an Investmentberater, Juweliere, Hersteller von Konfektionskleidung und Vertreiber von Haarwuchsmitteln. Muß Ihre Firma $ 40 000 pro halbe Stunde Kabelwerbung für Ihre Produktpalette zahlen, können Sie einen Teil oder die gesamten Kosten über andere Werbetreibende wieder hereinholen.

Die Zuschauer bei Einkaufssendungen über das Kabelfernsehen gleichen der Leserschaft des *National Enquirer*. Trotz ihrer Faszination für das Sensationelle sind diese Zuschauer vor allem an der Aufwertung der eigenen Person interessiert: Sie wollen Gewicht verlieren, gesünder werden und Geld verdienen. Deshalb kaufen sie eine einzigartige Kur, einen Diätplan, Kleinaktien oder ein Videoband, das ihnen sagt, wie sie dies und jenes anstellen sollen, ... wenn sie im Kabelfernsehen zu Hause sehen, wie zufriedene Kunden sich zu den angebotenen Produkten äußern. Sie würden diesen besonderen Kanal nicht einschalten, wären sie nicht grundsätzlich bereit, etwas zu kaufen. Verkaufen Sie ein paar der von Ihnen bezahlten 30 Minuten an nicht mit Ihnen konkurrierende Werber, dann können Sie Ihre Ausgaben auf $ 10 000 reduzieren.

Angenommen Ihr Produkt wird zu einem Einzelhandelspreis von $ 40 verkauft, dann brauchen Sie nur 250 Einheiten davon umzusetzen, um plus minus null abzuschneiden, und nur 1000 Einheiten, um einen positiven Cash-flow von etwa $ 30 000 zu erzielen.

Hat das Kabelprogramm eine Million Haushalte als Zuschauer, dann würde eine positive Reaktion von 2 Prozent schon 20 000 Bestellungen erbringen. Bevor Sie sich jedoch auf dieses Würfelspiel um $ 10 000 bis $ 40 000 einlassen, sollten Sie die Leitung dieses

Kabelnetzes erst einmal um Referenzen bitten, mit denen Sie darüber sprechen können, wie gut dieses Medium für Sie arbeiten würde.

Lizenzvergabe

Steht Ihr Unternehmen mit dem Rücken an der Wand und benötigt dringend Cash, dann kann es vielleicht zu spät sein, an die Vergabe von Lizenzen zu denken. Um eine Lizenz richtig in Gang zu bringen, brauchen Sie einen beratenden Anwalt, müssen einen Linzenzprospekt entwerfen und diesen dann in den Bundesstaaten vorlegen, in denen Sie Lizenzen verkaufen wollen. So ist an sich der vorgeschriebene Lauf der Dinge. Doch wird es gewöhnlich nicht so gehandhabt.

Typisch ist vielmehr der Fall von Harold Otto, dem Gründer der Wiks'n Stiks Ladenkette für Kerzen. Im Jahre 1976 kam Harold Otto auf den Gedanken, ein kleiner Einzelhandelsladen, spezialisiert auf frisch gezogene farbige Kerzen für besondere Gelegenheiten, könnte ein lizenzfähiges Konzept sein. Er beschloß, es auszuprobieren. Während er darauf wartete, daß der Erbauer einer Ladenpassage in Houston sein erstes Ladengeschäft einrichtete, hörte er, jemand am anderen Ende der Stadt wolle gerne eine Lizenz erwerben. Otto erhielt von ihm einen Scheck von $ 7500, bevor der Modell-Laden fertiggestellt war. Inzwischen hatte sich die Wiks'n Stiks Ladenkette so weit entwickelt, daß sie $ 61,3 Millionen und Nettogewinne von $ 560000 nach Steuern erzielte. Und im Jahre 1986 erbrachte der erste Gang an die Börse dem Unternehmen $ 36 Millionen.

Eine Lizenzvergabe ist vor allem eine Finanzierungsmethode. Sie ist kein besonders wirksames Produktvertriebssystem, und die meisten gewinnbringenden Lizenzen werden vom Lizenzgeber zurückgekauft, um den Wert der Stammaktien des Lizenzgebers zu steigern. Die erste Lizenz wurde von I. W. Singer verkauft, dem Erfinder der Nähmaschine. Im Jahre 1886 vergab Singer eine territoriale Handelsvertretung an einen Werkzeughändler in Ohio, der bald mehr Nähmaschinen verkaufte, als Singer herstellen konnte. Um die Zahlungen des Händlers so zu lenken, daß Singer sie *vor* statt nach dem Umsatz erhielt – Singer brauchte den Cash, um sein Produkt herzustellen –, verkaufte Singer dem Händler in Ohio eine Lizenz. Der Händler erwarb dadurch territoriale Exklusivrechte für ein sehr populäres Produkt, während Singer Vorausfinanzierung erhielt.

Ein einzigartiges Einzelhandelskonzept läßt sich auf anderen Märkten nachmachen. Verfügen Sie über ein gründliches und verständliches Betriebshandbuch und haben Sie einen Angestellten, der andere in der praktischen Durchführung des Geschäfts unterweisen kann, dann können Sie schnell an Cash kommen: Das ganze kann dann rechtlich abgesegnet werden, sobald Sie genug Bargeld angesammelt haben, um weitermachen zu können.

Wollen Sie für Ihr Einzelhandelsunternehmen keine Konzessionen vergeben, dann könnten Sie für Teile davon Konzessionen oder Lizenzen verkaufen, etwa für spezielle Nahrungsmittel, Rezepte, Markennamen. Besitzen Sie einen gut bekannten Markennamen für Salat-Dressing (wie beispielsweise Winn Schuler's of St. Joseph, Michigan) oder eine bekannte Cocktail-Sauce (wie etwa Arbaud's of New Orleans, Lousiana), dann könnten Sie an andere Restaurants die Lizenz zur Verwendung des Produkts vergeben. Diese müßten es von Ihnen erwerben und für die erste Sendung im voraus zahlen.

Konzessionen und Lizenzen können auch auf andere Weise Bargeld bringen. Sie könnten alle Konzessionsnehmer des Landes als potentielle Abnehmer Ihres Produkts betrachten. Diese veranstalten häufig Preisausschreiben und bieten Preise und Prämien, um neue Kunden zu gewinnen. Vielleicht können sie Ihr Produkt als Preis oder Prämie verwenden.

Marketing auf EDV-Basis

Welch bessere Zeit könnte man sich zum Überdenken der bisherigen Marketingmethode vorstellen als die einer beschwerlichen Rezession oder sinkender Umsätze? Wissen Sie wirklich genug über Ihre Kunden? Warum kaufen Sie bei Ihnen? Wer sind sie? Wüßten Sie mehr über diese Leute, dann würde zweierlei geschehen: Erstens könnten Sie ihnen mehr Produkte verkaufen; zweitens würde Ihre Kundenliste unschätzbar wertvoller werden.

Unternehmen wie Lexi International in Los Angeles bieten EDV-gestützte Untersuchungen an. Sie setzen künstliche Intelligenz ein, um Kunden-Fragebögen zu analysieren, die beim Marketing über den Fernsehschirm ausgefüllt wurden. Dabei ergeben sich Antworten auf Fragen wie: Warum kauft der Kunde Ihr Produkt, die dafür notwendige kontinuierliche Dienstleistung jedoch anderswo? Sucht ein Dienstleistungskunde sich eine x-beliebige Firma aus, bei der er den erforderlichen Service erhält, oder kehrt er zu diesem Zweck zu Ihnen zurück? Welche Art von Problemen hat der Kunde mit Ihrer Service-Abteilung?

Die Marketingkosten steigen zwangsläufig, doch kann Marketing auf EDV-Basis weitaus ergiebigere Ergebnisse bringen, weil Sie mehr über den Kunden wissen, an den Sie sich wenden. Mehr noch. Was wäre beispielsweise, wenn beim EDV-gestützten Marketing herauskommt, daß ein Drittel Ihres Warenabsatzes an Leute geht, die Tennis spielen? Dann könnten Sie einen Versandkatalog oder einen Videokatalog gemeinsam mit einem Vermarkter von Tennisausrüstungen versenden. Oder Sie könnten einen Lieferanten für Tennisprodukte akquirieren. Sie können nicht einen Schwertfisch mit einem Wurm fangen, der an einer dünnen Angel hängt. Was Sie als Köder an den Angelhaken hängen, das wird von der Größe des Fisches bestimmt, den Sie fangen wollen.

Erkenntnisse über Benutzergruppen

Ist das Produkt oder System, das Ihre Firma produziert, patentrechtlich geschützt, einzigartig, vielen Zwecken dienend und in multiplem Umfeld anwendbar – wie es der Mikrocomputer war, als er erstmals auf dem Markt auftauchte –, dann bilden Sie Benutzer-Anwendergruppen. Das sind regionale Gruppen von Kunden, die von Zeit zu Zeit zusammenkommen, etwa alle drei Monate, um mit anderen das Produkt zu diskutieren – wie man es benutzt, wie man neue Anwendungsmöglichkeiten eingliedert und dergleichen mehr. Für den Kunden ergeben sich in diesem Netzwerk Lösungen für eine Menge Probleme, was Ihnen Personalkosten erspart. Manchmal werden auch Entwickler peripherer Geräte zu diesen Treffen eingeladen, um zu demonstrieren, welche Produkteigenschaften die Kapazitäten Ihres Produkts noch erweitern. Die Bildung solcher Benutzergruppen hat mehrere Vorteile:

1. Die Benutzer zahlen für die Teilnahme
2. Benutzer-Netzwerke reduzieren den Umfang Ihrer Dienstleistungsmannschaft
3. Marktforschung zum Billigpreis
4. Einige Ihrer Benutzer werden neue periphere Geräte entwikkeln, die Sie vielleicht akquirieren oder adaptieren können.

Und nun noch zwei weitere Hinweise:

(1) Nehmen Sie das Treffen der Benutzergruppe auf Audiokassette auf und verkaufen Sie diese das Stück zu $ 12.95 als „Vorträge und Diskussionen der Benutzer-Zusammenkunft“ an Kunden, die nicht teilnehmen konnten.

(2) Starten Sie einen Informationsbrief für Benutzergruppen, den Sie den Kunden kostenlos anbieten. Publizieren Sie darin Informationen über neuartige Anwendungsmöglichkeiten und akquirieren Sie Anzeigen von Herstellern und Dienstleistungsbetrieben, die Ih-

ren Kundenkreis ansprechen wollen. Zu den Firmen, die Nutzen aus Benutzergruppen ziehen können, gehören Unternehmen für Telekommunikationssysteme, Hersteller medizinischer Ausrüstungen, Dienstleistungskonzessionäre, Händlerorganisationen, Hersteller von Aerobic- und Fitneßprodukten sowie von sonstigen Freizeitprodukten.

Brainstorming über verrückte Ideen, die Sie zum Nachdenken bringen

Beschaffen Sie sich Cash mit wagemutigen Versuchen, neue Dinge auszuprobieren, die wirklich visionär sind. Während es also in Ihrem Kopf von Ideen nur so wimmelt, wie Sie alles, was nicht niet- und nagelfest ist, verkaufen können, habe ich hier eine verrückte Idee für Sie: das Geschäft mit der Geschäftsaufgabe. Vielleicht zitiere ich da ein extremes Beispiel, doch ist die darin enthaltene Botschaft nicht extrem. Sie lautet einfach – allzeit bereit!

Diese Geschäftsform ist die Einfachheit selbst. Man hilft Kaufleuten, nur schwer absetzbares Inventar loszuwerden, indem man es auf Kommission übernimmt. Man mietet in der City für zwei Monate einen zu ebener Erde gelegenen Lagerraum und arrangiert dort die Ware auf Tischen und Regalen. Dann klebt man an die Fenster große handgemachte Plakate mit der Aufschrift „Geschäftsaufgabe“. Die Ware wird 33 Prozent unter dem Einzelhandelspreis verkauft – gegen Ende des Ausverkaufs vielleicht noch billiger – und der erlöste Cash mit den Lieferanten geteilt.

Diese Geschäftsart funktioniert gut mit Konfektionsbekleidung, aber sicher auch mit Sportartikeln, Werkzeugen und Wohnmöbeln. Man kann von einer Stadt zur anderen solche 60 Tage dauernden Ausverkäufe wegen Geschäftsaufgabe organisieren, aber auch innerhalb derselben Gemeinde bleiben und das kontinuierlich tun. Die Käufer vergessen das Geschäft, das ursprünglich in dem von

Ihnen gemieteten Laden betrieben wurde, und wenn sie das Zeichen *„Geschäftsaufgabe"* sehen, dann denken sie nur „Kein Wunder, daß die ihr Geschäft aufgeben müssen. Ich habe ja nicht einmal gewußt, daß sie existierten." Und dann marschieren sie in den Laden und sehen sich nach einem Schnäppchen um.

Firmen reagieren auf eine Cash-Krise unternehmerisch durch Anwendung primitiver Geschäftsmethoden, die die größten Barvorschüsse in der kürzesten Zeit zustande bringen. Zu diesem Zweck laden sie dem Kunden die Bürde auf, Cash noch vor Lieferung zu zahlen. Das mag zwar keine besonders feine Methode sein, doch bereitet die Firma sich damit für den nächsten Schritt zum Überstehen der Krise vor.

Zusammenfassung

Werde ich zu einer Firma gerufen, um einen Reorganisationsplan zu entwerfen, dann sage ich dem Chef und den leitenden Managern zunächst: „Schlachten Sie die heiligen Kühe. Sie gehen nicht länger Ihren gewohnten Geschäften nach, sondern Sie befinden sich ab jetzt im Überlebensgeschäft, dessen Regeln ganz anders sind. Zunächst einmal verkaufen wir alles, was nicht unbedingt gebraucht wird, und zwar gegen Bargeld. Dann kaufen wir uns Zeit. Wir brauchen für die Reorganisation sechs Monate, und diese Zeit können wir nur gegen Cash kaufen." Hatte das Managementteam bisher Rückhalt bei Anlegerkapitalgebern gefunden, die plötzlich den Rückzug angetreten haben und auf der Flucht sind, dann befinden diese Manager sich wahrscheinlich in der Phase des Ableugnens der Probleme – „Das kann uns ganz bestimmt nicht passieren" – oder in der Phase der Wut – „Diese Armleuchter sollten lieber etwas mehr Geld herausrücken" –, doch nur selten in einer realistischen Phase. Sie glauben einfach, mit etwas mehr verfügbarem Geld könnten sie sich durch den Verkauf der Produkte selbst aus dem Sumpf ziehen. Gerade das wird nicht geschehen.

Managementteams, die kein Risikokapital hinter sich haben, sind gewöhnlich realistischer. Nachdem sie sich stets selbst helfen mußten, glaubten sie niemals an die Märchenfee, verfügen sie über größere Gerissenheit und mehr Intuition hinsichtlich der verschiedenen Möglichkeiten der Bargeldbeschaffung. Der durch Risikokapital abgesicherte Manager pflegt dann mit irgendeinem Geldbeschaffer auf Cayman Islands zu sprechen, der ihm eine Kreditzusage eines „internationalen Geldgebers erster Adresse“ gegen eine Kommission von $ 25000 macht. Im Gegensatz dazu hängt der smarte Manager am Telefon mit sieben *„Schleppern“*, sechs Tauschhandelsburschen, fünf Lizenzkandidaten, vier Handelsgesellschaften, die im Bereich Verkauf mit Rückleasing tätig sind, mit drei Maklern für Namenslisten, zwei Geldgebern, die Anlagevermögen als Sicherheit akzeptieren und mit dem Manager für den Informationsbrief der Benutzergruppe.

Lenken Sie Ihre Energie weg vom Geschäft, in dem Sie bisher tätig waren, und wenden Sie sich ganz dem Geschäft des Überlebens zu.

Ich habe Ihnen mehr als 20 Möglichkeiten genannt, Cash durch Verkauf aller nur möglichen Dinge zu beschaffen. Sie können sofort damit beginnen. Einige passen genau zu Ihren Zielsetzungen, weil sie die Kosten auf die Kunden abwälzen. Das ist beispielsweise der Fall, wenn Sie Ihre Produkte in einem gemeinschaftlichen Videokatalog präsentieren und die Zuschauer auffordern, Sie über die Telefonnummer 900 anzurufen. Dann können Sie (1) Umsätze mit einem neuen Kanal erzeugen, (2) die durchschnittlichen Umsätze steigern, (3) über Fragebogen mehr über Ihre Kunden in Erfahrung bringen und (4) eine wertvollere Kundenliste erstellen, die Sie dann anderen Interessenten gegen Bezahlung überlassen. Auf diese Weise könnten Sie einen Teil des Vertriebspersonals einsparen, Räume zur Vermietung an komplementäre Firmen freibekommen und endlich einen ganzen Batzen Cash erhalten, mit dem Sie Ihren Umstrukturierungs- und Wachstumsplan in Gang setzen können.

Kapitel 4

Kaufen Sie etwas!

In wirtschaftlich schwierigen Zeiten werden einige Ihrer engsten Konkurrenten ängstlicher sein als Sie selbst. Die anderen werden das Glas halb leer sehen, das Ihrer Meinung nach halb voll ist, werden persönliche Alpträume befürchten – vom Verlust des Hauses, der Verpfändung des Schmucks der Ehefrau und daß sie die Kinder vom College werden nehmen müssen. Geschichten von der Großen Depression, die ihre Väter ihnen erzählt haben, werden sie in ihren Träumen verfolgen, und sie werden nachts schweißgebadet aufwachen. *Sie* dagegen werden keine Alpträume haben und ganz Ihren Vorbereitungen auf die Krise vertrauen, und genau das wird Ihnen günstige Gelegenheiten zur Beschaffung von Bargeld für den Aufkauf von Konkurrenzfirmen und anderen in Schwierigkeiten befindlichen Firmen verschaffen. Lesen Sie die nachstehende wahre Geschichte aus der Zeit der letzten tiefen Rezession, damit Sie diese Strategie besser verstehen können.

Eine Firma in Schwierigkeiten

Harry und Phil Goodman (die Namen wurden geändert) erbten 1974 von ihrem Vater eine Vertriebsgesellschaft für Medikamente, Gesundheits- und Schönheitsmittel mit einem Umsatz von $ 84 Millionen. Er erhielt dafür $ 2 Millionen, die die Hausbank des Unternehmens gegen Verpfändung der Vermögenswerte der Firma lieh. Dann zogen sich Papa und Mama nach Miami in den Ruhestand zurück.

Von nun an trafen Harry und Phil – die „Jungs“, wie man sie während der 25 Jahre genannt hatte, in denen sie für Dad arbeiteten –

alle wichtigen Entscheidungen, und das Geschäft blieb für etwa ein Jahr einigermaßen stabil. Als die Rezession des Jahres 1975 zuschlug, baten sie ihre Hausbank um eine Kreditlinie. Sie verpfändeten dafür zu viele Sicherheiten, wußten das jedoch unglücklicherweise nicht.

Die Außenstände und das Inventar, alles in Form von Fertigwaren, hatten zusammen einen Wert von $ 20 Millionen, was normalerweise ausreicht, um Kredite von etwa $ 13 Millionen abzusichern. Die Gebäude, Lastwagen, Gabelstapler und sonstigen Ausrüstungen hätten als Sicherheit für eine weitere Schuld von $ 2 Millionen ausgereicht, wenn man die konventionellen Kreditbedingungen einer Branche zugrunde legt, die Kredite gegen Verpfändung von Anlagevermögen vergibt. Doch die Jungs hatten keine Ahnung von dieser Form der Kreditaufnahme oder von kommerziellen Finanzierungsfirmen. Dad hatte stets nur bei ein und derselben Bank geborgt, und zu der gingen sie nun auch, um einen revolvierenden Kredit aufzunehmen. Sie erhielten einen Kredit von $ 5 Millionen, die 2 Millionen Abfindung für Dad eingeschlossen. Dafür verpfändeten sie die Außenstände der Firma, das Inventar, die Gebäude und die Ausrüstungen – die Produktionsanlagen. Papas Kontaktpersonen bei der Bank waren schon seit langem in Pension gegangen, und der jetzt für sie zuständige Bankier war eine junge Dame, die sich in ihrem frisch gewonnenen akademischen Grad eines MBA sonnte. Als sie Harry und Phil aufforderte, persönlich zu bürgen und zusätzlich auch noch ihre Häuser zu verpfänden, taten die Jungs das bereitwillig. So wird es wohl auch Dad getan haben, als die Khomeini-Rezession der Jahre 1975–76 zuschlug – dachten sie.

Als dann schließlich die Prime rate auf 21 Prozent kletterte, hatten Harry und Phil den vollen Betrag der Kreditlinie in Anspruch genommen, und die Gewinne des Unternehmens wurden durch monatliche Zinszahlungen von $ 80 000 aufgefressen. Jetzt gerieten die Jungs in Panik. Eines Nachts wachte Harrys Ehefrau auf und hörte, wie ihr Mann in sein Kissen weinte. Sie stieß ihn an und fragte: „Harry, Harry, was ist los?"

Harry wischte sich die Augen, ging mit ihr in die Küche und goß beiden ein Glas Whisky ein. Er erzählte nun seiner Frau, daß er persönlich für Kredite in Höhe von $ 5 Millionen gebürgt habe und nicht glaube, daß die Firma die Schulden zurückzahlen könne. Harry blickte seine Frau an und sagte: „Ich glaube, wir können das Haus verlieren, dazu deinen Schmuck. Ich glaube, wir können alles verlieren."

Harrys Frau reagierte sofort mit einer Reflexlösung: „Morgen früh werden wir sofort meinen Vetter aufsuchen. Er ist als Anwalt auf Firmenkonkurse spezialisiert."

Am Morgen hörte Vetter George sich die Geschichte an, sah die Angst im Gesicht seines Verwandten. Und ohne die finanzielle Lage der Firma zu analysieren, meldete er Konkurs nach Chapter IX des Bankruptcy Codes an.

Ein smarter Geschäftsmann – nennen wir ihn Dan – plazierte routinemäßig eine Anzeige im *National Bankruptcy Journal,* einer Wochenzeitung, die von Konkursanwälten gelesen wird, die sich ständig über Veränderungen auf dem laufenden halten und wichtige Gerichtsentscheidungen sowie Umbesetzungen bei Richterposten und sonstige Fachinformationen studieren. Die Anzeige hatte folgenden Wortlaut:

Achtung Konkursanwälte!

> Unser Team kann der Firma Ihres Klienten zu Hilfe kommen, sie umstrukturieren, ihr Kapital beschaffen, einen brauchbaren Reorganisationsplan ausarbeiten und sie aus der Anwendung von Chapter IX herauslösen. Keine hohen Anfangsgebühren. Nehmen Sie Kontakt auf über Postfach …

George, der Konkursanwalt, sah diese Anzeige, und mit Zustimmung von Harry und Phil nahm er Kontakt mit Dan auf. Dan verlangte, den letzten, noch nicht vom Revisor geprüften Jahresabschluß zu sehen. Als er ihn studiert hatte, lächelte er breit, rief George an und sagte ihm, er habe in der nächsten Woche in seiner Gegend zu tun und könnte ihn aufsuchen, um auch Harry und Phil zu treffen. Dan wußte, daß die Firma sogar noch höhere Kredite verkraften konnte. Er wußte, daß Finanziers, die Kredite gegen Verpfändung von Anlagevermögen geben, es häufig vorziehen, als Teil eines Reorganisationsplanes abgesicherte Kredite an Firmen zu geben, die dem Chapter IX unterworfen sind, weil nämlich damit allen anderen Gläubigern der Zugriff auf die Vermögenswerte der Firma verwehrt ist. Dan wußte nur noch nicht, wieviel Schulden der Cash-flow des Unternehmens verkraften konnte. Er wollte sich persönlich davon überzeugen, wie ungeschickt Harry und Phil die Dinge handhabten.

Einige Tage später befragte Dan in Georges Büro zwei äußerst nervöse Männer. Harry und Phil waren so von Angst gelähmt, daß sie an nichts anderes denken konnten als an die Möglichkeit, ihr gesamtes Hab und Gut zu verlieren. Sie hatten bisher mit keinem ihrer Gläubiger bzw. Lieferanten gesprochen, von denen die meisten nur noch gegen Barzahlung Aufträge ausführten und wegen mangelnder Informationen zunehmend besorgter wurden. Die einzig abgesicherte Schuld der Firma war die bei der Bank. Insofern war die Firma der perfekte Kandidat für eine Umstrukturierung. Das heißt, sie hatte eine große Anzahl nicht abgesicherter Gläubiger, keine bedeutenden Pacht-/Mietverhältnisse und nur einen Vorzugsgläubiger. Alle Steuern und Abgaben im Zusammenhang mit Löhnen und Gehältern waren ordnungsgemäß bezahlt. Auch Umsatz- und Einkommenssteuer wurden laufend gezahlt. Die Firma war viel zu gesund, um unter Chapter XI des Konkursgesetzes zu fallen – aber das gilt für viele.

Dan sprach mehrere Stunden lang mit Harry und Phil. Schließlich sagte er mit ernster Miene: „Meine Herren, Sie haben sich da in Teufels Küche geritten, ja, richtiggehend in den Schlamassel. Ich weiß nicht, ob ich Sie da herausholen kann. Ich werde jedoch meinen Terminkalender so abändern, daß ich hier übernachten kann. Ihren Jahresabschluß werde ich im Zimmer meines Motels studieren. Finde ich einen Weg, Sie da herauszuholen, mache ich Ihnen morgen früh einen entsprechenden Vorschlag."

Dan brauchte an jenem Abend nicht viel analytische Arbeit zu leisten. Die Bank ließ sich ohne weiteres durch einen Geldgeber ersetzen, der Kredite gegen Verpfändung von Anlagevermögen gab. Banken sind normalerweise Gläubiger, die sich aus dem Cash-flow bezahlen lassen. Das heißt, bei der Rückzahlung denken sie *in erster Linie* an den Cash-flow des Kreditnehmers – nicht so die Geldgeber, die Bürgschaften auf das Anlagevermögen akzeptieren. Bei kommerziellen Finanzierungsgesellschaften und Finanzierungsabteilungen kommerzieller Banken steht das Anlagevermögen an erster Stelle, der Cash-flow erst an zweiter. Wenn Dan einen Kreditgeber gegen Verpfändung von Anlagevermögen finden und damit den Kredit der Bank sowie Harrys und Phils persönliche Bürgschaften und privaten Verpfändungen ablösen könnte, dann würden die beiden finanziell ausreichend entlastet sein, um entweder Dan ein größeres Honorar zahlen zu können oder ihm einen bedeutenden Anteil an der Firma einzuräumen. Dan arbeitete einen Vertrag aus, der ihm eine Mehrheitsbeteiligung einräumte, weil er überzeugt war, daß die Firma noch wachsen würde. Die Vereinbarung lief in der Substanz darauf hinaus, daß Dan $ 8 Millionen für die Firma aufbrachte, davon die $ 5 Millionen verbürgte Schulden zurückzahlte, alle persönlichen Bürgschaften ablöste und noch $ 3 Millionen auf der Bank behielt. Dan dachte an eine Beteiligung von 51 Prozent für die Beschaffung neuen Kapitals plus einer zehnprozentigen Gebühr für alles von ihm organisierte Kapital. Er schlug vor, einen erfahrenen Manager für die Leitung des Unternehmens einzusetzen, um ihm eine stärkere Profitbasis zu verschaffen. Die Gewinne sollten ausreichen, um jährlich $ 2 Millionen Kapital nebst Zinsen aufzubringen.

Das Studium der Jahresabschlüsse zeigte Dan, daß die Firma an sich in der Lage war, jährlich $ 4 Millionen vor Zinsen und Steuern zu erlösen, während sie zur Zeit nur $ 1,5 Millionen erzielte. Jedes Jahr wurden über $ 2 Millionen vergeudet, weil die Firma zu viel Fett angesetzt hatte: zu viele Angestellte, zu viele Firmenwagen, Gebühren für Mitgliedschaften in Country Clubs, aus dem Firmenvermögen bezahlte Ferien sowie überzähliges Inventar. Dieses könnte genutzt werden, um den Gewinn zu steigern. Keine Vertriebsfirma hat stets 100 Prozent der von ihr vertriebenen Waren auf Lager. Normalerweise können diese Firmen dennoch sofort 94 Prozent aller Aufträge erledigen. Umfaßt ihr Lager z.B. 96 Prozent – wie in unserem Beispiel –, so müßten ständig die Kosten für 2 Prozent mehr Inventar aufgebracht werden. Mit anderen Worten: Man konnte $ 500000 in bar sparen, wenn man die Ratio der auf Lager gehaltenen Waren auf 94 Prozent senkte und die restlichen Items von Fall zu Fall bestellte, um das gute Verhältnis zu den Kunden zu bewahren. Dan notierte sich noch über 25 weitere betriebliche Veränderungen. Die wollte er jedoch zunächst mit dem neuen Hauptgeschäftsführer diskutieren.

Am Morgen ging Dan ins Büro zu George und legte seinen Plan vor. Er forderte eine exklusive Option von 60 Tagen für die Rettung der Firma. Im Erfolgsfalle forderte er eine Beteiligung von 51 Prozent, ein zehnprozentiges Honorar für alles neu aufgebrachte Kapital und den Posten des Hauptgeschäftsführers (oder die Vollmacht, einen zu ernennen). Dazu gehörte auch das Recht Kosten zu senken, Personal einzustellen und zu entlassen sowie alle Maßnahmen zu treffen, die notwendig sein mochten, den Cash-flow zu beschaffen, der ausreichte, die Verschuldung im Rahmen der Reorganisation abzubauen. George besprach sich privat mit Harry und Phil und veranlaßte nur eine einzige Vertragsänderung: der Vertrag solle von der Zustimmung des Konkursgerichts abhängig gemacht werden. Der Vertrag kam zustande.

Vier Jahre später verkaufte Dan die Firma für $ 20 Millionen, wovon $ 10 Millionen (vor Steuer) in die Taschen der „Jungs" flossen. Harry und Phil zogen zu ihrem Vater nach Miami, wo alle drei ins Immobiliengeschäft einstiegen. Dan holte aus diesem Verkauf für sich selbst $ 8 Millionen und für seinen Hauptgeschäftsführer $ 2 Millionen heraus.

Gute Kenntnisse der Vertriebsbranche, des Konkursgesetzes und der Kreditbedingungen von Kreditgebern, die Vermögensanlagen als Sicherheiten akzeptieren, wandelte eine Situation, die mit zwei zutiefst verschreckten Erben eines gesunden regionalen Vertriebsunternehmens begann, in eine glückliche und gewinnträchtige. (Suchen Sie selbst Firmen, die trotz Schwierigkeiten noch gerettet werden können, dann abonnieren Sie den *National Bankruptcy Reporter,* herausgegeben von Andrews Publications, 5123 Westchester Pike, Edmont, Pennsylvania 19028).

Fallbeispiel Gateway Computer Systems

Ein jüngeres Beispiel der erfolgreichen Übernahme einer blühenden Firma, deren Gründer sie übereilig nach Chapter IX zum Konkurs anmeldeten, ist der Fall Gateway Computer Systems, einer Einzelhandelskette für Computer mit zehn Filialen – überwiegend in Kalifornien – und einem Umsatz von $ 75 Millionen.

Gateway war 1985 *Inc.'s* 14. schnell wachsende Firma in Privatbesitz, die seit 1982 ihre Umsätze jährlich mehr als verdoppelte, auf $ 75 Millionen im Jahre 1985. Das war das Jahr, in dem Gateway mehrere Angebote erhielt, entweder zu fusionieren, privates Kapital aufzunehmen oder an die Börse zu gehen. Jedes dieser Angebote wurde vom Vorstand abgelehnt, und Gateway wuchs schneller als seine Fähigkeit, die Gläubiger termingerecht zu bezahlen. Im August 1985 drohte IBM, den Preis seiner an Gateway gelieferten Computer zu erhöhen, wenn das Unternehmen nicht seine Konten in Ordnung bringen würde.

Daraufhin beauftragte Gateway die Paine Webber Corporation, $ 4 Millionen durch eine private Plazierung zu beschaffen. Paine Webber mobilisierte die Lincoln National Investment Corporation, die sich bereit erklärte, $ 2,5 Millionen der erforderlichen $ 4 Millionen zu investieren. Davon gingen $ 2 Millionen sofort an die IBM Corporation. Einige Monate später schlitterte Gateway in ernsthafte Cash-flow-Probleme und begann, sich verzweifelt nach einem Partner für eine Fusion umzusehen.

Ein Promoter besuchte den Vorstandsvorsitzenden und Mehrheitsaktionär von Gateway und empfahl ihm folgende Strategie: Er solle nach Chapter XI Konkurs beantragen, sich mit den Gläubigern auf Cents pro Dollar einigen (und dadurch den Nettowert steigern) sowie andere Computer-Einzelhändler aufkaufen. Danach werde er als noch stärkere und gesündere Firma aus Chapter XI wieder entlassen werden. Dieser Vorschlag überzeugte Gateway. Im Juli 1986 stellte Gateway den Konkursantrag, doch der oben erwähnte Promoter war nicht in der Lage, den Gläubigerausschuß (unter Vorsitz des Anwalts von Lincoln National) zu überreden, seinen Reorganisationsplan zu unterstützen.

Im Frühherbst nahmen Rick Meadows und Rick Selvage (zwei auf die Ausarbeitung von Umstrukturierungsplänen spezialisierte Unternehmer aus Columbus, Ohio) mit dem Gläubigerausschuß Kontakt auf mit einem Plan, der diesem gefiel. Für eine Beteiligung von 51 Prozent und das Recht, den Hauptgeschäftsführer zu ernennen, wollten sie $ 1 Million investieren und durch die Selvage gehörende Vertriebsgesellschaft für elektronische Geräte eine Kreditlinie von insgesamt $ 1,5 Millionen bereitstellen. Mitte 1987 billigte das Konkursgericht diesen Plan. Gateway wurde erfolgreich umstrukturiert und der Nettoanteil aller früheren Anleger mit der Ausgabe von Gratisaktien um die Hälfte verwässert. Man erwartete, daß die Umsätze von Gateway im Jahre 1987 im Rahmen einer positiven Bilanz wieder auf $ 75 Millionen steigen würden. Meadows und Selvage können hoffen, innerhalb von drei Jahren das Zehnfache ihrer Investition einzukassieren.

Wie Sie mit Ihrer bedrängten Firma eine andere Firma aufkaufen

„Wenn Sie pleite sind, dann kaufen Sie etwas" – das ist der Schlachtruf eines Unternehmers, der durch Reorganisation sterbende Firmen zu neuem blühendem Leben erweckt. Denken Sie daran, wie Bill Tauscher und Richard Bard mit ihrer insolventen Firma Lag Drug die blühende Fox Vliet Drug kauften und damit den Grundstein legten für die Fox Meyer Corporation mit ihrem späteren Umsatz von $ 3 Milliarden. Auch Sie können das Gerippe Ihrer insolventen Firma benutzen, um durch Akquisition echte Liquidität zu beschaffen. Dabei müssen Sie folgende Faktoren ausnutzen:

1. Ihre Lieferanten, die nicht das Geld verlieren wollen, das Ihre Firma ihnen schuldet, und daher Zugeständnisse machen werden, um an ihr Geld zu kommen.

2. Steuerverlustvortrag. Obgleich der Wert durch die Steuerreform von 1986 vermindert wurde, können Sie immer noch einen Teil der Gewinne der von Ihnen übernommenen Firma durch den Steuerverlustvortrag Ihrer alten Firma unter Dach und Fach bringen.

Für eine Firma, die dicht vor dem Konkurs steht, gibt es optimale und sub-optimale Kreditkonfigurationen. Der beste Kandidat für die Inanspruchnahme von Chapter XI ist eine Firma mit

(1) einem gewichtigen absonderungsberechtigten Gläubiger, der ernsthafte Verluste hinnehmen müßte, wenn die Firma ihre Schulden nicht zurückzahlen würde;

(2) Hunderten nicht abgesicherter Gläubiger, denen Beträge zustehen, die erheblich über der durchschnittlichen Schuld liegen.

Ein schlechter Kandidat ist eine Firma mit

(1) keinen Gläubigern oder nur einigen wenigen absonderungsberechtigten Gläubigern und

(2) ungesicherten Vermögenswerten, die dem Zugriff anderer Gläubiger offenstehen.

Der absolut schlechteste Kandidat hat eine Handvoll großer absonderungsberechtigter Gläubiger und einige sehr kleine, nicht abgesicherte Gläubiger. Im letzteren Falle werden die Großgläubiger mit dem Reorganisationsplan der Firma unzufrieden sein und versuchen, den Schuldner zu zwingen, Konkurs im Rahmen von Chapter VII des Konkursgesetzes zu akzeptieren, also durch Gläubigerantrag herbeigeführten Konkurs, damit die Vermögenswerte verkauft und die Schulden bezahlt werden. Im besten Falle werden die bevorrechtigten Gläubiger gemäß Chapter VII zu ihrem Geld kommen, während die nicht abgesicherten Gläubiger sich für einen Reorganisationsplan einsetzen, in dessen Verlauf sie zu ihrem Geld kommen. So werden die nicht abgesicherten Gläubiger zu Verbündeten des Managements der Firma oder des an seine Stelle tretenden Managements. Sie werden jeden unterstützen, der den Reorganisationsplan verwirklicht, über den sie schließlich bezahlt werden. Die Einstellung der meisten nicht abgesicherten Gläubiger gegenüber der Person, die ihnen einen Reorganisationsplan vorschlägt, ist folgende: „Ich würde den Plan nicht akzeptieren, wenn ich eine andere Wahl hätte. Da ich aber keine andere Option habe, können Sie auf mich zählen."

Tauscher und Bard erkannten, daß ihre Lag Drug Company außerhalb des Rahmens von Chapter XI hoffnungslos insolvent wäre. Nach Chapter XI würde sie jedoch solvent werden. Die nicht abgesicherten Gläubiger würden zu Partnern des Schuldners werden.

Die Industrie zur Herstellung von Pharmazeutika, Gesundheits- und Kosmetikartikeln hat so viele Konkurse erlebt, daß sie in der Lexington Avenue in New York City ein eigenes Auditorium unterhält, wo Schuldner Kontakt mit ihren Kreditmanagern aufnehmen können. Als Tauscher und Bard den Konkurs der Firma Lag Drug Company anmeldeten, wurden sie dringend aufgefordert, nach New York zu kommen und sich dort vor einem solchen Auditorium zu verantworten. Das war für uns drei eine Uraufführung. Wir waren damals etwa 32 Jahre alt und standen einer Versammlung von etwa 30 Kreditmanagern gegenüber, deren Durchschnittsalter bei 55 Jahren lag und von denen jeder etwa $ 40 000 von Lag Drug zu bekommen hatte. Da saß beispielsweise der Kreditmanager von Pfizer, neben ihm seine Kollegen von Clairol, Richardson-Merrill, Marck, UpJohn, R. J. Reynold, American Tobacco und andere.

Tauscher in der Mitte, Bard links und ich rechts neben ihm, waren die Mannschaft, die den Kreditmanagern gegenüber saß. Der damals 29 Jahre alte, sehr jugendlich aussehende baumlange Tauscher erzählte den verärgerten Gläubigern die Wahrheit. Der Vorstandsvorsitzende von Lag hatte ihn eingestellt, damit er den IBM-System 36-Computer installiere, den er ein paar Monate zuvor der Firma verkauft hatte. Er speicherte alle Angaben über die Kunden, über das Inventar, die Lohn- und Gehaltslisten und die zu leistenden Zahlungen in den Computer. Als der Vorstandsvorsitzende unerwartet starb, war Tauscher der einzige, der sich in der Firma auskannte, und Bard war sein vorzugsberechtigter Gläubiger. Die Besitzer der Firma baten Tauscher, die Leitung zu übernehmen, und er selbst bat Bard, ihm als leitender Finanzmanager zur Seite zu stehen. Mich hatte man aufgefordert, Risikokapital aufzutreiben, um die Firma auf eine neue Grundlage zu stellen, und ich hatte einige interessierte Anleger gefunden. Die Gläubiger, von offensichtlichen Zweifeln geplagt, rutschten auf ihren Stühlen hin und her. Sie hatten von diesem Podium im Laufe der Jahre schon so manche sonderbare Geschichte gehört. Aber drei junge Männer, die noch feucht hinter den Ohren waren, hatten ihnen soeben etwas erzählt, worüber sie normalerweise am 19. Loch auf dem Golfplatz lachen.

Tauscher fuhr fort: „Um Ihnen Ihr Geld zurückzuzahlen, beabsichtigen wir, die Fox Vliet Drug Company in Wichita, Kansas, zu erwerben. Den Kaufpreis können wir aufbringen, indem wir die Anlagewerte von Fox Vliet beleihen und zusätzlich das von uns aufgenommene Risikokapitel verwenden. Unsere Schulden wollen wir aus dem Fox Vliet-Cash-flow bezahlen."

Die Gläubiger explodierten. „Wollen Sie etwa einen unserer gesunden Kunden kaputtmachen?", fragten sie. „Sie werden zwei unserer Kunden in den Konkurs treiben! Was für eine Geschichte erzählen Sie uns da?", schrien sie.

Doch wir blieben bei unserer Geschichte. „Wenn die Herren ihre $ 12 Millionen zurückhaben wollen, dann müssen Sie uns helfen, und zwar indem Sie uns beistehen, Fox Vliet zu kaufen", entgegnete Tauscher.

„Sie werden Fox Vliet an den Galgen bringen, und von uns verlangen Sie, daß wir unsere Kredite auf $ 24 Millionen ausweiten, Sie weiterhin beliefern und Ihnen dazu alles Gute wünschen?" fragte der Kreditmanager von Pfizer.

„Genau das ist es, worum wir Sie bitten. So sieht unser Reorganisationsplan aus. Und wir wollen, daß Sie uns beistehen", antwortete Tauscher.

Die Versammlung nahm ein Ende, das Drama jedoch nicht. Der Verkäufer mußte hingehalten werden; er hatte den Endtermin auf den 29. Dezember festgesetzt. Der durch Verpfändung des Anlagevermögens abgesicherte Geldgeber mußte davon überzeugt werden, daß die Finanzierung klappen würde; Bard war in solchen

Verhandlungen erfahren. Die Anleger von Risikokapital waren die zäheste Gruppe, die bei der Stange gehalten werden mußte. Sie sollten zwei junge Männer finanzieren, die noch keine erfolgreiche Betriebsführung vorweisen konnten und die im Rahmen von Chapter XI des Bankruptcy Acts finanzieren wollten. Die Besitzer der Lag Drug Company mußten ihre Zustimmung zu einer achtprozentigen Verwässerung ihres Stammaktienkapitals geben, um die Firma zu retten. Schließlich mußten die Vorzugsgläubiger den Reorganisationsplan billigen. Tauscher, Bard und ich agierten wie Knaben, die Löcher im Deich mit ihren Fingern stopfen. Nur gab es in vielen Deichen viele zu stopfende Löcher.

Das Abkommen zwischen Lag Drug und Fox Vliet war eine der ersten Übernahmen, die durch Verschuldung des Erwerbers zustande kam, und wohl auch die erste dieser Art im Gefolge eines Konkurses des Aufkäufers. Es kam zustande, weil Tauscher erkannte, daß er die Lieferanten dafür gewinnen konnte. Durch Kommunikation erwarb er ihr Vertrauen und brachte sie dazu, an seinen Plan zu glauben.

Zwei Jahre nach Vertragsabschluß drückten die Kapitalgeber Tauschers Nettoanteil auf einen so niedrigen Betrag herunter, daß er die Firma verließ. Als dann die Firma begann, wie ein am Strand liegender harpunierter Wal Blut zu spucken, baten die Anleger ihn, wieder in die Firma zurückzukehren. Er tat es zu seinen Bedingungen. Er brachte FoxMeyer auf einen Umsatz von $ 3 Milliarden und machte aus dem Unternehmen den zweitgrößten Vertreiber von Medikamenten, Gesundheits- und Kosmetikartikeln im ganzen Lande. Im Jahre 1987 untertützten die Anleger Tauscher und Bard bei der Übernahme der Computerland Corporation.

Einige Fakten über Chapter XI des Federal Bankruptcy Codes (amerikanisches Konkursgesetz)

Die FoxMeyer-Strategie stützte sich stark auf die Ausnutzung von Chapter XI des Konkursgesetzes als einem sicheren Hafen vor Gerichtsverfahren und zur Entwicklung eines Umstrukturierungs- und Wachstumsplanes.

Wir wollen uns nun einmal einige der Bestimmungen ansehen, die Chapter XI zu einer interessanten Strategie machen, wenn Ihre Firma in schwierige Zeiten gerät. Der Federal Bankruptcy Code, das amerikanische Konkursgesetz, wurde im Jahre 1985 grundlegend geändert, um den Schuldnern das Leben leichter und den Gläubigern schwerer zu machen. Ganz abgeschafft wurde Chapter X, das den einstigen Zwangskonkurs regelte. Es wurde durch Chapter VII ersetzt, das die Abwicklung und Liquidierung des Konkurses zum Nutzen der Gläubiger durch einen vom Gericht ernannten Treuhänder vorsieht.

Chapter XI ist ein Schutzbunker, der es dem Schuldner erlaubt, zwecks Reorganisation seiner Firma noch mehrere Monate oder Jahre das Eigentum an seiner Firma zu behalten, nämlich für die Zeit, in der er einen für alle Arten von Gläubigern akzeptablen Plan ausarbeitet, so daß die Firma im Schutz von Chapter XI wieder finanziell gesunden kann. Wie sehr Chapter XI an Bedeutung gewinnt, geht aus der Tatsache hervor, daß Anwaltsfirmen sich sehr bemühen, Konkursspezialisten einzustellen. Die Teilnahme an juristischen Seminaren über Konkurse wächst jährlich um 40 Prozent (siehe L. Mintz, „Sifting for Values“, in *Corporate Finance* [December 1987]), und die Zahl der jährlichen Konkursanträge ist von 185 000 im Jahre 1980 auf 376 000 im Jahre 1985 gestiegen.

Nicht bezahlte Lohnsteueranteile. Stellt eine Firma Konkursantrag und schuldet zu diesem Zeitpunkt dem Finanzamt noch nicht überwiesene Lohnsteueranteile – wie Ihnen bekannt, versäumen

Firmen, denen es an Barmitteln mangelt, häufig die rechtzeitige Überweisung dieser Steuer –, dann ist kein Vergleich mit der Finanzbehörde möglich (in den USA der Internal Revenue Service, IRS). Sobald die Firma aus Chapter XI entlassen wird, ist der volle Betrag fällig. Doch gewährt der IRS Ihnen sechs Jahre Zeit zur Rückzahlung der Schuld.

Sind Sie persönlich für diese Steuern haftbar, wenn die Firma sie nicht bezahlen kann? Die Antwort ist ja, wenn Ihr Name auf der Unterschriftenkartothek der Lohn- und Gehaltslisten erscheint und Sie für dieses Konto direkt verantwortlich waren. Ein Hauptgeschäftsführer, der die Gehaltsschecks nicht unterschreibt und dem die Lohnbuchhaltung nicht direkt unterstellt ist, muß für nicht abgelieferte Lohnsteuern wahrscheinlich nicht persönlich haften.

Das schlimmste Szenario entsteht, wenn eine Firma nach Chapter VII in Konkurs geht (Liquidation ihrer Vermögenswerte statt Reorganisation), ohne in der Lage zu sein, ihre Verpflichtungen gegenüber den Finanzbehörden zu erfüllen, die dann dem leitenden Finanzmanager und den Mitgliedern des Vorstandes auf den Leib rücken. In diesem Falle gibt es schlechte und gute Nachrichten. Zunächst die schlechten: Die Finanzbehörde wird 10 Prozent Ihres Gehalts bis zum Lebensende oder bis zur vollständigen Begleichung der Schuld pfänden. Und jetzt die gute Nachricht: Man kann Sie nur einmal zur gleichen Zeit pfänden. Steht Ihnen also eine solche Situation bevor, dann denken Sie daran: Das Finanzamt wird gewissermaßen in der Schlange warten müssen, wenn schon andere Pfändungsforderungen vor ihm angemeldet wurden.

Angenommen, Ihre Firma meldet Konkurs nach Chapter XI an, die Geschäfte gehen schlecht und Sie sind nicht in der Lage, die Voraus- und Abschlußzahlungen für die Lohnsteuern Ihrer Mitarbeiter zu entrichten. Schickt das Finanzamt Sie dann in eine Leprakolonie? Nein. Die Vorschriften besagen, daß der Reorganisationsplan die volle Bezahlung der ausstehenden Steuern nach Entlassung aus Chapter XI vorsehen muß, wenn er für diese Gläubigergruppe akzeptabel sein soll.

Die Annahme einer Konkursregelung kann erzwungen werden. Die Gläubiger eines in Konkurs gehenden Unternehmens werden nach der Priorität ihrer Ansprüche in Klassen eingeteilt. Priorität erhalten Ansprüche der Finanzbehörde und sonstige administrative Forderungen, etwa die Rechnungen ihres Konkursanwalts und anderer, deren Tätigkeit für Ihre Firma vom Konkursgericht gebilligt wurde. Sie müssen voll bezahlt werden, damit schließlich das Verfahren nach Chapter XI oder VII eingestellt werden kann. Voll abgesicherte Gläubiger stehen an zweiter Stelle; Darlehensgeber fallen gewöhnlich unter diese Kategorie. An dritter Stelle stehen die teilweise abgesicherten Gläubiger oder die mit „verminderter" Darlehensabsicherung. Es ist sehr wichtig, innerhalb dieser Gruppe einen Verbündeten zu finden. Schließlich ist da noch die Gruppe der nicht abgesicherten Massengläubiger, die überhaupt keine Sicherheiten für ihre Forderungen haben.

50 Prozent aller Gläubiger und zwei Drittel jeder Gläubigerklasse müssen den Reorganisationsplan des Schuldners billigen, bevor die Firma aus dem Konkurs laut Chapter XI entlassen wird. Es liegt in der Natur einiger Gläubiger, ständig alle vom Schuldner vorgelegten Reorganisationspläne abzulehnen. Widerspenstige Gläubiger meinen, sie müßten die Firma nur ständig unter Druck setzen, ihren Plan zu verbessern, dann werde diese das auch tun. In manchen Fällen haben sie recht, in anderen gelten sie als lästige Korinthenkacker.

Die Autoren des Konkursgesetzes vom Jahre 1985 müssen wohl der Meinung gewesen sein, diese Störenfriede sollten bestraft werden, weshalb sie eine Regelung eingeführt haben, die es ermöglicht, eine Konkursregelung zu erzwingen. Wenn zumindest ein nur teilweise abgesicherter oder völlig ungesicherter Gläubiger den

Reorganisationsplan akzeptiert, kann das Konkursgericht den Plan gewissermaßen allen Gläubigern „zwangsweise in den Hals stopfen". Das bedeutet: praktisch jeder vernünftige Reorganisationsplan wird vom Gericht genehmigt, wenn der Schuldner einen nur teilweise abgesicherten Gläubiger dazu überredet, ihn zu akzeptieren. Wie läßt sich das bewerkstelligen? Während Sie im Rahmen von Chapter XI tätig sind, müssen Sie diesen einen Gläubiger prompt und wirksam bezahlen und ihm damit zeigen, daß Sie von einem positiven Ausgang überzeugt sind und seinen Bedürfnissen gebührende Aufmerksamkeit erweisen.

Der Gang an die Börse. Ja, Sie können mittels eines Konkursantrags gemäß Chapter XI den Gang an die Börse antreten. Früher einmal bezog sich der Ausdruck „to go public" auf Unternehmen, die ihre Existenz durch eine öffentliche Aufforderung zur Zeichnung von Effekten retten wollten. Man sagte damals, „gehe in Konkurs oder an die Börse". Das ist heute überholt. Nach dem neuen Konkursgesetz darf man Gläubigern zur Begleichung ihrer Forderungen Aktien anbieten. Mehr noch: Die Aktie muß nicht gemäß dem Securities and Exchange Act vom Jahre 1933 registriert werden. Das heißt, die Aktie darf *im Freihandel* gehandelt werden (der Inhaber kann sie durch seinen Makler im selben Augenblick verkaufen, in dem er sie erhält). Das bietet in Schwierigkeiten geratenen Firmen eine außergewöhnliche Gelegenheit, sich Bargeld zu beschaffen.

Warum sollten Sie auf die Idee kommen, Ihren Gläubigern Aktien anzubieten? Zunächst einmal erspart Ihnen das Bargeld und stärkt die Liquidität der Firma. Zweitens erhöht sich der Nettowert des Unternehmens, wenn Schulden durch Effekten beglichen werden. Drittens werden viele Gläubiger einen großen Teil der Aktien zu Notpreisen abstoßen, was Ihnen und Ihren Mitarbeitern die Chance gibt, eine Aktie zu einem Preis von 16 Cents oder weniger aufzukaufen. Viertens: Steht die Firma nach Abschluß des Verfahrens nach Chapter XI gut da, wird der Preis der Aktie steigen, und in zwei Jahren können die Insider – Sie selbst, Ihre wichtigsten Mitarbeiter und Ihre Anleger unter 10 Prozent – einen Teil der Aktien verkaufen und damit ein persönliches Vermögen schaffen.

Die Firma Compumed wurde 1983 von Robert O. Stuckelman gegründet, einem früheren Litton Industries Manager, sowie von Howard S. Mark, M. D. Sie vermieteten Elektrokardiogramm-Geräte an Ärzte. Im ganzen Lande wurden über 2600 EKG-Geräte installiert und mit dem Zentralrechner der Firma Compumed in Los Angeles verbunden. Compumed verlangte von den Ärzten eine Miet- und eine Bearbeitungsgebühr. Um das Jahr 1985 erwirtschaftete die Firma hohe Gewinne. Da sie andererseits durch $ 8 Millionen Kredite für den Ankauf der EKG-Geräte hoch verschuldet war, reichte sie bei der Börsenaufsichtsbehörde einen Antrag auf Notierung an der Börse ein, auf den die SEC ablehnend antwortete. Begründung: Compumed habe Konzessionen vergeben, ohne einen entsprechenden Prospekt bei der SEC einzureichen. Auf diese Weise scheiterte die Notierung an der Börse, und Compumed stellte Konkursantrag nach Chapter XI. Es war dies ein klassischer Fall von Chapter XI – drei Großgläubiger und Hunderte von nicht abgesicherten Gläubigern. Die Mietgebühren reichten aus, Zinsen und Betriebsausgaben zu begleichen. Doch wurde die Firma von der SEC daran gehindert, mehr Einheiten auf den Markt zu plazieren.

Da die Mietzahlungen ihrer Klienten in drei Jahren auslaufen würden, waren Stuckelmann und Mark der Ansicht, ihr Unternehmen könne nur weiter wachsen, wenn es an seine 2600 ärztlichen Klienten andere medizinische Geräte verkaufen könnte. Um andere Firmen übernehmen zu können, mußte Compumed an die Börse gehen. Daher bezahlte man alle nicht abgesicherten Gläubiger mit Aktien, wodurch ein riesiger Nettowert geschaffen wurde, der ausreichte, die Registrierung an der Börse zu erreichen. Darüber hinaus wurde die Firmenausweitung von den neuen Aktionären so gut aufgenommen, daß diese nicht viele Aktien weiterverkauften.

Compumed hat etwa acht Millionen Aktienanteile gestreut, die Mitte 1988 im Freiverkehr zu etwa 25 bis 50 Cents pro Anteil gehandelt wurden.

Compumed ist ein perfektes Beispiel für zwei Axiome: (1) wenn du pleite bist, kaufe etwas; und (2) melde Konkurs an, um an die Börse zu gehen.

Der steuerliche Verlustvortrag. Leider – die Regierung gibt und die Regierung nimmt. Während das Konkursgesetz im Sinne der Schuldner verbessert wurde, hat die Anwendung des steuerlichen Verlustvortrags zur Abschirmung der Erlöse der Firma viel von seiner Wirkung verloren. Vor der Steuerreform des Jahres 1986 war die Lage so: Hatte der Käufer im Laufe der letzten paar Jahre Verluste angehäuft und erwarb er eine Firma, die Gewinne erzielte, dann konnten die Erlöse des Verkäufers während der nächsten fünf Jahre durch steuerlichen Verlustvortrag des Käufers vor Steuern geschützt werden. Hatte der Käufer zum Beispiel im Jahre 1985 Verluste in Höhe von $ 1 Million und übernahm er eine Firma, die 1986 ein Einkommen von $ 1 Million erzielte, dann wurden für die kombinierten Einkünfte des Jahres 1986 keine Steuern erhoben.

Dieses Privileg wurde jedoch aufgehoben. Folgendes ist geblieben: Der Käufer multipliziert die Zinssätze auf siebenjährige Regierungsschuldverchreibungen – sagen wir 8 Prozent – mit dem Übernahmepreis. Hat er tatsächlich Verluste, kann er sie immer noch vortragen, aber in kleinerem Maße. Ein Beispiel: Nehmen wir obigen Fall mit einem Übernahmepreis von $ 1 Million an, dann belaufen sich die jährlichen Einsparungen auf $ 80 000 pro Jahr oder 8 Prozent des Übernahmepreises.

Anscheinend wurde der positive Aspekt des steuerlichen Verlustvortrags als hilfreich für Aufkäufer von Firmen angesehen, jedoch als schädlich für ein sich hartnäckig wehrendes Management, und die Autoren der Steuerreform von 1986 wurden aggressiver von der Lobby der gegen Konkurs ankämpfenden Manager unter Druck gesetzt als von den professionellen Firmenaufkäufern.

Friedhofskäufe

In diesem Kapitel tauchen immer wieder zwei Gedanken auf: (1) In schwierigen Zeiten kann man über den Firmenfriedhof wandern und ruinierte oder auch nur furchtsame Unternehmen billig aufkaufen; und (2) scheitert Ihre Firma an den schwierigen Zeiten, kann sie alle Operationen einstellen, alles Personal mit Ausnahme des Überlebensteams entlassen und über geschickte Finanzierung durch Verschuldung eine gesunde Firma übernehmen.

Das Erregende an solchen „Friedhofskäufen" ist, daß man dabei ein Pfennigfuchser sein muß, der 10-Cent-Münzen auf den Tisch wirft, als seien sie Kanaldeckel. Fordert der Anwalt des Verkäufers Sie auf, das Angebot zu erhöhen, sagen Sie nein. Schließlich leben wir in schwierigen Zeiten, und zu den Gründen, weshalb Sie und andere Firmen Probleme haben, gehört auch der, daß Sie zu oft schon ja gesagt haben.

Bei „Friedhofskäufen" weiß man nie, um wieviel schlechter die Volkswirtschaft sich noch entwickeln wird. Sie häufen einen Berg Schulden für eine Akquisition an, die an sich spekulativ und ungewiß ist, nach Möglichkeit jedoch lebensrettende Barmittel bringen soll. Aus diesem Grund sollten Sie beim Eingehen von Verpflichtungen, beim Umgang mit Geld und Bürgschaften so geizig sein, daß Ihre Schuhe beim Gehen quietschen. Gehören Sparsamkeit und Zähigkeit nicht zu Ihrer Lebensart, dann werden Sie schwere Zeiten vermutlich nicht überleben.

Übernahme einer Unternehmensabteilung

Erfahren Sie, daß ein großes Unternehmen Probleme hat, könnten Sie in Erwägung ziehen, eine seiner Abteilungen zu übernehmen, und diesen Aufkauf durch Verschuldung finanzieren. Sie können Geld auf die Anlagewerte dieser Abteilung aufnehmen und den Kredit aus ihrem Cash-flow zurückzahlen. Den aber steigern Sie durch Maßnahmen zur Kostensenkung. Dabei haben Sie ein As in der Hand: Die Verwaltungskosten, die bisher an die Muttergesellschaft gezahlt wurden, fallen weg. Man kann außerdem betriebsfremde Aktivitäten sowie Anlagewerte nutzen, um zusätzliche Barmittel aufzutreiben. Die Muttergesellschaft pflegt häufig bei der Finanzierung der Übernahme Hilfestellung zu leisten, wenn sie einige Besitzrechte an die Manager der übernommenen Abteilung vergibt.

Will man wissen, ob die Übernahme einer einzelnen Abteilung sich lohnt, bedarf es einer schnellen Überschlagsrechnung. Zunächst einmal erkundet man die konventionellen Kreditbedingungen von Geldgebern, die bei der Übernahme einer Firma oder Abteilung deren Anlagewerte als Sicherheiten akzeptieren. Daraus ergibt sich, wieviel Barmittel aufzubringen sind. Gewöhnlich zeigt sich dabei eine Kapitallücke, nämlich zwischen dem Betrag, den Sie durch Kreditaufnahme beschaffen können und dem wahrscheinlich geforderten Preis. Diese Lücke läßt sich auf vielfache Weise füllen, wie wir noch sehen werden. Zweitens muß das bereinigte Einkommen vor Zinsen und Steuern berechnet werden, bereinigt um die Kostenersparnisse der Abteilung nach ihrer Abtrennung von der Muttergesellschaft. Dieses bereinigte Einkommen läßt sich erhöhen, wenn Gehälter gekürzt werden und der Gürtel enger geschnallt wird. Der dritte Rechenvorgang: Man baut den jährlichen Schuldendienst in die Einkünfte vor Steuern und Zinsen ein, um festzustellen, ob der erwartete Cash-flow (Einkünfte vor Zinsen, Steuern plus Abschreibung) ausreicht, den Schuldendienst zu finanzieren und noch etwas für sich selbst und die Aktionäre übrigzubehalten.

Wir wollen das durch einige Zahlenangaben verdeutlichen, ausgehend von der Annahme, Sie möchten eine Abteilung aufkaufen, deren Bilanz etwa so aussieht wie in Abb. 4.1 beschrieben.

Gläubiger, die Anlagewerte als Sicherheit akzeptieren, leihen normalerweise Mittel in Höhe von 80 bis 85 Prozent der in weniger als 90 Tagen fälligen Außenstände, ferner 50 Prozent des Inventars an Maschinen und Ausrüstungen. In der Bilanz können noch andere Vermögenswerte erscheinen, die als zusätzliche Sicherheiten akzeptiert werden. Dazu gehören vor allem die Kundenlisten, technologische Know-how wie Patente und Copyrights sowie Pachtbesitz.

Angenommen, alle Außenstände sind weniger als 90 Tage alt und „qualifiziert" – das heißt, für den Kreditgeber akzeptabel – und weiter angenommen, zwei Drittel des Inventars bestünden aus Rohstoffen oder Fertigprodukten und der Netto-Buchwert der Fabrik und der Ausrüstungen entspräche dem Liquidationswert. Dann kann der Manager $ 3 320 000 in bar aus der Bilanzaufstellung seiner Abteilung herausholen (siehe Abb. 4.2).

Vom Barvorschuß in Höhe von $ 3 320 000 müssen wir die fälligen Wechsel in Höhe von $ 1 200 000 abziehen, die von dem neuen Gläubiger zurückgezahlt werden müssen (es sei denn, sie stehen dem Verkäufer zu und werden von ihm als Teil des Kaufpreises zurückgenommen). Das verfügbare Bargeld, das an ihn zu zahlen ist, beläuft sich auf $ 2 120 000 oder, um ganz genau zu sein, auf $ 2 050 000 nach Abzug der Gebühren für das Taxieren durch Sachverständige, der administrativen und der Rechnungsprüfungsgebühren sowie der Bereitstellungsgebühr des Kreditgebers.

Abb. 4.1: Bilanzaufstellung einer für die Übernahme vorgesehenen Abteilung

Aktiva		Verbindlichkeiten und Gesellschaftsvermögen	
Kurzfristiges Umlaufvermögen		*laufende Verbindlichkeiten*	
Kasse	$ 350 000	ausstehende Rechnungen	$ 900 000
Außenstände	$ 2 450 000	antizipatorische Aktiva	$ 250 000
Lagerbestände	$ 1 800 000	fällige Wechsel	$ 1 200 000
Betriebsanlagen und Ausrüstungen	$ 850 000	Gesellschaftskapital	$ 3 350 000
sonstige Aktiva	$ 250 000	totale Verbindlichkeiten und Gesellschaftsvermögen	$ 5 700 000
Gesamtaktiva	$ 5 700 000		

Abb. 4.2: Auftreibbare Barmittel

Quelle	Buchwert		Kreditquote	Cashvorschuß
Außenstände	$ 2 450 000	×	0,85	= $ 2 082 500
Lagerbestände	$ 1 200 000	×	0,50	= $ 600 000
Betriebsanlagen und Ausrüstungen (netto)	$ 850 000	×	0,75	= $ 637 500
Gesamtbetrag	$ 4 500 000			$ 3 320 000

Nehmen wir an, die Gewinn- und Verlustrechnung der Abteilung für die letzten zwölf Monate sehe so aus wie die in Abb. 4.3.

Um die bereinigten Einkünfte vor Zinsen und Steuern zu errechnen, muß man den Gewinn der Abteilung in Höhe von $ 982 750 zum Körperschaftssteuerzuschlag hinzurechnen, dazu die Zinsrückstände von $ 200 000 und die durch das Engerschnallen des Gürtels erzielten Einsparungen an Barausgaben von etwa $ 500 000. (Der Abbau freiwilliger Sozialleistungen könnte beträchtliche Einsparungen bringen.) Wie dem auch sei – wir wollen annehmen, die bereinigten Einkünfte vor Zinsen und Steuern belaufen sich auf $ 2502550 pro Jahr.

Abb. 4.3: 12-Monats-Betriebsbilanz einer für eine Übernahme vorgesehenen Unternehmensabteilung

Posten	% der Umsätze	Dollarbetrag
Umsätze	100,0	$ 13500000
Kosten der verkauften Waren	67,0	$ 9045000
Bruttogewinn	33,0	$ 4455000
Vertriebskosten	10,0	$ 1350000
Allgemeine und Verwaltungskosten	8,3	$ 1112250
Körperschaftssteuer	6,0	$ 810000
Zinskosten	1,5	$ 200000
Totale Betriebsausgaben	25,8	$ 3472250
Netto-Deckungsbeitrag	7,2	$ 982750

Abb. 4.4: Jährlicher Schuldendienst einer für die Übernahme vorgesehenen Unternehmensabteilung

Durch Vermögenswerte abgesicherte Kredite	Nominalwert	Zinssatz	jährl. Haupt-ausgaben	jährliche Zahlung
revolvierender Kredit	$ 2682500	× .18	= $ 483000	–
PP&E-Kredit	$ 637500	× .18	= $ 115000	$ 123000
bestehender Wechsel	$ 1200000	× .167	= $ 200000	$ 200000
Schuldschein für den Verkäufer	$ 4000000	× .18	= $ 720000	$ 400000
Gesamtbetrag	$ 8520000		$ 1518000	$ 723000

Reicht das bereinigte Einkommen vor Zinsen und Steuern aus, um den Schuldendienst abzudecken? Nehmen wir an, der Verkäufer akzeptiert den $ 1,2 Millionen-Wechsel zu einem Zins von 16,7

Prozent als Wechselinhaber sowie Ihr Angebot einer Vorauszahlung von $ 2 Millionen in bar. Dazu kommt eine weitere Million, die Sie anderswo aufnehmen müssen, plus ein Fünfjahres-Wechsel in Höhe von $ 4 Millionen, abgesichert durch eine zweite Wechselausfertigung auf alle Vermögenswerte mit jährlicher Verzinsung von 15 Prozent. Nehmen wir weiter an, der Schuldschein amortisiere sich jährlich mit $ 400 000 und mit einem hohen Endbetrag von $ 2 Millionen für das fünfte Jahr. Der Gesamtpreis beläuft sich auf $ 9 250 000. Nun ist zu prüfen, ob die bereinigten Einkünfte vor Zinsen und Steuern diese massive Kreditaufnahme ermöglichen (sie Abb. 4.4).

Zählt man die totalen jährlichen Zahlungen aus dem Kapital zu dem totalen jährlichen Schuldendienst hinzu, erhält man einen jährlichen Gesamtschuldendienst in Höhe von $ 2 241 000, der gerade noch durch das bereinigte Einkommen vor Zinsen und Steuern von $ 2 502 550 gedeckt wird. Diese Übernahme durch Verschuldung verträgt nicht die kleinsten Störungen. Sollten beispielsweise die Zinsen um zwei Prozent steigen oder die Einkünfte zurückgehen, wird die Fähigkeit der Abteilung zur glatten Abwicklung des Schuldendienstes schon zweifelhaft.

Doch läßt dieser Geschäftsabschluß einigen Spielraum. Der Kreditgeber könnte die verkaufende Firma auffordern, das Inkasso der Außenstände zu garantieren. Tut sie das, dann kann der Kreditgeber 100 Prozent des Nominalwertes der Außenstände beleihen. Zweitens wird der Geldgeber Sie und Ihre Teamgenossen wahrscheinlich fragen, wer die Aktionäre sein werden, und fordern, daß die Teamgenossen für den Kredit im Verhältnis zu ihren Eigentumsrechten bürgen. Die besonderen Risiken persönlicher Garantien werde ich ganz kurz erörtern. Man kann es als den Augenblick der Wahrheit bezeichnen, wenn Sie zum ersten Male in Ihrem Leben eine persönliche Garantie für $ 3 Millionen unterschreiben. Sind Sie bereit, alles zu riskieren? Sind Ihre Partner genau die, die Sie sich als Kampfgefährten aussuchen würden?

Die eine Million Dollar, die Sie aus fremden Quellen aufbringen müssen, können aus Übernahmen auf Verschuldungsbasis erlangt werden, die in der Mitte der achtziger Jahre äußerst populär wurden und inzwischen bei institutionellen Anlegern mehr als $ 25 Milliarden in Form von Kapitallücken- oder Zwischenfinanzierung lockergemacht haben.

Sie können die Übernahme für sich aber auch dadurch besser gestalten, daß Sie den Verkäufer bitten, die Außenstände als Teil des Kaufpreises zu akzeptieren. Ein Kreditgeber, der sich das Anlagevermögen des Schuldners als Sicherheit überschreiben läßt, tut das gewöhnlich nur, wenn das nicht die Außenstände blockiert. In diesem Falle ist die Lage jedoch anders. Der Nominalwert der Außenstände beträgt $ 2450000 und der Eröffnungsbestand der Außenstände und des Inventars beläuft sich auf $ 2682500. Fließen also die Außenstände an den Verkäufer zurück, dann müssen Sie zwar $ 232000 mehr für die Kapitallücke aufbringen, doch sparen Sie $ 593000 an jährlichen Zinszahlungen. Außerdem kann Ihr kurzfristiges Umlaufvermögen als zusätzliche Sicherheit genutzt werden, wenn Sie künftig Kapital benötigen.

In diesem Beispiel wurden relativ hohe Zinssätze aufgrund der Annahme eingesetzt, die Volkswirtschaft werde zu dem Zeitpunkt ernsthaft rückläufig sein, an dem Sie diese Abteilung einer anderen Firma übernehmen. Tatsächlich könnten die Zinsen noch um fünf Punkte und der Übernahmepreis um $ 3 Millionen höher liegen, und Sie könnten selbst dann noch den Kauf durchziehen. Das ist gerade der erregendste Aspekt von Übernahmen auf der Basis von Verschuldung: sie sind in hohem Maße ergiebig, wenn man nur ein wenig kreatives Denken dabei anwendet.

Es gibt Kreditgeber, die Anlagevermögen als Sicherheiten akzeptieren, ferner Zwischenfinanzierer und erfahrene Anwälte und Buchführer als Spezialisten für Geschäftsübernahmen von Unternehmensabteilungen, die entweder auf „Friedhöfen“ zu finden sind oder von großen Unternehmen aus anderen Gründen veräußert werden. Sie haben vielen Verkäufern und Käufern dazu verholfen, aus der jeweiligen Situation das Beste zu machen und zu einem guten Vertragsabschluß zu kommen. Wollen Sie die Abteilung einer großen Firma oder die ganze Firma aufkaufen, dann sichern Sie sich unbedingt die Mitwirkung erfahrener Fachleute. Schließlich betreiben Sie eine Überlebensstrategie, deren Scheitern verheerende Folgen haben könnte. Die Namen solcher Spezialisten findet man in Handbüchern, die in großen Buchhandlungen oder auch in Büchereien verfügbar sind. Bleibt Ihre Suche ergebnislos, dann schreiben Sie mir über den Verlag dieses Buches.

Es ist gerissen, etwas zu kaufen, wenn man pleite ist. Aus diesem Grunde wurden in den Vereinigten Staaten seit 1982 $ 25 Milliarden an Zwischenfinanzierungs-Kapital aufgebracht – um bei Übernahmen behilflich zu sein. Deshalb befindet sich auch das Zehnfache dieses Betrages, nämlich $ 250 Milliarden, als potentielle Kreditsumme in den Händen geschickter Geldgeber, die sie gegen Verpfändung von Anlagevermögen ausleihen und damit den Hauptbeitrag zur Finanzierung leisten. Geld geht immer dahin, wo die größten Gewinne zu erwarten sind, und in den USA geht eine viertel Billion Dollars in Geschäftsübernahmen. Gesellen Sie sich zu diesem smarten Haufen und nutzen Sie die bevorstehenden schlechten Zeiten, um einen Konkurrenten, die Abteilung einer großen Firma, eine wirtschaftlich gesunde Firma oder eine auf dem „Friedhof" gelandete Firma aufzukaufen. Die Preise hierfür werden in Zukunft nicht viel besser werden.

Das Managen von Betriebsanlagen

Sie müssen nicht unbedingt eine ganze Firma oder Abteilung aufkaufen, um an Cash-flow zu kommen. Sollten Ihre besonderen geschäftlichen Fähigkeiten im Dienstleistungsbereich liegen – bei der Datenverarbeitung, im Gesundheitswesen, im finanziellen Management –, dann könnte der Erwerb eines Unternehmens mit großem Anlagevermögen, eines, das man durch Verschuldung aufkaufen kann, nicht gerade das richtige für Sie sein. Um dasselbe Ergebnis zu erzielen – Bargeld in die Hand –, können Sie einen Vertrag über das Managen von Betriebsanlagen abschließen. Sie können vertraglich ausmachen, bestimmte Betriebsanlagen zum Preis des Jahresbudgets für die Betriebsanlagen plus einer beträchtlichen Vorauszahlung zu managen. Wie bei einem Aufkauf durch Verschuldung brauchen Sie dazu praktisch kein Kapital aufzuwenden, können aber zu einem Geschäft kommen, das Ihnen Cashflow sowie das Potential für künftigen Wohlstand bietet. Das ist gerissen und aufregend. Doch Sie müssen Nerven wie ein eiskalter Pokerspieler haben.

Mit zunehmender Regelmäßigkeit „kaufen" Finanzmanager Abteilungen einer Firma, wobei sie sich vertraglich verpflichten, deren Betriebsanlagen zu managen. Die Verkäufer sind häufig Holdinggesellschaften der Banken. Jack Favia, der frühere Chef des Chemical Bank's Trust Department, war einer der ersten, der das Recht erwarb, die Treuhandabteilungen einer großen Bank zu einer selbständigen Firma zu machen. Daraus entstand die Favia, Hill & Company, die $ 9 Milliarden Gelder managt und daran jährlich $ 500 000 verdient; außerdem steht es Favia, Hill frei, sich nach anderen Klienten umzusehen.

EDV-Abteilungen großer Unternehmen wurden ebenfalls ihren Muttergesellschaften „abgekauft". Die heutige Firma Computeristics war früher die EDV-Abteilung von Uniroyal. Heute ist sie als eine selbständige Firma für Uniroyal und andere tätig.

Die zweite Phase beim „Aufkauf" des Anlagemanagements besteht darin, neue Klienten anzunehmen und die Einkünfte zu vermehren. Danach geht man mit dem Unternehmen an die Börse oder versucht einen Einzelkäufer zu finden, was für die wichtigsten Mitarbeiter Wohlstand bedeuten kann. Jennison Associates, eine

Geldmanagementfirma in New York City, wird weitgehend von einstigen Treuhandmanagern der Chase Manhatten Bank geleitet. Sie wurde 1987 von der Equitable Life Assurance Society für ungefähr $ 36 Millionen übernommen.

Geldmanagement- und EDV-Abteilungen großer Unternehmen sind nicht die einzigen Dienstleistungsabteilungen, die für Aufkäufe von Betriebsanlagenmanagements in Frage kommen. Dasselbe läßt sich machen, wenn man in der Personalabteilung, der Planungsabteilung, bei den Transportdiensten oder vielen anderen Abteilungen tätig ist. Die beiden jungen Männer, die einige Jahre lang die Bibliothek von McKinsey & Company leiteten, handelten einen Vertrag aus, der es ihnen gestattete, für McKinsey und andere Unternehmen in einer neuen Firma tätig zu sein, die sie Find/SVP nannten. Ein ausgezeichnetes Beispiel für einen derartigen Vertrag ist der Fall der Corrections Corporation of America (CCA), die auf der Basis langfristiger Verträge Gefängnisse verwaltet. Während der Staat seine Gefängnisse mit einem Kostenaufwand von $ 80 pro Gefangenem pro Tag betreibt, tut die CCA das gewinnbringend mit nur $ 40 täglich.

Erwerben Sie das Anlagemanagement einer Abteilung eines Großunternehmens, dann liegt der Schlüssel zum Erfolg bei den Verhandlungen. Sie müssen vorher wissen, daß Sie die Anlagen billiger betreiben können, als es beim gegenwärtigen Budget geschieht. Bei Verhandlungsbeginn sollte Ihr erstes Angebot vorsehen, daß das Budget der Abteilung während der Vertragsdauer nicht erhöht wird, zumindest nicht für die nächsten fünf Jahre. Dennoch soll eine hohe Qualität der Dienstleistung garantiert bleiben. In der Talsohle wirtschaftlich schlechter Zeiten müßte das Musik in den Ohren großer Unternehmen sein, die darauf aus sind, noch aus Steinen Blut herauszuquetschen. Ist das Angebot jedoch nicht angemessen, dann werden Sie wohl Kosteneinsparungen anbieten müssen. Daher sollten Sie im voraus wissen, ob Sie dazu in der Lage sein werden.

Das Managen von Betriebsanlagen wurde von H. Ross Perot, dem Gründer der Firma Electronic Data Systems (EDS), ersonnen und ausgebaut. Im Jahre 1964 verkaufte er eine Menge großer IBM-Computer an mehrere texanische Großfirmen und Institutionen. Als er dann feststellte, daß diese Unternehmen nicht in der Lage waren, ihre Hauptbücher, Konten für Außenstände, Inventarlisten und Lohn- und Gehaltslisten ordentlich zu führen, schied Perot bei IBM aus, gründete EDS und erbot sich, die Datenverarbeitungsanlagen seiner Kunden zu managen. Die Kunden bezahlten EDS in Höhe ihres EDV-Budgets für das jeweilige Jahr, und EDS übernahm die Kosten für die Lohn- und Gehaltsabrechnungen und für die Ausrüstungen dieser Abteilung. Mit der wachsenden Zahl seiner Kunden konnte EDS Personal entlassen. Die Firma verkaufte überzählige Ausrüstungen und konnte in ihrem jährlichen Geschäftsabschluß gute Gewinne ausweisen.

Niemand sonst kannte sich während der folgenden fünf Jahre im Managen von Betriebsanlagen so gut wie EDS aus, weil EDS keine Werbung machte. Die Geschäfte gingen gut aufgrund von Mundpropaganda. Im Jahre 1969 bot EDS erstmals seine Aktien an der Börse an, und zwar zum damals noch beispiellosen Preis/Einkünfte-Proporz von 115x. Daraufhin tauchten bald Konkurrenten für EDS auf. Automatic Data Processing, Computer Sciences Corporation und eine Spezialabteilung der General Electric Corporation traten ins Geschäft ein.

Je mehr die Regierungen privatisieren, desto populärer wird das Managen von Betriebsanlagen. Angesichts von Haushaltskrisen verkaufen Behörden einige ihrer mit hohen Kosten betriebenen Unterabteilungen, etwa im Bereich des Gesundheitswesens und der Gefängnisse. Sie tun das durch Verträge über das Anlagenmanagement dieser Betriebe. Die US-Bundesregierung plant, auch die Energieerzeugung und die Kontrolle über die Luftfahrt (Fluglotsen) an private Vertragspartner zu verkaufen. In vielen großen Unternehmen werden die dortigen Kindertagesstätten auf dieselbe

Weise betrieben, etwa durch die Gymboree Corporation, was es berufstätigen Müttern ermöglicht, während des Tages mehr Zeit für ihre Kinder zu haben.

Schwierige Zeiten sind gute Zeiten für Firmenübernahmen

Ob Sie in schweren Zeiten die Übernahme einer Firma auf Kreditbasis oder das Managen von fremden Betriebsanlagen planen, denken Sie stets daran, daß Sie aus einer Position der Stärke verhandeln, und versuchen Sie, so wenig eigenes Geld wie möglich dafür einzusetzen.

Nehmen wir das Beispiel von Ronald Jackson, dem Vorstandsvorsitzenden und Hauptgeschäftsführer der Firma Kenner Parker Toys in Beverly, Massachusetts. Dieser fünftgrößte Spielzeughersteller in den Vereinigten Staaten verlor Geld, solange er eine Tochtergesellschaft der General Mills Corporation war. Ein Jahr nachdem Jackson und sein Managementteam diese Firma durch Verschuldung für $ 350 Millionen aufgekauft hatten, schrieb sie schon schwarze Zahlen.

General Mills war froh, sich der Firma Kenner Parker entledigen zu können, weil ihre Hauptprodukte, Teddybären und Spielzeug aus dem Bereich „Krieg der Sterne", nicht länger hergestellt wurden und auch keine neuen an ihrer Stelle entwickelt wurden. Sobald er die Selbständigkeit seiner neuen Firma erreicht hatte, kürzte Jackson die Kosten (einschließlich Werbung) von $ 49 Millionen im Jahre 1985 auf $ 36 Millionen im Jahre 1986, während er zur Aufbesserung der Erlöse Ghostbusters und Silver Hawks lizenzierte. Bald nach dem Gang an die Börse wurde Kenner Parker durch ein Übernahmeangebot der New World Produktion bedroht, der die Marvel und die Superheroes Comic Books gehören. Jackson bewahrte seine Selbständigkeit durch Verkauf von Kenner

Parker an die Tonka Corporation für einen Übernahmepreis von $ 628 Millionen. Jackson, der sein Geld in zwei Jahren verdoppelte, bleibt Hauptgeschäftsführer der Firma Kenner Parker, die doppelt so groß ist wie Tonka.

Wenn Geldgeber Ihre persönliche Bürgschaft fordern

Vielleicht sind Sie nicht in der Lage, eine Firma auf dem Wege über Schuldenaufnahme zu erreichen oder die Übernahme einer Abteilung zu finanzieren, ohne daß der Geldgeber (der der Verkäufer sein könnte, wenn er Ihre Wechsel annimmt) Ihre persönliche Bürgschaft fordert. Es gibt Verhandlungstaktiken, mit denen Sie diese Gefährdung abmildern können, doch sind auch die Geldgeber nicht von gestern. Sie wollen, daß Sie sich notfalls bis aufs Hemd ausziehen. Die Gläubiger werden sich vielleicht anders ausdrücken, doch ist es das, was sie im Sinn haben.

Der erste Schritt beim Aushandeln einer weniger riskanten persönlichen Bürgschaft besteht darin, daß Sie sich gegen eine Solidarhaftung stark machen, bei der jeder Partner den vollen Betrag des Kredits persönlich verbürgt. Beläuft der Kredit sich auf $ 4 Millionen und Sie und Ihre drei Partner haften solidarisch, dann bedeutet dies, daß jeder einzelne von Ihnen für die vollen $ 4 Millionen haftet. Nach dem modernen militärischen Sprachgebrauch ist das eindeutig *overkill,* deshalb kann man mit guten Gründen für eine Gesamtschuldnerhaftung plädieren, das heißt, Ihre gemeinsame Garantie beläuft sich auf $ 4 Millionen.

Bruce Engel, Hauptgeschäftsführer der Firma WTD, verursachte bei Weyerhause und anderen Sägewerken im Pacific Northwest Nervenkrisen. Als Konkursanwalt und Feind alles Konventionellen war Engel persönlich im Jahre 1983 für $ 300 000 gut. Dennoch bürgte er für einen Kredit von $ 500 000, mit dem er ein bankrottes Sägewerk aufkaufte. Würde dieses nicht den erhofften geschäftlichen Erfolg bringen, dann gäbe es für ihn keine Möglichkeit, die Schuld zu begleichen. Engel steigerte seinen Bluff jedoch noch um zwei weitere Schritte. Er überredete mehrere Geldgeber, die Hypothekenrückzahlungen neu aufzugliedern. Bei einem anderen Gläubiger erreichte er, daß dieser auf Zinszahlungen im Austausch gegen einen kleinen Prozentsatz des monatlichen Umsatzes des Sägewerks ganz verzichtete.

Engel war von der Chance begeistert, sich selbst bewähren zu können. „Bruce kam als Außenseiter in die Branche. Und dann übertraf er alle Holzbarone. Und das freute ihn ganz besonders", sagt Chad Brown, ein Analyst für Forstprodukte bei der Kidder Peabody & Company (die im vergangenen Jahr WTD in eine öffentlich-rechtliche Gesellschaft umwandelte und dabei für Engel ein persönliches Vermögen von $ 80 Millionen herausholte). Nach einem Rückblick auf die bisherigen Aktivitäten des Sägewerks beschloß Engel, mit den ganz typischen Praktiken der Branche Schluß zu machen. „Ich sah eine überreife Industrie mit zu hohen Kosten und zu geringer Produktivität, eine Branche, die immer noch von einer unglaublich schädlichen Macho-Ethik beherrscht war." (Bruce Engel, *Success!* (December 1987))

Bald nachdem Engel sein Sägewerk reorganisiert hatte, zeigte sich, daß er richtig gehandelt hatte. Kaum hatte er das neue Kapital von WTD in zwei weitere Werke gesteckt, kam es auf dem Markt für Bauholz zu einer spürbaren Abkühlung. Nach einigen Kalkulationen erkannte Engel, daß seine Firma im Handumdrehen einige $ 100 000 verlieren würde, wenn er die auf Lager liegenden Holzbestände im üblichen Produktionstempo verarbeitete. Also kündigte er seinen Lieferanten an, er werde zwei seiner drei Sägewerke schließen und während der nächsten drei Monate keine Zahlungen leisten. Außerdem gelang es ihm, seine Gläubiger zu günstigeren Zahlungsbedingungen zu überreden. Sie kooperierten freiwillig, weil sie erlebt hatten, daß Engel es schon früher einmal geschafft hatte, sein Schiff sicher durch rauhe See zu steuern.

Haben Sie mehrere stille Teilhaber, etwa solche, die die Kapitallücke abdecken und 25 Prozent der neuen Firma besitzen, dann könnte es Ihnen gelingen, 25 Prozent der Kreditbürgschaft zu eliminieren. Gegenüber dem Geldgeber könnten Sie argumentieren, da Ihnen nur 75 Prozent des Unternehmens gehören, wäre es nur fair, daß Sie auch nur für 75 Prozent des Kredits bürgen. Je tiefer die Rezession und je schwerer es dem Geldgeber fällt, gute Kreditkunden zu finden, desto leichter sollte es Ihnen gelingen, die Höhe der persönlichen Bürgschaft herunterzudrücken.

Zusammenfassung

„Wenn du pleite bist, kaufe etwas!" Das ist der schnellste und wirksamste Weg zur Überwindung von Illiquidität. Ich habe mehrfach Risikokapitalfonds verwaltet. Sobald ich es dabei mit Unternehmen zu tun bekam, die ihre Geschäftspläne nicht erfüllen konnten, habe ich sofort die Geschäfte gestoppt, in denen sie aktiv waren, und ihren Firmenmantel dazu benutzt, Firmen mit positivem Cash-flow aufzukaufen, und zwar durch Verschuldung. Der Käufer kann bei solchen Übernahmen mit einem außergewöhnlichen Betrag von abschreibbaren Schulden und Kapitallücken-Finanzierung rechnen. Überlegen Sie doch einmal selbst. Eine Geschäftsübernahme kostet Sie etwa $ 75 000 an Gebühren für den Wirtschaftsprüfer, für das Taxieren, für Verwaltungsgebühren und Bankkommissionen. Ist der Handel jedoch abgeschlossen, dann gehört Ihnen eine Firma mit positivem Cash-flow, aus dem Sie die Schulden Ihrer ursprünglichen Firma begleichen oder stark vermindern können.

Diese Finanzierungsform einer Geschäftsübernahme können Sie außerdem benutzen, um einen verängstigten Konkurrenten, eine Abteilung einer in Schwierigkeiten geratenen Großfirma oder aber eine Firma in Ihrer Region aufzukaufen, die überhaupt nichts mit Ihrer eigentlichen Branche zu tun hat. Cash-flow mit dem Geld eines anderen zu kaufen, ist unerhört einfach, und der Weg, den Sie zu diesem Zweck einschlagen müssen, ist so gerade wie die Autobahn nach Kansas.

Eine Mahnung zur Vorsicht. Achten Sie darauf, daß Sie die Gesetze im Zusammenhang mit Chapter XI ebensogut verstehen wie die Risiken einer persönlichen Bürgschaft. Dann gelingt es Ihnen vielleicht, dasselbe zu erreichen, was Bill Tauscher und Bruce Engel schafften, als sie die Konkursgesetzgebung und persönliche Bürgschaften als Hebelwirkung einsetzten. An sich haben Sie diese Werkzeuge jederzeit zur Verfügung, und sie ermöglichen es Ihnen, Ihr Unternehmen vor dem Untergang zu bewahren. Doch sollten Sie stets einen smarten Anwalt an Ihrer Seite haben, wenn Sie sich auf das Terrain der Firmenübernahme durch Ausnutzung der Konkursgesetzgebung und persönlichen Bürgschaften begeben.

Kapitel 5

Beginnen Sie mit einem Aufbauprojekt

Bargeld auf der Hand – das ist es, was sich ein Manager in schwierigen Zeiten vor allem wünscht. Bargeld durch Übernahme anderer Firmen, den Verkauf von Vermögenswerten oder durch Aufspüren nichtbilanzierter Anlagewerte – schön und gut. Schneller kommt man jedoch zu Bargeld, wenn man „Rauch verkauft“ – damit meine ich Geldbeschaffung durch den Verkauf einer Idee, einer Konzeption dessen, wie die Zukunft aussehen könnte, eines Projektes, eines Vorschlags für Forschung und Entwicklung, zur Weiterentwicklung bestimmter Arbeitsplätze, eines Joint venture oder der Rechte auf Ergebnisse einer Sache, die noch gar nicht existiert. Sie meinen, was ich da sage, sei nur Schall und Rauch? Da liegen Sie falsch. Hollywood, eine Industrie mit einem Umsatz von $ 9 Milliarden, tut das schon seit 60 Jahren.

Selbständige Filmproduzenten verstehen es so gut, bloßen Rauch zu verkaufen, daß es einen Oscar geben sollte für „maximale Schuldenaufnahme für einen Film“. Zu Beginn haben sie nichts als ein Manuskript in der Hand, und mit dem machen sie Millionen Dollars anderer Leute locker, um einen Film herzustellen. Sie beginnen mit der Benennung eines berühmten Schauspielers oder Regisseurs als Lockvogel. Das gilt auch für andere Branchen. Finden Sie einen Lockvogel für Ihre Firma und machen Sie für ihn einen Geschäftsplan. Daraus können Sie auf vielfältige Art und Weise Bargeld machen.

Subventionen vertreiben die Dunkelheit

Verfügt Ihre Firma über ein Entwicklungsprojekt, an dem schon längere Zeit nicht mehr gearbeitet wurde, dann sollten Sie es jetzt aus der Schublade holen und abstauben.

Subventionen für Forschung und Entwicklung

Es gibt zahlreiche Quellen zur Subventionierung von Forschung und Entwicklung. Am ergiebigsten sprudeln die von elf US-Bundesstaaten mit Subventionsprogrammen zwischen $ 100000 bis $ 500000. In gewissen Fällen brauchen Sie mit Ihrer Firma nicht einmal in die betreffenden Staaten umzuziehen, um an die Subventionen zu kommen. Die Firma Tech Corporation in Santa Fe, New Mexico, brachte $ 350000 in Ohio und $ 150000 in Pennsylvania auf, um ihre Digitalgeräte zur Sichtbarmachung von Röntgenbildern zu entwickeln. Das hat so funktioniert:

Beim Produkt von ScanTech handelt es sich um ein System, das Röntgenstrahlen- und Computertechnologien so kombiniert, daß sofort ein digitales Bild auf einen Schirm geworfen wird. Anders als bei einem Röntgenfilm kann es vergrößert und nach den jeweiligen Bedürfnissen des Betrachters verändert werden. ScanTech hat eine breite Vielfalt von Anwendungsmöglichkeiten seines Systems getestet. Ein Krankenhaus in Pittsburgh prüft gegenwärtig das System auf seine Verwendbarkeit beim Röntgen des Oberkörpers. General Electric erwägt, es zum Prüfen der Turbinenschaufeln von Flugzeugen einzusetzen. Im Rahmen eines Gemeinschaftsprogramms mit der Ohio State University erprobt ScanTech Möglichkeiten beim Verschweißen verschiedener Metalle. Finanziert durch Subventionen des Energieministeriums testet der Vorstandsvorsitzende der Firma in einem Labor in Los Alamos das ScanTech-System daraufhin, ob die Technologie des Linearbeschleunigers dazu genutzt werden kann, Elektronen zur Erzeugung von Röntgenstrahlen zu beschleunigen. Außerdem prüft man zur Zeit das System für eine mögliche Nutzung der Sicherheitsmaßnahmen auf Flugplätzen.

Everitt Ellin, der Gründer dieses Unternehmens, erlernte die Methoden zur Beschaffung von Geldmitteln als stellvertretender Leiter des Guggenheim Museums. Er hat fast ebensoviel staatliche

Subventionen beschafft – nämlich $ 500000 – wie Risikokapital von privaten Anlegern.

Leider, so werden Sie jetzt einwenden, dauert es zu lange, wenn man Subventionen lockermachen will; außerdem seien das unsichere Kapitalquellen. Keineswegs. Die elf amerikanischen Bundesstaaten, die Subventionen für Forschung und Entwicklung vergeben, erklären, sie brauchten 2½ bis 15 Wochen für die Bearbeitung und Bewilligung eines entsprechenden Antrags. Die notwendigen Informationen erhält man in jedem Bundesstaat beim Leiter der Behörde für wirtschaftliche Entwicklung. Die Rückzahlungsbedingungen stellen kaum eine Belastung dar. New Mexico verlangt 2 Prozent des Umsatzes des mit seinen Geldmitteln entwikkelten Produkts für einen Zeitraum von acht Jahren, beginnend mit dem Datum der Bewilligung der Finanzhilfe. Das entspricht einem unverzinsten nicht verbürgten Kredit mit Gewinnbeteiligung bei einer Laufzeit von acht Jahren. Die meisten Bundesstaaten, die solche Beihilfen anbieten, gestatten es der betreffenden Firma, noch einen Teil der Finanzierung für Managementdienstleistungen, Unternehmensberatung und Reisespesen hinzuzufügen. Die elf Bundesstaaten, die solche Hilfe anbieten, sind in Abbildung 5.1 aufgeführt.

Mangelt es Ihrer Firma beim Überlebenskampf an Bargeld, dann könnte sie versuchen, Mittel für Forschung und Entwicklung für die Entwicklung eines Produktes aufzutreiben, das sich gut verkauft und künftige Gewinne einbringt. Außerdem kann man davon die Gehälter von zwei bis fünf der leitenden Techniker oder Wissenschaftler der Firma bestreiten. Sie können Ihrer Bank demonstrieren, daß die Lebensfähigkeit Ihrer Firma der von gehärtetem Stahl gleicht und daß es einer der schwärzesten Tage der Bank werden könnte, sollte sie die Notbremse ziehen, bevor das neue Entwicklungsprojekt abgeschlossen ist. Außerdem können Sie Ihren Mitarbeitern neuen Mut geben, vor allem der kampferprobten Mannschaft, die gerade dabei ist, mit 360 verärgerten Gläubigern eine Verlängerung der Rückzahlungsfristen auszuhandeln. Wer ein Forschungs- und Entwicklungsprogramm aktiv betreibt, vertreibt damit die dunklen Wolken.

Hat das Forschungs- und Entwicklungsteam mit den bewilligten Mitteln einen Prototyp entwickelt und dieser sich bei seinem Alpha-Test bewährt, dann wird die Firma immer noch Kapital benötigen, um Modelle für die Beta-Tests, für den Verkauf oder die Lizenzierung oder das Anlocken von Kapital für eine Kapazitätsausweitung zu bauen.

Abb. 5.1 US-Bundesstaaten, die Finanzhilfen anbieten

Bundesstaat	Höhe der Finanzhilfe
Connecticut	$ 300 000
Illinois	$ 100 000
Indiana	$ 100 000
Michigan	$ 250 000
Mississippi	$ 100 000
New Jersey	$ 150 000
New Mexico	$ 500 000
North Carolina	$ 50 000
Ohio	$ 350 000
Pennsylvania	$ 35 000
Rhode Island	$ 100 000

Viele der Bundesstaaten bieten auch langfristige Kredite zu niedrigen Zinssätzen an. Im Rahmen des Programms leiht Ohio Firmen, die dort Herstellungsbetriebe errichten, Betriebskapital. Es werden Beträge bis zu $ 1,6 Millionen bei einer Laufzeit von 15 Jahren und einem jährlichen Zinssatz von 6 Prozent angeboten. Dazu könnten Sie noch mit Geld aus entsprechenden Bundesmitteln rechnen. Da gibt es beispielsweise den Urban Development Action Grant (UDAG), der bis zu 33 Prozent der totalen Projektkosten über eine Beihilfe an die Gemeinde vergibt. Diese leiht ihn dann zu einem Satz von nur 4 Prozent jährlich an die Firma. Ein Community Block Development Grant (CBDG) vergibt etwa nach denselben Richtlinien bis zu einem Betrag von $ 350 000 der totalen Projektkosten. Der lokale Leiter der staatlichen Entwicklungsbehörde kann Ihrem Unternehmen beim Beantragen einer der eben genannten Finanzhilfen behilflich sein. Zwar dauert es einige Monate, bis sie ausgezahlt werden, doch stehen sie in jedem Bundesstaat Antragstellern zur Verfügung, die ein Unternehmen in einem dafür qualifizierten Gebiet aufbauen oder erweitern wollen. Die Qualifikation des betreffenden Gebietes wird bestimmt durch das Alter seiner Bauten und jahrelanges Fehlen von Entwicklung neuer Projekte. Zwei solcher Gebiete sind South Bronx und, wegen der großen Zahl veralteter Häuser und Bauten, Beverly Hills, California.

Sehen wir uns einmal mehrere kreative Möglichkeiten der Nutzung dieser Programme für unmittelbare oder verbürgte Kredite an. Verkauft Ihre Firma Konzessionen oder Einzelhandelsrechte, dann können Sie Ihren Klienten finanziell beim Ausbau, der Ausrüstung und beim Ankauf von Inventar für ihre Betriebe behilflich sein. Verkaufen und installieren Sie Ausrüstungen für kleine und mittlere Kunden? Sie können die Umsätze beschleunigen, wenn Sie mit Ihren Klienten zu deren örtlicher Entwicklungsbehörde gehen und dort für ein Kredit- oder Garantieprogramm für Ihr Leasingabkommen eintreten. Sind Sie in der Branche Erschließung und Bau von Immobilien tätig, dann sind die UDAG- und CBDH-Programme geradezu Geschenke des Himmels. Mit ihnen können Sie die Cities von ganz Amerika neu bauen oder renovieren und anschließend die renovierten Gebäude an zahlungskräftige Bürger vermieten. Für die Läden im Parterre sollten Sie Konzessionen einiger der bekanntesten Einzelhandelssysteme erwerben; Sie werden immer genug Leute finden, die befähigt sind, diese Läden zu führen, während die Unternehmen, die Konzessionen vergeben, die Konzessionäre im Backen von Pizzas, Herstellen von Eiscreme und Dekorieren der Auslagen ausbilden. Dank einer Vielfalt von Beihilfen, Krediten und Kreditbürgschaften können Sie in vielen Innenstädten schöne alte Gebäude kaufen, renovieren und ausbauen. Auf diese Weise wurde der Uferbezirk in Portland, Maine, vor zehn Jahren zu neuem Leben erweckt.

Der Staat Oregon bietet Unternehmen, die sich in seinem Uferbezirk niederlassen, Finanzhilfen bis zu $ 250 000 an. Der Staat Illinois investiert $ 100 000 in junge Unternehmen mit einem innovativen neuen Produkt. 27 amerikanische Bundesstaaten haben innovative Finanzierungsprogramme aufgelegt. In den meisten Fällen fördern ihre Behörden auch Programme der Bundesregierung. Entreißen Sie Ihre Firma den Klauen des Unheils, indem Sie mit Ihrem Entwicklungsprogramm in der Aktentasche zur nächsten Entwicklungsbehörde marschieren und dort herausfinden, wie man aus Stroh Goldfäden spinnen kann.

Finanzhilfen durch Stiftungen

Tausende von Finanzhilfen werden von Stiftungen vergeben, die aus dem Wohlstand früherer Unternehmensgenerationen entstanden – Kellog, Carnegie, Ford und andere. Robert Maxwell, der englische Verleger-Tycoon, gründete vor kurzem eine Stiftung, mit der er sein Vermögen in neuen Formen medizinischer Forschung investieren will. Die Firma U.S. West gab jüngst bekannt, sie werde $ 20 Millionen für Finanzhilfen innerhalb ihres regionalen Marktes verfügbar machen. Unternehmer in der Dienstleistungsindustrie können Finanzhilfen bis zu $ 500 000 erhalten, um Probleme zu studieren, die verschiedene Aspekte der Gesellschaft beeinflussen. Die Kellog Foundation gibt Mittel für Studien über ältere Menschen. Park Communications vergibt Mittel in Kleinstädten, in denen sie Zeitungen herausgibt. Die Sam Walton

Foundation stellt Beihilfen in kleinen Städten zur Verfügung, in denen sie Läden betreibt.

Listen mit Namen und Adressen der Stiftungen gibt es in jeder größeren Bücherei. Beauftragen Sie eine Ihrer weniger überlasteten Sekretärinnen, mit diesen Stiftungen Kontakt aufzunehmen, um deren Interessengebiete zu erkunden. Danach tragen Sie denen Ihr Entwicklungsprojekt vor.

Kommanditgesellschaften für Forschung und Entwicklung

Wie Filme sowohl an der Kinokasse wie auch als Videokassette vermarktet werden können, so kann auch Ihr Entwicklungspaket auf zwei Ebenen wirksam werden. Sie können beispielsweise mit demselben Geschäftsplan, mit dem Sie die Finanzhilfe einer staatlichen Behörde beantragen, auch um Finanzierung durch eine Forschungs- und Entwicklungs-Kommanditgesellschaft nachsuchen. Sie heißen R&D Limited Partnership (RDLP). Es gibt zwei davon im Lande. Eine von ihnen wird von der R&D Funding Corporation finanziert, einer Abteilung der Prudential-Bache Securities in Sunnyvale, California, die andere vom Merrill Lynch Research & Development Fund, L. P. in New York. Das Gesamtkapital beider Fonds beläuft sich auf über $ 300 Millionen; ihre Mindestinvestition beträgt $ 1 Million; größere Beträge werden bevorzugt.

Beide Institutionen widmen viel Zeit der Erforschung von Patenten, des Marktbedarfs, des Wettbewerbs und der Leistungsfähigkeit der Wissenschaftler und des Managementteams, das ein Produkt in den Handel bringen will, dessen Entwicklung diese Fonds finanzieren (Sorgfaltspflicht). Irving Weiman, ein leitender Mitarbeiter der R&D Funding Corporation (mit dem ich eng bei einer $ 8,3-Finanzierung zusammengearbeitet habe) sagt dazu: „Wir müssen die normale Sorgfaltspflicht eines Risikokapitalfonds erheblich strenger ausüben, weil wir noch ein zusätzliches Risiko auf uns nehmen – nämlich das Entwicklungsrisiko." Wer also eine Finanzierungszusage von einem der beiden Fonds erhalten will, muß schon eine Geschichte mit Hand und Fuß vortragen können – das heißt, er muß über ein qualifiziertes Marketingteam verfügen, einen hohen Marktbedarf nachweisen, schwache Konkurrenz, ein billigeres, jedoch leistungsfähigeres Produkt, eine einleuchtende Marktstrategie sowie ein wachsames und hilfreiches Vorstandsgremium. Außerdem muß man damit rechnen, daß das Verfahren der Sorgfaltspflicht vier bis sechs Monate dauern kann.

Investmentbanken ohne eigene RDLP sind jedoch in der Lage, $ 1 Million oder mehr in Ihre RDPL privat zu plazieren. Ihre Methoden sind allerdings weniger flexibel. Sie werden viel Zeit brauchen für die Untersuchung der Sorgfaltspflicht und um ein privates Plazierungsmemorandum aufzustellen. Außerdem dürfte man von Ihrer Firma verlangen, der Investmentbank die Auslagen und gesetzlichen Gebühren zu erstatten, wenn die geplante Finanzierung scheitern sollte. Und selbst wenn die Bank Ihrer Firma eine schriftliche Zusage erteilt, bedeutet diese nicht mehr als die Verpflichtung, sich nach bestem Können zu bemühen. Natürlich gibt es auch Erfolgsstories. So erlangte Centocor 1985 einen Betrag von $ 4 Millionen durch eine RDPL über die Firma F. Eberstadt & Company. Zusätzlich zu einigen Steuervergünstigungen erhielten die Anleger billige Garantien für den Ankauf von Centocor Stammaktien, deren Wert sich nach der RDPL-Finanzierung verdreifacht hat. Die Geldmittel wurden zur Erforschung von Therapien bei bestimmten Krebserkrankungen verwendet, und die Investoren haben mit ihrer Investition vom Jahre 1985 beträchtliche Ergebnisse erzielt.

Haben Sie Kontakte mit vielen wohlhabenden Leuten, dann kann Ihre Firma von sich aus einen derartigen Fonds einrichten und dadurch die Kosten einer Investmentbank einsparen. Sie müssen natürlich die gesetzlichen Gebühren aufbringen, die nicht gerade niedrig sind; doch haben Sie wahrscheinlich mit einem Antrag auf Genehmigung schon die meiste Arbeit geleistet, so daß dem Anwalt nur noch die Aufgabe bleibt, ihn als Prospektangebot wirtschaftlich leistungsfähig zu machen. Sagen Sie dem Anwalt, er soll Sie gegen betrügerische Manipulationen absichern, den geschäftlichen Teil des RDPL-Prospekts jedoch nicht abändern. Leihen Sie sich Prospekte von einem örtlichen Maklerbüro, um daraus zu lernen, wie ein Prospektangebot aussehen und welche Informationen es enthalten muß.

Bei Forschungs- und Entwicklungs-Kommanditgesellschaften (RDLP) werden die Technologie und das Know-how, für das die Partner bezahlen, deren Eigentum. Die Firma jedes Partners kann mit dem RDPL ein Lizenzabkommen schließen, gemäß dem sie das Produkt für den RDPL „herstellen, gebrauchen und verkaufen" kann, sobald es tatsächlich entwickelt ist. Die Kommanditisten werden im Prospekt jedoch davon unterrichtet, „daß es keine absolute Garantie gibt, daß dies auch der Fall sein wird". Dieser Mangel an Sicherheit bedeutet für die Partner ein Risiko, weshalb sie Verluste, die bei der Forschung und Entwicklung eintreten, von ihrem passiven Einkommen absetzen können (Zinsen, Mieten und sonstige Lizenzgebühren). Außerdem erlauben einige Bundesstaaten für Investitionen in RDLP's Abschreibungen bei der Einkommenssteuer.

Der Prospekt nennt die Lizenzgebühren, die die Kommanditisten je nach den verschiedenen Umsätzen des Produkts erhalten. Etwa 10 Prozent für Umsätze bis zu $ 50 Millionen, 5 Prozent von $ 50 bis $ 100 Millionen sowie 2 Prozent für alle darüberliegenden Umsätze für einen Zeitraum von insgesamt zwölf Jahren. Halten Sie bitte fest, daß RDPL's zeitlich begrenzt sind. Sie haben auch unbeschränkt haftende Gesellschafter, die die Entwicklung managen und ein nicht allzu großzügiges jährliches Managementhonorar beziehen – nämlich 3 bis 5 Prozent des erwirtschafteten Betrags pro Jahr. Diese Beträge werden dem Betriebskapital Ihrer Firma hinzugerechnet.

Die Auflösung der Kommanditgesellschaft

Sollte das über die RDPL entwickelte Produkt zu einem Kassenschlager werden, könnte die 10-Prozent-Gebühr für Produktumsätze (die den investierenden Kommanditisten gezahlt werden) zu hoch werden, wenn Ihre Firma später einmal zusätzliches Kapital auftreiben will. Angenommen die Summe der RDPL liegt bei $ 5 Millionen, die Einkünfte der Firma nach Steuern betragen etwa $ 1 Million, und es sind Stammaktien in Höhe von $ 2 Millionen gestreut. Ihre Firma strebt zusätzliche Finanzierung an. Dann könnten die neuen Anleger sich wahrscheinlich dagegen wehren, an die RDPL-Gruppe jährlich $ 1 Million zu überweisen, mit denen die Gewinne und der Wert der Aktie verdoppelt werden könnten. In einer solchen Situation dürften Ihre Investmentbankiers Ihnen zweifellos raten, die Partnerschaft aufzulösen – das heißt, den Kommanditisten für ihre finanzielle Hilfe zu danken und sich von der RDPL zu lösen, indem Sie Stammaktien Ihrer Firma gegen die Ansprüche der Kommanditisten eintauschen.

Solche Partnerschaftsauflösungen sind in der Finanzwelt eine Neuerscheinung, weil RDPLs erst seit fünf Jahren existieren und die ersten positiven Ergebnisse sich eben erst einstellen. Die Firma Genentech löste im Jahre 1987 zwei solcher Kommanditpartnerschaften von $ 150 Millionen auf, wozu das Unternehmen 40 Prozent seiner Stammaktien abgab. Das erschien als fairer Tausch, und die Kommanditisten von Genentech beklagten sich auch nicht. Andererseits berichtete die Zeitschrift *Forbes* vor kurzem, in zwei anderen Fällen hätte man den Partnern 10 Prozent ihres Anlagebetrags überlassen, mit wenig oder gar keiner Aussicht auf ein künftiges Steigerungspotential. Bemerkenswerterweise nahmen die Partner diese Ablösung ohne Widerspruch hin.

Das Prozessier-Spiel

Thomas L. Kelly, jun., ist der Gründer der Firma TIE Communications in Stamford, Connecticut. Während ich TIE im Jahre 1976 bei der Kapitalbeschaffung behilflich war, lernte ich von Kelly so viel Überlebensstrategie, daß sie für eine ganze Lebensdauer ausreicht. Damals rang Kelly mit AT&T um das Recht, seine Telefonapparate an AT&T-Telefonleitungen anschließen zu dürfen. Kelly mußte sich durch einen ganzen Krisentunnel hindurcharbeiten, der länger und dunkler war als bei jedem anderen Manager, mit dem ich je kooperiert habe. Jedesmal, wenn Kelly einen Schritt vorankam, baute AT&T neue Hindernisse vor ihm auf. Es war schon schwierig genug, die Kunden zu überreden, die Telefonapparate von TIE zu kaufen, statt sie von AT&T zu mieten. Auch die Fragen der Unterhaltung der Geräte und ihrer Zuverlässigkeit bedeuteten echte Probleme. Konnte ein Kunde auf TIE zählen, wenn die Telefone einmal reparaturbedürftig wurden?

Kelly und seinem leitenden Betriebsmanager Leonard Fassler gelang es nicht nur, beim Bundesstaat Connecticut eine Forschungs- und Entwicklungs-Finanzhilfe in Höhe von $ 350 000 loszueisen – keine geringe Leistung für einen Importeur/Monteur ohne eigene Abteilung für Produktentwicklung. Er behandelte auch die schwierige Situation seiner Firma TIE wie ein Entwicklungsprojekt. Er war einer der ersten Manager, die jemals Gerichtsverfahren an Anleger „verkauften". Er ging mit der Klage von AT&T gegen sich sowie seiner Gegenklage gegen AT&T so um, als seien es Anlagenwerte, die er verpfänden konnte, und überzeugte Anleger wie Gläubiger davon, daß TIE am Ende siegen und beträchtliche finanzielle Entschädigungen zugesprochen bekommen würde. Aus diesem Grunde ließen die Anwälte sich darauf ein, in Vorwegnahme des späteren Erfolgs tätig zu sein. Die Anleger fanden sich mit dem Geschäftsplan ab und betrachteten die möglichen Gewinne aus dem Rechtsstreit als zusätzliche Kapitalgewinne oder Absicherung gegen Rückschläge. Die klugen Risikokapital-Partner der Firma Allen & Company investierten $ 300 000 in TIE, nachdem diesem Unternehmen die staatliche Finanzhilfe endgültig zugesprochen war.

Andere haben Rechtsstreitigkeiten auf ein noch höheres Niveau gehoben und Interessenanteile verkauft, um damit Prozeßgebühren zu bezahlen. 30 Jahre lang verteidigte Dr. Glenn Gould seinen Anspruch auf die Erfindung des Lasers mit Hilfe von Geldern, die ihm teilweise von der Eugene Lang's Refac Technology Corporation zur Verfügung gestellt wurden. Im Jahre 1987 wurde ihm der Sieg zugesprochen. Das dürfte bis zum Jahre 1990 mehr als $ 30 Millionen Royalties einbringen, und Refac, eine amerikanische Effektenfirma, wird davon etwa $ 5 Millionen erhalten.

Gewisse Prozeßgewinne, beispielsweise aufgrund der Antitrust-Gesetzgebung, können dem Sieger dreifachen Schadenersatz einbringen. Stellen zwei oder drei Lieferanten ihre Lieferungen an Sie gleichzeitig ein und erzwingen so praktisch Ihre Betriebseinstellung, dann ist anzunehmen, daß sie sich abgesprochen haben. Warum hätte sonst jeder von ihnen seine Lieferungen in derselben Woche gestoppt? Da bietet sich Ihnen die Möglichkeit einer Klage im Rahmen des Antitrust-Gesetzes. Ein Prozeßanwalt mag sich bereit erklären, den Fall auf der Basis zu übernehmen, daß Sie ihm seine Auslagen erstatten und ein Drittel des Gewinns abtreten. Sie könnten aber auch leicht Anrechte auf Ihren Prozeßgewinn verkaufen, um damit die Gerichtskosten zu bezahlen.

Da ich eine Reihe von Prozessen gegen Großunternehmen durchgeführt habe, weiß ich aus Erfahrung, daß bei diesem Prozeßspiel kleine Firmen gegen gigantische Unternehmen durchaus gewinnen können. Der Grund dafür ist ganz einfach. Die Großen arbeiten nicht so intensiv an solchen Fällen. Man muß sich bei solchen Prozessen sehr schnell bewegen. Die Großen fürchten jedoch, ihrem Image zu schaden, weil sie einem kleinen Kerl Unrecht getan haben.

Ich will hier nicht dafür eintreten, Prozesse anzufangen, nur um andere zu belästigen und in Verlegenheit zu bringen. Hat Ihre Firma jedoch nachweisbar Schaden erlitten, dann führen Sie alle Schädigungen einzeln auf und legen in genauer Reihenfolge dar, wie es dazu gekommen ist. Dann aber sollten Sie das Prozeßspiel beginnen, als sei es ein Entwicklungsprojekt. Ein tatkräftig agierender tüchtiger Anwalt kann Ihnen zum Sieg verhelfen und Ihre Firma in die Lage versetzen, durch Verpfändung von Ansprüchen aus dem Rechtsstreit Geld aufzunehmen.

Der Ankündigungs-Effekt

Public Relations oder PR sind eine eigenartige Kunst. Jeder von uns kennt die Redensart „Wenn die Taten deutlich genug sprechen, braucht man selbst nicht von ihnen zu reden". Befinden Sie sich jedoch in einer Notsituation, in der Sie dringend Bargeld brauchen, dann sollten Sie daran denken, daß Ihre Männer in den Schützengräben unter ständigem Trommelfeuer der Gläubiger stehen und Informationen benötigen, die sie an andere weitergeben können. Sie brauchen eine neue Story, die sie den Inkassoagenturen und den Gerichtsvollziehern erzählen können – etwas, was ihnen Hoffnung macht.

Sollten Sie daher staatliche Finanzhilfe erhalten oder bei Gericht eine größere Summe einklagen, dann rufen Sie Ihre Lokalzeitung an und lassen Sie darüber eine Story bringen. Kopien des Artikels geben Sie dann der Lieferantenbuchhaltung zur Weitergabe an gewisse Gläubiger (aber nicht an die, die Sie verklagen). Sorgen Sie dafür, daß auch Ihr Bankier eine Kopie erhält. Er wird sie zu seinen Unterlagen nehmen – um sie dem Revisor und auch dem eigenen Kreditausschuß zu zeigen.

Public Relations können zweischneidig wirken. Solange Sie noch emsig an Ihrem Umstellungsplan arbeiten, ist größte Verschwiegenheit angebracht. Die Wirtschaftspresse könnte Sie sonst kreuzigen. Vergessen Sie nicht, wer den Anzeigenteil in den Wirtschaftszeitungen kauft: Ihre Gläubiger. Daher wird die Wirtschaftspresse eifrig über jedes Anzeichen von finanziellen Schwierigkeiten Ihres Unternehmens berichten. Es könnte jedoch ein geschickter strategischer Schachzug sein, eine Fotokopie des Artikels über Ihren Rechtsstreit an die Zeitungen zu schicken, die im Raum der Großfirma erscheinen, gegen die Sie Klage erhoben haben. Die werden dann vielleicht von ihrem nervös gewordenen Bankier wegen des Prozesses angerufen. Der Artikel könnte selbst an einem schönen Tag der gegnerischen Firma das Sonnenlicht etwas verdunkeln.

Bei gerichtlichen Auseinandersetzungen gewinnt derjenige, der seine Hausaufgaben am besten macht. Prozesse werden gewonnen oder verloren, bevor jemand den Gerichtssaal betritt. Außerdem werden 80 Prozent aller kommerziellen Rechtsstreite außerhalb des Gerichts beigelegt. Studieren Sie sorgfältig alle Vorgänge, die irgendwie mit dem Streitfall zu tun haben. Fordern Sie die entsprechende Korrespondenz Ihrer Mitarbeiter an, und beachten Sie dabei die geringfügigsten Kleinigkeiten. Gehen Sie auch den magersten Hinweisen nach. Vielleicht ergibt sich dabei, daß ein Lieferant, der seine Lieferungen ganz plötzlich einstellte, das verabredungsgemäß hätte 30 Tage vorher ankündigen müssen. Es könnte auch Hinweise auf mangelhafte Warenlieferungen geben, Unbeständigkeiten in der Qualität der Lieferungen. Möglicherweise ergibt sich auch eine Spur für eine Konspiration unter den Lieferanten.

Ein Großkonzern verklagte einen meiner Klienten. Doch hatte der Abteilungsleiter, der für die Klage verantwortlich zeichnete, sein Resümee schon 18 Monate vorher meinem Klienten zugeleitet und auch persönliche Geschenke und Vergünstigungen gefordert. Diese Dinge wurden aus den Akten ausgegraben und seiner Firma zugesandt. Der Mann wurde sofort entlassen und die Klage zurückgezogen, weil der betreffende Angestellte keinem Kreuzverhör hätte standhalten können. Hätte man nicht die gesamte Korrespondenz, die Versandpapiere und die Aktenvorgänge über Verbindlichkeiten Seite für Seite genau durchgesehen, dann wäre eine solche Achillesferse niemals entdeckt worden.

Zusammenfassung

Am tiefsten Punkt einer wirtschaftlich hoffnungslos erscheinenden Situation sollten Sie Ihre besten innovativen Ideen aus der Mottenkiste hervorholen, abstauben, auf den neuesten Stand bringen und zusammen mit der zuständigen Behörde für wirtschaftliche Entwicklung studieren. Finden Sie heraus, ob Ihr Paket in Ihrem Bundesstaat realisierbar ist. Wenn nicht, sollten Sie untersuchen, ob vielleicht Bundesmittel dafür locker gemacht werden könnten. Möglicherweise bringen Sie dabei eine mehrschichtige Finanzierung zusammen, ohne ins eigene Portemonnaie greifen zu müssen. Die Bundesstaaten konkurrieren untereinander um die Schaffung von Arbeitsplätzen; nutzen Sie das aus. Die günstigste Zeit dafür ist dann, wenn die große Krise dicht vor der Tür zu stehen scheint.

Lassen Sie es nicht bei Finanzierungsprogrammen der Bundesstaaten und der Bundesbehörden bewenden. Versuchen Sie auch, Fonds für Forschung und Entwicklung heranzuziehen. Sie können die Rechtsform einer GmbH oder Kommanditgesellschaft anstreben, die wie ein Risikokapitalfonds operiert, können aber auch Ihr eigenes Programm für Forschung und Entwicklung mit Hilfe eines erfahrenen Anwalts verkaufen. Erweist Ihre Innovation sich als abbauwürdiges Gestein, aus dem sich ein wichtiges neues Produkt bauen läßt, dann werden Sie später vielleicht die für die Durchführung Ihres Programms gewählte Unternehmensform durch eine günstigere ablösen müssen.

Sprechen Sie über die guten Neuigkeiten, sobald Sie die Finanzierung in der Tasche haben. Schneiden Sie entsprechende Pressemeldungen aus, und lassen Sie Ihre Buchhalter den besorgten Kunden die Neuigkeiten mitteilen. Lassen Sie bekanntwerden, daß Ihre Firma absolut lebendig, auf Draht ist und wichtige Dinge tut. Die Entwicklungsprojekte werden sich vielleicht nicht immer voll rentieren, doch zeigen sie, daß die Firma auf dem Vormarsch ist. Public Relations können eine machtvolle Waffe sein. Die Leute erinnern sich der Stories, die über Sie geschrieben wurden, auch wenn sie nicht mehr wissen, wo sie diese gelesen haben. Ein Artikel in Ihrer Lokalzeitung sollte ausgeschnitten, kopiert und an die wichtigen Lieferanten der Firma geschickt werden – er kann so strategisch als Teil des umfassenden Reorganisations- und Aufbauplans der Firma genutzt werden.

Die Finanzierung eines Rechtsstreits und die eines Entwicklungsprojekts haben vieles gemeinsam: Man kann bei beiden Ansprüche verpfänden oder verkaufen. In beiden Fällen muß man einen schriftlichen Plan ausarbeiten, viele Hausaufgaben erledigen, strategisch denken und Public Relations sorgfältig einsetzen. Jedesmal kommt es darauf an, Ihre Vision künftigen Geschehens anderen zu verkaufen, sie dann auf anderen Märkten nochmals zu verkaufen, um aus einem einzigen Geschehen Ihren Cash-flow zu maximieren. Sobald die geschäftlichen Aussichten dunkel sind, ist es Zeit, aufzubrechen und etwas zu entwickeln.

Kapitel 6

Beziehen Sie mehr Leute in Ihre Aktivitäten ein!

Bei der Produktion eines Films mit biblischem Inhalt hörte man einst den wortgewaltigen Chef Samuel Goldwyn seine Mitarbeiter laut anschreien: „Warum nur zwölf Jünger? Macht euch auf die Socken und holt Tausende heran.“ Auch Sie sollten nicht kleckern, sondern klotzen. Beziehen Sie eine Menge Leute in Ihre Aktivitäten ein, Leute, die von Erfolg oder Mißerfolg selbst betroffen werden, die eine Lungenentzündung kriegen, wenn Sie nur niesen, und mit Ihnen untergehen, wenn es dazu kommen sollte.

Risiken auf mehrere Schultern verteilen

In schweren Zeiten entwickeln die meisten Menschen eine Bunkermentalität. *Sie* sollten dies jedoch nicht tun. Sehen Sie sich in der Gemeinde um, und binden Sie andere in Erfolg oder Mißerfolg Ihrer Firma ein. Geben Sie diesen Leuten Mitverantwortung für einen Teil Ihres Erfolgs mit der Gewißheit, daß sie bei einem Happy-End entsprechend profitieren werden. Wenn Sie bereit sind, den Erfolg mit verantwortlichen Leuten in Ihrem Umfeld zu teilen, dann werden diese Himmel und Hölle in Bewegung setzen, um den Erfolg herbeizuführen. Sind Sie in mehreren Gemeinden oder Städten tätig, dann bilden Sie einen regionalen Beraterstab. Verwirklichen Sie diesen Aspekt Ihres Überlebensplans peinlich genau, und drücken Sie sich klar und verständlich aus, wenn Sie Aufgaben delegieren und Erfolgsprämien festsetzen.

Filmproduzenten scheinen besonders gut zu verstehen, viele Akteure in ihr Programm einzubeziehen. Ihr Ziel ist es, viele Leute zur Übernahme eines Teils des Risikos für die Verwirklichung des Films zu bewegen und dabei auf größtmöglichen Profit zu setzen. Beobachten Sie einmal, wie ein selbständiger Filmproduzent andere Leute an seiner Arbeit beteiligt. Er schmeichelt ihnen mit dem Gedanken, sie seien unentbehrlich, und redet auf sie ein, bis sie zusagen. Das spielt sich folgendermaßen ab.

Der selbständige Filmproduzent sichert sich von einem Filmstar und einem Regisseur eine auf 60 Tage bemessene Zusage, ihm irgendwann in der Zukunft für 16 Wochen zur Verfügung zu stehen. Damit hat er zunächst zwei Hauptakteure, die das Risiko mittragen. Als nächstes bittet er eine Fernsehstation, ihm einen Teil des Filmbudgets vorzuschießen. Als Gegenleistung erhält diese das Recht, ab einem vereinbarten Datum in der Zukunft den Film auszustrahlen. Die Fernsehanstalt stellt einen Kreditbrief aus, der an eine Submissionsgarantie mit der Verpflichtung gebunden ist, daß der Produzent ein Budget vorlegt. Das tut er unter der Bedingung, daß ihm für die dafür benötigte Zeit eine Summe von $ 60 000 gezahlt wird. Da der Produzent bereits die Zusage von drei Hauptakteuren hat – des Filmstars, des Regisseurs und der Fernsehanstalt –, wird er das leicht erreichen. Und auf diese Weise geht die Sache weiter. Käme der Film nicht zustande, dann müßten diese drei ihre Pläne, Budgets und Cash-flow-Projektionen neu ausarbeiten. Der Produzent schwirrt im Lande umher und holt sich von Dutzenden von Leuten Zusagen für „feste Termine“ und für Gebühren und Zahlungen. Zusammen ergibt das ein kräftiges Antriebspotential.

In der Filmindustrie ist jedermann – die Verleihfirma, die Geldgeber und die Fernsehanstalt ausgenommen – ein Agent oder Unternehmer, wie man es nennen könnte, der von der Hand in den Mund lebt. Verpflichten diese Leute sich, jemandem für einen bestimmten Zeitraum in der Zukunft ihre Dienste zur Verfügung zu stellen, dann kommt es teuer und kostet Mühe, diese Pläne später abzuändern. Die Schauspieler sind natürlich sehr daran interessiert, daß der Film gedreht wird, und geben dem Produzenten ebenfalls Hilfestellung. Sie erweitern den Kreis seiner Kontakte, um die Fertigstellung des Films sicherzustellen.

Diese Strategie, andere Menschen für die eigenen Ziele einzuspannen, können Sie auch auf Ihre Firma übertragen, um Barmittel für ein Projekt, für eine Erweiterung des Betriebs, eine Geschäftsübernahme oder die Erschließung und Entwicklung von Immobilien zu beschaffen. Sie sollten Kontakte mit allen Leuten in Ihrem Umfeld aufnehmen, denen der Erfolg Ihres Plans von Nutzen wäre. Beziehen Sie wirklich *alle* Personen, Behörden und Institutionen ein, die einen Vorteil davon hätten.

Beginnen Sie mit dem Leiter der *Behörde für wirtschaftliche Entwicklung*. Schließlich ist es seine Aufgabe, Arbeitsplätze in seiner Region zu beschaffen. Vielleicht strebt er auch eine politische Laufbahn an, was Aussicht auf Erfolg hätte, wenn er Mitbürgern Arbeitsplätze verschafft. Er wird Ihnen Auskunft darüber geben, was an staatlichen Finanzhilfen, an Hilfestellungen für Berufsausbildung, Steuervergünstigungen und sonstigen wirtschaftlichen Hilfsprogrammen verfügbar ist. Zumindest sollten Sie den Mann einspannen, um neue Kontakte zu knüpfen – die Namen von Anlegern von Risikokapital, wohlhabenden Anlegern und regionalen Rentenfonds großer Unternehmen zu erfahren, die für Sie hilfreich sein könnten.

Ein zweiter bedeutender Mitspieler wäre der Leiter der Energieversorgungsbetriebe Ihrer Region. Mehr Menschen verbrauchen mehr Strom, also zieht auch sein Unternehmen Nutzen daraus, wenn mehr Arbeitsplätze geschaffen werden. Aus diesem Grunde nutzen Elektrizitätswerke gewöhnlich einen Teil ihres Kapitals – häufig die Pensionsfonds ihrer Beschäftigten – für Investitionen in innovative Unternehmen in der Region. Innovationen bedeuten Problemlösungen für eine ganze Reihe von Menschen. Sie können Unternehmen stärken und mehr Arbeitsplätze schaffen. Das wiederum bringt verstärkten Umsatz an Energie. Sie sollten daher versuchen, die Energieversorgungsunternehmen für Ihr neues Produkt oder Projekt zu interessieren. Geben Sie ihnen das Gefühl, daran teilzuhaben. Weist man ihnen einen Anteil am erfolgreichen Projekt zu, dann werden diese Unternehmen Ihnen entweder bei der Finanzierung direkt behilflich sein oder Ihnen Zugang zu anderen Finanzierungsquellen verschaffen.

Sie sollten auch Manager von *Pensionsfonds* in Ihrer Region ansprechen, um herauszufinden, ob sie Interesse hätten, einen Teil des von ihnen verwalteten Kapitals in Risikoprojekte zu investieren. Auch die Investmentabteilungen kommerzieller Banken kommen dafür in Frage, weil sie häufig Vermögenswerte von Pensionsfonds verwalten. Ärzteorganisationen verfügen häufig über beträchtliche Pensionsfonds, und es könnte für sie von Interesse sein, wenn Ihr Projekt etwas mit der medizinischen Wissenschaft zu tun hat. Sie könnten medizinischen Beratern eine Position im Aufsichtsrat und zusätzliche Optionen auf Aktien anbieten.

Versicherungsgesellschaften sind sehr daran interessiert, in Innovationen zu investieren. Fast alle, die Vermögenswerte von mehr als $ 150 Millionen verwalten, haben in Risikokapital-Fonds investiert oder direkte Risikoinvestitionen vorgenommen. Nach den Vorschriften der staatlichen Versicherungsaufsicht dürfen Versicherungsgesellschaften etwa 5 Prozent ihrer Vermögenswerte in Wertpapiere investieren, die keine Zinsen bringen. Diese 5 Prozent wachsen jährlich im selben Maße wie die Vermögenswerte der Gesellschaft. Die Versicherungsgesellschaft erzielt aus ihrer Investition Kapitalgewinne. Als Gegenleistung für ihre Investitionsentscheidung kann man beispielsweise die leitenden Manager der eigenen Firma, die Fabrikanlagen, Ausrüstungen und sonstige Teile des Projekts bei ihr versichern. Für die Versicherungsgesellschaft als solche ist das zwar kein besonderer Anreiz. Spannt man jedoch den führenden Versicherungsagenten der Region ins Projekt ein und läßt ihn die Sache vor dem Investmentausschuß seines Unternehmens ausfechten, dann werden die von Ihrer Firma gezahlten Versicherungsprämien für ihn persönlich wichtig sein. Er wird sich ausrechnen, was ihm das einbringt. Vielleicht wollte er sich ein Boot anschaffen, was ihm dann leichter fallen würde. Also wird er sich bei seiner Geschäftsleitung sehr für Sie einsetzen.

Auch die Lieferanten von Ausrüstungen und Inventar sollten Sie wegen Ihres Projekts ansprechen. Fred Smith brachte die $ 96 Millionen zur Gründung seiner Federal Express Corporation dadurch auf, daß er zunächst Kontakt mit seinem Hauptlieferanten aufnahm, der General Dynamics Corporation. Von ihr wollte er Hunderte von Jet-Flugzeugen des Typs Falcon kaufen. General Dynamics übernahm einen Teil der Anlauffinanzierung. Diese hohe Beteiligung demonstrierte anderen Mitspielern beträchtliches Vertrauen in das Projekt, weil der Lieferant Kapital riskierte und erweiterte Liefer- und Kreditbestimmungen zugestand.

Sogar die *Universität* am Ort könnte zu einer Finanzierungshilfe in der Lage sein. Beruht Ihr Projekt auf wissenschaftlicher Grundlage, könnte die Universität sich auf ein Joint venture mit Ihnen einlassen und wissenschaftlichen Beistand leisten oder Laborraum zur Verfügung stellen. Außerdem könnte sie einen Gruppentest Ihres neuen Produkts kostenlos durchführen. Haben einige Ihrer Mitarbeiter einst an dieser Universität studiert, dann könnte ein Besuch bei der Verwaltung des Stiftungsvermögens lohnend sein, die vielleicht an einer interessanten Investition interessiert ist. Viele Universitäten investieren in Fonds für Risikokapital oder investieren direkt. Das Grinnel College investierte in Intel Corporation in einem frühen Stadium. Die Rochester University investierte in Xerox Corporation, als diese sich zu entwickeln begann. Heute verfügen beide Universitäten über Stiftungsmittel von vielen Millionen Dollar. Als Gegenleistung für die Investition der Universität könnten Sie vereinbaren, zu einem späteren Zeitpunkt aus persönlichen Kapitalgewinnen eine Schenkung für den Stiftungsfonds vorzunehmen. Außerdem könnten Sie zusagen, Buchhalter einzustellen, die an der Wirtschaftsfakultät der Universität studiert haben.

Wer sonst noch könnte Vorteile aus einer Zusammenarbeit ziehen? Als William C. Norris im Jahre 1967 die Control Data Corporation gründete, tat er das mit einer persönlich garantierten Effektenemission. Er und sein leitender Finanzmanager Willis K. Drake tranken zahllose Tassen Kaffee mit potentiellen Anlegern in Mrs. Strandy's Coffee House in St. Paul, Minnesota. Als der Aktienverkauf eines Tages zu langsam verlief, sprach Norris beim Vorstandsvorsitzenden der 3M Corporation vor und zeichnete ihm ein glänzendes Bild der zu erwartenden Entwicklung – jedoch ohne Erfolg. Während die Anleger, mit denen er sich im Café getroffen hatte, zu Millionären wurden, mußte sich der Vorstandsvorsitzende der 3M Corporation mit sauren Trauben zufriedengeben.

Lassen Sie sich nicht durch Ablehnungen entmutigen. Das Aufbringen größerer Summen ist ein Spiel, bei dem man erst nach mehreren Versuchen zum Zuge kommt. Man muß fünf potentielle Geldquellen aufsuchen, um *einen* Anleger zu finden. Bei jeder Ablehnung sollte man sich nach den Gründen erkundigen und aus ihnen lernen. Einige Firmenchefs glauben, ein nachdrückliches Nein sei für sie die beste Antriebskraft. Das motiviere sie nämlich dazu, es den „Bastarden" zu zeigen, wie falsch sie gelegen haben. Bruce Engel, der sein Unternehmen WTD durch seine persönliche Bürgschaft aus dem Konkurs führte, bezieht seine Motivation eher aus Ängsten denn aus Absagen. Dem Wirtschaftsmagazin *Success* sagte er: „Lebe mit der Furcht und vollbringe Dinge, auf die Du stolz sein kannst."

Kommerzielle Bankiers scheuen das Risiko und sind in der Regel nicht geneigt, Hilfen in Form von Barvorschüssen zu bewilligen. Man kann sie jedoch fragen, was sie nach Anlaufen des Projekts tun könnten. Vielleicht erklärt sich eine Bank bereit, von Anfang an Ihre Konten für Außenstände zu finanzieren, noch bevor Ihre

Firma einen positiven Nettowert darstellt. Vielleicht bewilligt sie einen Kredit für die Anschaffung von Ausrüstungen, stellt ein Kreditkartenkonto bereit, finanziert ein Raumverteilungs-Inventar, gibt Ihnen eine zweite Hypothek oder gibt leitenden Angestellten Kredite für den Erwerb von Aktien, abgesichert durch deren Häuser, Autos oder Boote. Sprechen Sie ausführlich mit mehreren Bankiers und versuchen Sie, einen von ihnen zu einer Starthilfe zu bewegen, wobei Sie als Gegenleistung die Konten der Firma von dieser Bank verwalten lassen.

Unternehmensberater haben gewöhnlich ausgezeichnete Verbindungen zu Personen, die etwas in Gang bringen können. Es gibt die Redewendung „New York ist eine Stadt, deren Einwohner sehr gewitzt im Aufspüren von Geld sind". Vielleicht findet solch ein New Yorker Unternehmensberater das noch fehlende Teilchen im Puzzle: die Versicherung, die einen Ausrüstungskredit finanziert, oder einen Geldgeber für die Kapitallücke, den Publicity-Zauberer, der Ihre Story in der *New York Times* unterbringt, die nützliche Tauschhandelsfirma und so weiter. Der Manager einer kleinen Firma sollte andere Firmen nach Namen von Unternehmensberatern fragen, die ihnen geholfen haben. Prüfen Sie deren Referenzen. Ihr Honorar sollte an den Erfolg Ihrer Tätigkeit gebunden sein. Machen Sie das ganz deutlich, und sichern Sie sich den vollen Einsatz der Berater für Ihre Firma.

Wen man sonst noch einbinden kann

Selbst wenn Sie schon ein rundes Dutzend Personen außerhalb der Firma sowie Unternehmensberater in Ihre Sache einbezogen haben, bemühen sich immer noch nicht genug wichtige Leute um die Beschaffung von Barmitteln für das Projekt. Andere müssen hinzukommen. Eine Firma, die in Schwierigkeiten gerät, muß dafür sorgen, daß auch andere in Mitleidenschaft gezogen werden, wenn sie selbst scheitert. Ich habe einmal mit einer Managerin zusammengearbeitet, die genau wußte, wie man das erreichen kann. Als Spezialistin für Public Relations brachte sie Repräsentanten von acht Organisationen sowie Einzelpersönlichkeiten in einem Konferenzraum zusammen und machte jeden einzelnen für einen Aspekt der Finanzierung der Akquisitionen und sonstiger Angelegenheiten verantwortlich. Sie holte für Projektionen der Jahresbilanzen Buchprüfer heran, deren Bezahlung sie vom erfolgreichen Abschluß des Projekts abhängig machte. Auf ähnliche Weise wurden die Anwälte mit der Zusicherung späterer Gewinnbeteiligung verpflichtet. Die örtliche Behörde für wirtschaftliche Entwicklung, zu deren Aufgaben das Beschaffen neuer Arbeitsplätze in der Region gehört, wurde gedrängt, tiefer in die Tasche zu greifen. Der Versicherungsagent, der auf saftige Prämien für die Versicherung der leitenden Manager sowie auf Abschluß von Haftpflicht- und sonstigen Versicherungen hoffen konnte, wenn er Geld auftrieb, wurde unter Druck gesetzt, seinerseits einen Kredit oder eine kreative Form der Finanzierung aufzutreiben. Der Börsenmakler, der im Erfolgsfall die neue Aktienemission des Unternehmens unter die Leute bringen sollte, wurde gebeten, seine Kartei nach Namen von Anlegern zu durchforsten. Eine für Kreditbürgschaften zuständige Bundesbehörde wurde um entsprechende Hilfestellung ersucht. Der Leiter der kommerziellen Bank, die eventuell einen Teil der Transaktion finanzieren und dann die Konten verwalten sollte, wurde zu stärkerem Engagement aufgefordert, desgleichen der verantwortliche Manager der kommerziellen Finanzierungsgesellschaft, die als zusätzlicher Kreditgeber vorgesehen war. Auch einen Anleger von Risikokapital, der die letzte Kapitallücke füllen konnte, lud die Managerin ein. Sie brachte alle in einem kleinen Saal zusammen, bewirtete sie mit auserlesenen Speisen und Getränken und fungierte bei der Diskussion als Katalysator, um nach Möglichkeit einen Abschluß zustande zu bringen. Sie umschmeichelte sie, scherzte und lachte mit ihnen und ließ immer wieder Wein und Speisen auftragen. Nach dem Ende des Treffens kannte jeder Teilnehmer seine Rolle und wußte, wann er zur endgültigen Unterzeichnung erscheinen sollte. Alle Professionals taten ihre Arbeit mit der Einwilligung, daß sie beim Scheitern des Projekts nicht bezahlt werden würden. Um die örtlichen Behörden auf Trab zu bringen, bediente die Managerin sich der Presse. Sie ließ darin verlauten, es würden je nach Sachlage mehrere hundert Arbeitsplätze neu geschaffen oder zumindest gerettet. Sollte das Projekt scheitern, mußten die Behörden und nicht sie mit der Entrüstung der Öffentlichkeit fertig werden. Spannt man Personen in ein Projekt ein, deren Bezahlung vom Erfolg abhängig gemacht wird, dann rührt sich gewöhnlich auch etwas. Die Dame wußte genau, wie man aus anderen Leuten das Höchstmögliche herausholt.

Die große Bedeutung eines aktiven Vorstands

Die stärkste Unterstützung sollte natürlich der Vorstand des Unternehmens geben. Deshalb ist es so wichtig, einen wirklich aktiven Vorstand zu berufen. Er sollte aus erfahrenen Geschäftsleuten bestehen, nicht aus Anwälten, Bilanzbuchhaltern oder Bankiers. Die Vorstandsmitglieder sollten wirtschaftliche Abschwünge erlebt, sich durch Krisen wieder nach oben gearbeitet und auf Märkten behauptet haben, die von anderen endgültig aufgegeben wurden. Sie sollten auch wissen, wie man die Produktion steigert, einen Marketingplan aufstellt und verwirklicht, wie man mittlere Manager findet, interviewt, einstellt, bezahlt und anleitet. Sie sollten Erfahrung haben, wie man in neue Märkte einsteigt und Mitarbeitern kündigt, ohne verklagt zu werden. Ein gut reagierender und intelligenter Vorstand läßt sich finden, wenn man dessen Mitglieder mit eigener Beharrlichkeit, Klugheit, Wettbewerbsfähigkeit und den Wachstumsaussichten der Firma beeindruckt. Versäumen Sie auch nicht, ihnen einen kleinen Anteil an den Stammaktien der Firma billig zu überlassen.

Sind Sie gewandt in Kommunikation?

Das Beschaffen von Kapital erfordert gute Fähigkeiten der Kommunikation und Redegewandtheit. Manager haben zwar häufig alles im Kopf – den Überlebensplan, das Wachstum, den schließlichen Erfolg –, doch können sie das alles den wichtigen Personen in ihrem Unternehmen nicht klar genug vermitteln.

Im Geschäftsleben ist die Kommunikation von oben nach unten oft ausgesprochen miserabel. Der Chef hat zwar die Identität seines Unternehmens, die Produktentwürfe, den Marketingplan und die Werbepläne gut im Kopf. Er hat auch durchaus die Absicht, seine Leute zusammenzurufen und jedem die Rolle zu erklären, die er spielen soll. Doch gibt es stets so viele andere Probleme, mit denen er sich beschäftigen muß. Und plötzlich läuft ihm die Firma aus dem Ruder, mit voraussehbarem Ergebnis. Der Umsatz einiger Produkte geht zurück, während die Umsätze anderer steigen. Personal kommt und geht; es gibt zufriedene Kunden, andere dagegen verklagen die Firma. Die Geschäftsergebnisse sind insgesamt unausgeglichen, und die Produktivität ist niedriger, als sie sein könnte.

Normalerweise sind solche Schwierigkeiten Teil eines umfassenden Problems oder einer ganzen Reihe von Problemen. In solchen Fällen ist es nicht unüblich, den Hauptgeschäftsführer durch einen erfahrenen Topmanager zu ersetzen. Ein Kommunikationsberater könnte in der Lage sein, das Problem zu orten, wenn (1) der kommerzielle Bankier nicht kooperieren will, (2) die Anleger kein zusätzliches Kapital herausrücken wollen und (3) Kunden sich über den Service beklagen.

Man sollte einen Kommunikationsberater hinzuziehen, der sich mit den entscheidenden Mitarbeitern im Unternehmen unterhält und dafür sorgt, daß sie genau wissen, was von ihnen erwartet wird, und der darauf achtet, daß sie die ihnen übertragenen Aufgaben gut wahrnehmen. Natürlich erfordert dieser Vorgang mehrere Tage; denn ein gründliches Interview nimmt gewöhnlich mehr als eine Stunde in Anspruch.

Sobald der Berater die Interviews analysiert und zusammengefaßt hat, trägt er das Ergebnis einem Ausschuß des Vorstands vor. In vielen Fällen kennt die Hälfte der Mitarbeiter und Manager nicht die übergeordnete Zielsetzung des Unternehmens und auch nicht die ihnen dabei zugedachte Rolle. Kennen sie sie doch, dann fehlt ihnen eine gute Definition, und ganz sicher wissen sie nicht, ob sie tun, was man von ihnen erwartet.

Vermeiden Sie eine Odyssee!

Leider gibt es Menschen, die noch die Goldmünzen von den Augenlidern verstorbener Sizilianer stehlen würden, die zur Beerdigung aufgebahrt sind. Diese Parias haben Adleraugen, den Geruchsinn von Bussarden und den Jagdinstinkt von Falken. Sie finden heraus, daß es Ihrer Firma an Barmitteln mangelt und empfehlen Ihnen die haarsträubendste Odyssee, auf der Sie Geld auftreiben könnten.

Mit großem Pathos schlagen sie vor, Ihnen „eine erstklassige internationale Bankgarantie" zu vermitteln. Diese Leichenfledderer fordern dafür eine Vorauszahlung von $ 25 000, obwohl Sie den Kredit selbst arrangieren müssen, wobei der Garant angeblich eine „erstklassige internationale Bank ist". In Wirklichkeit existiert weder eine Glücksfee noch eine erstklassige internationale Garantie, auf die hin Ihr Bankier Ihnen Kredit geben würde. Danken Sie dem Anbieter dieser einzigartigen Finanzquelle und bitten Sie ihn, er möge Ihnen doch die Namen von fünf zufriedenen Kunden nennen, mit denen Sie gerne sprechen würden. Er wird das nicht tun, und für Sie ist der Kontakt damit beendet.

Ein anderer Anrufer wird Ihnen einen $ 10-Millionen-Kredit einer Versicherungsgesellschaft anbieten, mit dem Sie Ihren Bedarf an $ 3 Millionen decken können. Sie erhalten den kleineren Betrag, müssen jedoch den größeren zurückzahlen und dem Geldgeber dabei einen beträchtlichen Zinsgewinn sichern, $ 100 000 monatlich für $ 3 Millionen, auf eigene Gefahr. Die anderen $ 7 Millionen plus Gebühren werden in Schatzanweisungen angelegt. Falls Ihre Mutter nicht einfältige Kinder aufgezogen hat, sollten Sie ein solches Geschäft ebenfalls ablehnen. Bitten Sie den Anrufer höflich um Referenzen zufriedener Kreditnehmer, und wenn er davon Abstand nimmt, was er bestimmt tun wird, dann lehnen Sie sein Angebot dankend ab.

Den Geldgeber soll man stets kennen! Leihen Sie niemals Geld aus unbekannten Quellen – etwa „arabisches Geld" –, weil es sich dabei um Leute handeln kann, die an Zigarrenstummeln kauen und aus dem Mundwinkel sprechen. Zu deren Methoden des Geldeintreibens gehört, daß sie Ihrer Großmutter in die Kniescheibe schießen. Meine Faustregel: Wer den Geldgeber nicht bedenkenlos zum Abendessen mit der eigenen Familie einladen würde, sollte lieber auf diesen Kredit verzichten.

Da wir schon einmal bei diesem Thema sind, möchte ich noch von zwei anderen unlauteren Typen abraten. Der Verkäufer von Firmenmänteln stürzt sich auf finanziell schwache Unternehmen, die verzweifelt nach Kapital suchen. Er hat öffentliche Unternehmen an der Hand, die weder Vermögenswerte noch Verbindlichkeiten aufzuweisen haben – also auch keinen Cash. Er wird jedoch versuchen, Sie dazu zu überreden, Ihre Privatfirma mit dem öffentlichen Firmenmantel zu verschmelzen und ihm dafür eine Gebühr zu zahlen. Warum sollten Sie darauf hereinfallen? Aus Eitelkeit.

Das Argument Eitelkeit ist absolut fadenscheinig. Der Verkäufer des Firmenmantels sagt: „Charlie, 20 Millionen Aktien sind ausgegeben. Nach der Fusion werden Sie davon 16 Millionen haben, die

Öffentlichkeit 2 Millionen, und ich werde mich an die restlichen 2 Millionen halten. Wir werden Ihre Story einigen Maklern erzählen, die die meisten freien Wechselkurse kontrollieren, und der Preis der Aktie wird steil nach oben schnellen. Charlie, das bringt Ihnen im Handumdrehen $ 4 Millionen. Mann, oh Mann! Sie verdienen es, reich zu werden!“ Was für eine liebliche Musik. Welch schöne Dichterworte. Doch Sie sollten Ihre Ohren vor diesem Sirenengesang zustopfen und nicht auf ihn achten.

Zusammenfassung

Stolpert Ihre Firma auf unwegsamem Gelände, dann ziehen Sie intelligente Leute hinzu, die Ihnen helfen können, und arrangieren Sie es so, daß sie ebenfalls zu leiden haben, wenn es mit Ihnen abwärts geht. Nehmen Sie Verbindung mit führenden Persönlichkeiten Ihrer Gemeinde auf. Verpflichten Sie Anwälte und Buchhalter, die Ihnen in der Honorarfrage entgegenkommen. Meiden Sie seltsame Angebote zur Kapitalbeschaffung sowie sonstige Offerten, die im voraus Kommissionen fordern. Denken Sie wie ein selbständiger Filmproduzent. Lehnen Sie Geld aus unbekannten Quellen ab.

Kapitel 7

Organisieren Sie ein Seminar!

Jetzt denken Sie vielleicht, ich hätte nicht alle Tassen im Schrank. Da stecken Sie mitten im heftigsten Überlebenskampf, den Sie jemals zu bestehen hatten. Ihr Buchhalter muß täglich ein Dutzend aggressiver Anrufer abwimmeln. Der Abteilung Herstellung fehlen die Zubehörteile, und sie kann Ihr Produkt nicht ausliefern. Ihr Verkaufsleiter und Stellvertreter kann seine Vertriebsleute nicht mehr halten, weil sie keine Ware mehr zum Ausliefern haben. Der Gerichtsvollzieher erscheint täglich mit ganzen Bündeln von gerichtlichen Forderungen. Ihr Bankier hat Ihnen eine Frist von zwei Wochen für die Rückzahlung eines Kredits gesetzt, für den Sie persönlich gebürgt haben. Sie haben schon ewig keinen positiven Telefonanruf mehr entgegengenommen, so daß Sie beim Läuten des Telefons das Gefühl übermannt, Sie würden jetzt am liebsten nach Hause gehen, den Hund kraulen und sich ein paar Schmeicheleinheiten holen. Und in dieser Situation komme ich daher und schlage vor, Sie sollten ein Seminar organisieren.

Vielleicht sollten Sie die Sache einmal folgendermaßen sehen. Sie verfügen über Verstand und sind ein ausgezeichneter Kommunikator. Wie hätten Sie sonst Ihre Firma aufbauen können? Also schalten Sie jetzt den richtigen Gang in Ihrem Kopf ein, machen von Ihrer Redegewandtheit Gebrauch, bringen ein paar Leute zusammen und bearbeiten sie. Ein Seminar zu verkaufen ist die billigste Art, ein Produkt auf den Markt zu bringen. In Seminaren werden Ideen geboren, kommen wichtige Informationen ans Tageslicht, treten Kunden und Optionen in Erscheinung. Das sind alles Dinge, die Sie brauchen. Lassen Sie mich zeigen, wie Sie das für sich ausnutzen können.

Die Rolle von Interessenverbänden

Senator Frank R. Lautenberg, ein ungewöhnlich einfallsreicher Manager, führte in den siebziger Jahren die Firma Automatic Data Processing (ADP) zu beträchtlichem Wachstum. Nach einer öffentlichen Aktienemission in Höhe von $ 6 Millionen machte er sich auf die Suche nach Dienstleistungsfirmen für EDV, die er akquirieren könnte. Die Ergebnisse waren jedoch mager und die Kosten der Suche hoch. Eine Reise nach Kentucky verlief ebenso ergebnislos wie ein Flug nach San Diego. Darauf sagte Lautenberg: „Bringen wir doch die Übernahmekandidaten zu uns. Wir werden einen Verband gründen." Aus diesem Bedarf an übernahmebereiten Firmen wurde die Association of Data Processing Service Organizations (ADAPSO) geboren, zu deren Aufgaben heute das Lobbying, Festsetzen von Standards und die Vermittlung von Informationen gehört.

Bei der ersten Zusammenkunft der ADAPSO sprach Lautenberg nur von den Übernahmeplänen seines Unternehmens und setzte sich dann wieder, während andere das Wort ergriffen. Da wurde auf einmal eine zusammengefaltete Serviette nach der anderen am Tisch für Lautenberg weitergereicht, der sie höflich auf seinem Schoß entfaltete und die darauf geschriebenen Mitteilungen las. „Wir sind bereit, zu verkaufen. Rufen Sie mich auf Zimmer 240 an, Jim Smith", hieß es auf einer der Servietten. Auf eine zweite hatte der Verkäufer seine Jahresbilanz gekritzelt. Auf einer dritten war zu lesen: „Wir möchten gerne mit Ihnen über eine Übernahme sprechen. Rufen Sie Bill auf Zimmer 118 an." Ohne daß er New Jersey verlassen mußte, fand der ADP-Verstandsvorsitzende ein Dutzend solide Kandidaten für eine Geschäftsübernahme. Damit begann eine Reihe von Übernahmen, entwickelte sich eines der gewinnbringendsten Unternehmen des ganzen Landes.

Gibt es für Ihre Branche oder geschäftliche Nische einen Verband? Wenn ja, würden dann ein- oder zweimalige Begegnungen der leitenden Personen im Jahr Ihnen günstige Gelegenheiten bieten? Denken Sie einmal darüber nach. Vielleicht erfahren Sie bei einem solchen Treffen etwas über die Stärke der Rezession in anderen Teilen des Landes, bieten sich Gelegenheiten, im Rahmen eines Konkursverfahrens fremde Firmen zu übernehmen oder überhaupt an billige Akquisitionen zu kommen? Wenn Sie einen solchen Verband gründen, könnten Sie einen Zwischen- oder einen Tauschhändler als Redner einladen und ihm anschließend von Ihrem attraktiven Inventar mit langsamer Umsatzgeschwindigkeit erzählen.

Bei der ersten Zusammenkunft des Verbands könnten Sie den Verkauf einer Abteilung, eines Produktionszweigs oder Ihrer ganzen Firma ankündigen. Warum wollen Sie in Wirtschaftszeitungen annocieren oder einen Makler für Firmenzusammenschlüsse und Akquisitionen hinzuziehen? Verkünden Sie bei der Konferenz einfach, daß Sie Ihre Firma verkaufen wollen. Sie könnten das etwas höflicher formulieren. Sagen Sie, Sie würden gerne Bereiche gegenseitiger Interessen mit vergleichbaren Firmen erkunden, in der Hoffnung, eine wechselseitig lohnende Beziehung zu entwickeln. Die anderen Konferenzteilnehmer werden den eigentlichen Sinn dieser Bemerkungen schon verstehen.

Verbände oder Vereinigungen sind nicht auf Gewinn bedachte Fachgruppen, deren erklärtes Ziel es ist, den Mitgliedern bei schädlichen gesetzgeberischen Maßnahmen beizustehen und Qualitätsnormen festzusetzen. Ältere Verbände, bestehend aus blaublütigen Fossilien der Branche, versuchen, positive Innovationen zu stoppen. Neue Verbände sind dagegen jedoch ziemlich gefeit. Die National Venture Capital Association spricht für alle Risikokapital-Fonds und versucht, die Erhöhung der Kapitalgewinnsteuern zu bremsen. Die Frage ist jedoch nicht, was schon bestehende Verbände tun oder nicht tun. Hier geht es darum, wieviel Cash Sie durch Gründung einer neuen Vereinigung beschaffen können. Die Antwort darauf lautet wahrscheinlich „sehr viel“.

Auch Klubs können wichtig sein

Als ich 1981 von New York City nach Santa Fe in New Mexico umzog, war eine meiner ersten Aktionen dort die Gründung eines Klubs. Wer wie ich sein Leben mit Dienstleistungen für Unternehmer bestreitet, der muß potentielle Klienten persönlich treffen. Wenn Sie in den Straßen von New York City laut rufen würden „Ist jemand von euch Unternehmer?", dann würden sich sofort ungefähr 20 Leute melden. Im New Mexico des Jahres 1981 gab es aber nicht viele Unternehmer. Die Volkswirtschaft dieser Gegend basiert auf Erdöl, Landwirtschaft und Tourismus, und es existieren nur fünf von der Bundesregierung finanzierte wissenschaftliche und militärische Einrichtungen.

Ich gründete den Venture Capital Club of New Mexico, also einen Klub für Anleger von Risikokapital, als Forum für Unternehmer, die einmal monatlich zusammenkommen, Ideen austauschen und Anleger, Anwälte, Buchprüfer und Werbeberater treffen. Zugleich vermochte dieser Klub unternehmerisch aktive Firmen zu interessieren, die für mich wichtig sein konnten. Während der vergangenen sieben Jahre hat der Venture Capital Club of New Mexico mehr als 2500 Unternehmern aus dem ganzen Südwesten Hilfe geleistet. Ich habe auch Unternehmer in über 20 Städten besucht und ihnen geholfen, ihren eigenen Klub zu gründen.

Neue Ideen fließen schnell, sobald die einzelnen Teilnehmer sich zu Worte melden und in drei Minuten ihre Geschäftspläne vortragen. Zahlreiche Unternehmen haben durch den Klub Kapital aufgebracht. Noch wichtiger ist jedoch, daß ihr unternehmerisches Verhalten dadurch besser verstanden wird. Anleger von Risikokapital aus New York und San Francisco haben im Klub gesprochen und ein paar Millionen Dollar in New Mexico gelassen, weil sie dort ein Forum antrafen, das ihnen eine Vielfalt guter geschäftlicher Möglichkeiten präsentierte.

Mein Gedanke, einen Klub zu gründen, war das Ergebnis widriger Umstände. Ich hätte den Venture Capital Club of New Mexico nicht in Gang gebracht, wäre mein Cash-flow 1981 stärker und kontinuierlicher geflossen. Ein Investmentbankier kann nicht von geringfügigen Geschäftsabschlüssen leben.

Ein Hersteller kann von marginalen Kunden ebensowenig leben wie eine Dienstleistungsfirma von gelegentlichen Klienten. Zeiten, in denen Mangel an Barmitteln herrscht, sind am geeignetsten, einen Klub zu gründen, um Kunden oder Klienten für ein Seminar anzulocken. Das Ziel ist, *Sie* selbst als Vermittler von Informationen und Hilfsleistungen herauszustellen, entweder an Angehörige derselben Branche oder an potentielle Kunden und Klienten, die im Rahmen der Produktion oder Dienstleistung Informationen oder Hilfestellung benötigen.

Der falsche Weg zur Klubgründung wäre, in Ziegel und Mörtel zu investieren und ein Gebäude im Stil der großen weißen Info-Mart Prachtbauten (Informationszentren) in Boston, Atlanta oder Dallas zu bauen. Der Klub soll vielmehr informell, mobil und unauffällig sein. In einem solchen Rahmen haben die Leute keine Angst, ihre Naivität zu zeigen. Da stellen sie eher Fragen, machen ihren Bedarf an Hilfe deutlich, sprechen von ihren diversen Problemen – und das alles mit einem Cocktail in der Hand oder während eines gemeinsamen Abendessens der Konferenzteilnehmer.

Noch eines ist wichtig. Hat der Klub Erfolg, dann wird Ihre Region einen guten Ruf als Einflußzentrum erwerben. Leute werden von weither kommen, um ihre Erfahrungen zu erweitern, wenn der Informationsfluß gut ist. Was immer Sie herstellen, seien es Geräte zur körperlichen Ertüchtigung, Produkte für Haustiere oder Satellitenempfangsgeräte: Sie können einen Dinnerklub organisieren, bei dem Hersteller, Verbraucher und Gesinnungsgenossen sich monatlich treffen. Fällt es schwer, das Budget für die Versendung der Einladungen oder das Honorar eines Gastredners aufzubringen, dann bitten Sie eine der Revisionsfirmen, zum Budget des Klubs beizutragen. Diese Revisionsfirmen sind die größten Angler in der Geschäftsgemeinde. Sie haben größtes Interesse daran, ihre Angel in einem Teich von 30 bis 50 Geschäftsleuten auszuwerfen.

Wichtig ist es, bei einer Klubversammlung gute Redner zu haben und eine energische und leidenschaftliche Diskussion in Gang zu bringen. Nach dem Essen sollte jeder Teilnehmer an seinem Platz aufstehen, seinen Namen nennen und etwas über seine Firma sagen. Da wird es Leute geben, die nur sagen: „Mein Name ist Phil Schultz, und ich bin hergekommen, um etwas über das heutige Thema zu lernen." Sobald jeder Teilnehmer sich kurz geäußert hat, lockert sich die Stimmung, und die Teilnehmer sind aufnahmebereit für den Vortrag des Redners.

Man kann einen Klub zu einem Verband, einer Handelsorganisation oder einer sonstigen beitragspflichtigen Organisation ausbauen, die die Interessen einer großen Zahl von Mitgliedern wahrnimmt. Der Struktur nach kann sie flexibel und amöbenhaft fähig zu weiterem Wachstum sein. Man kann sie jedoch auch klein halten und nur auf die Bedürfnisse einer bestimmten Region ausrichten. Ob größer oder kleiner – die Klubidee ist ein guter Weg, Kunden, Klienten, Publizität zu schaffen, neue Ideen, die Bargeld hervorbringen, sowie langfristige Produkt- oder Dienstleistungsideen.

Fachausstellungen

Die nächsthöhere Ebene nach Verbänden und Klubs sind Fachausstellungen. Verbände dienen dem nicht auf Gewinn zielenden Informationsaustausch, der den Branchenmitgliedern hilft, Kontakte herzustellen. Fachausstellungen dagegen sind jährlich oder halbjährlich stattfindende Handelsschauen, auf denen die Verkäufer ihre Produkte in langen Reihen gut dekorierter Boxen zur Schau stellen, während die Besucher vorbeikommen und in Erfahrung bringen, was es an Neuem gibt, was diese Neuheiten kosten und wann sie auf dem Markt sein werden. Handelsschauen sind Arbeitssitzungen für Verkäufer und Käufer gleichermaßen. Die glanzvollste ist wohl das Filmfestival von Cannes, doch hat jede einschlägige Branche ihre eigene interessante Schau. Hat die Branche, der Sie als Hersteller angehören, oder für die Sie sich besonders interessieren, noch keine Handelsausstellung, dann ist das die beste Gelegenheit, eine solche in Gang zu bringen. Die Fachausstellung der Computerindustrie – COMDEX – wurde 1971 von einem Außenseiter gestartet und ist inzwischen so gewachsen, daß den Ausstellern die Betten eines einzigen Großstadthotels nicht mehr genügen. Daher gibt es jetzt jährlich drei COMDEX-Ausstellungen. Es lohnt sich, dem Entstehen, dem Wachstum und der Entwicklung der COMDEX-Idee ein paar Minuten zu widmen. Es könnten sich dabei Hinweise zum Nutzen Ihres eigenen Unternehmens ergeben.

Sheldon Adelson, 54 Jahre alt, wurde aufgrund starken Absackens des Aktienmarkts im Jahre 1970 insolvent. Seit 1963 wirkte er als Kapitalbeschaffer und privater Anleger für neu gegründete Unternehmen, die er später zum Zwecke einer zweiten Finanzierung an der Börse notieren ließ. Als 1970 jedoch die Aktienpreise in den Keller fielen und der Markt für neue Emissionen austrocknete, war Adelson illiquide und verschuldet. „Eines Morgens wachte ich auf und fand mich mit 1,5 Millionen pleite", berichtete Adelson den Autoren des Buches *The Computer Entrepreneurs* (Robert Levring, Michael Katz, and Milton Moskowitz: New York: New American Library, 1984).

Er interessierte sich nunmehr für die Umwandlung von Miet- in Eigentumswohnungen, stieß dann jedoch auf ein billig zum Verkauf angebotenes Magazin. Im Jahre 1972 erwarb er das Magazin *Communications User*. Beim Besuch einer Fachschau für die Umwandlung von Eigentumswohnungen erfuhr er, daß der Sponsor der Fachschau ebenfalls ein Magazin herausgab. Der schon seit seinem 16. Lebensjahr unternehmerisch tätige Adelson stellte sich sofort Handelsschauen als „lebendige Magazine“ oder „Magazine in Fleisch und Blut“ vor. Nachdem er sein Magazin in *Data Communications User* umgetauft hatte, sponsorte Adelson 1973 seine erste Fachhandelsschau, die Data Communications Interface, auf der Hersteller von EDV-Geräten ihre Produkte Endverbrauchern vorstellten. Während der folgenden sechs Jahre lernte er gründlich, wie man Ausstellungen des Fachhandels organisiert. Als 1979 der Personal Computer auf den Markt kam, erkannte er sofort die Notwendigkeit einer entsprechenden Ausstellung für den Handel. Acht Monate später hatte er die Idee in die Tat umgesetzt und die erste COMDEX organisiert, eine händlerorientierte Fachhandelsschau, die ihre führende Rolle bis heute bewahrt hat. Tatsächlich läßt COMDEX ähnliche Veranstaltungen der Computerindustrie für Hobbyisten und für EDV-Fachleute von Firmen und Organisationen weit hinter sich.

Adelsons Firma, The Interface Group, stieg ins Anlagemanagement ein, um Fachhandelsausstellungen in 30 anderen Bereichen zu organisieren. Sie betätigt sich aber auch noch auf anderen einträglichen Gebieten, bietet Rundreisen an, publiziert die *COMDEX Show Daily* und sonstige Ausstellungszeitschriften, stellt Bücher und Materialien aller Art aus. Das Rundreisen-Geschäft der Interface Group ist heute das fünftgrößte in den Vereinigten Staaten. In seinem Empire beschäftigt Adelson mehr als 600 Leute. Seine Einkünfte übersteigen $ 200 Millionen.

Ein „lebendes Magazin“! Welch aufregendes Konzept. Sollte es für Ihre Branche bereits ein Magazin oder einen Informationsbrief geben – was hielten Sie von dem Gedanken, ein lebendes Magazin zu schaffen – eine Handelsschau? Die Einkommensquellen sind in diesem Zusammenhang so zahlreich, wie Ihre Phantasie es erlaubt:

1. Verkaufen Sie Ausstellungsraum.
2. Verkaufen Sie Anzeigen in den Ausstellungspublikationen.

3. Verkaufen oder mieten Sie Ausstellungskabinen, und legen Sie dort Materialien aus.
4. Kaufen Sie einen ganzen Block Hotelzimmer zum Weiterverkauf an Teilnehmer.
5. Kaufen Sie einen Block Flugzeugplätze zum Weiterverkauf.
6. Kaufen Sie Platz auf Anschlagtafeln, und verkaufen Sie ihn weiter.
7. Kaufen Sie Sendezeit bei der lokalen Fernsehstation, und bieten Sie sie Ausstellern an.
8. Kaufen Sie Fahrzeuge zum Vermieten.
9. Nehmen Sie die Vorträge und Diskussionen auf Band auf zum Verkauf an Interessenten, die nicht teilnehmen konnten.
10. Beschaffen Sie sich Geld von „offiziellen Sponsoren", etwa Herstellern von Konsumgütern.
11. Bieten Sie den Ausstellern Dienstleistungen verschiedenster Art an – Beförderung und Lagerung von Ausrüstungs- und Ausstellungsgegenständen, fertig eingerichtete Ausstellungskabinen.
12. Vermieten Sie Teilnehmerlisten an Interessenten.
13. Managen Sie andere Handelsausstellungen auf Vertragsbasis.
14. Kopieren Sie die oben angeführten einträglichen Maßnahmen bei allen Ausstellungen, die Sie managen.

Jede Fachausstellung muß einen Zweck haben. Es genügt nicht, nur ein Zusammentreffen von Angehörigen einer Branche in Ihrer Gemeinde zu organisieren. Die unzähligen Filmfestspiele, die überall im Lande kommen und gehen, sind der lebendige Beweis dafür, daß Fachausstellungen eines umfassenden Zwecks bedürfen, um erfolgreich und von Dauer zu sein. Sind Sie in der Branche Heimvideo und Audiokassetten tätig, dann nehmen Sie zur Kenntnis, daß diese beiden Branchen bisher keine Fachmessen veranstalten. Sie könnten der Sheldon Adelson dieser Märkte werden. Handelsausstellungen erfordern Planung und ein gewisses Vorauskapital, um Aussteller anzulocken. Normalerweise findet man jedoch unter den Herstellern von Konsumgütern und unter

Dienstleistungsorganisationen Sponsoren, die als Gegenleistung bei den Ausstellungen gebührend herausgestellt werden. Wirtschaftszeitschriften werden Sie darüber informieren, welche Branche noch keine Fachausstellungen organisiert. Doch sollten Sie sich dabei nicht allzu weit in Bereiche begeben, in denen Sie nicht über ausreichende Sachkenntnisse verfügen.

Die Veranstaltung von Seminaren

Dienstleistungsbranchen, vor allem die neueren, haben wahrscheinlich Bedarf an Seminaren. Tatsächlich gelten heute Seminare als eine Methode zur Vermittlung unternehmerischer Lösungen. Diese Geschäftsform wurde ursprünglich von Weight Watchers International dem amerikanischen Publikum nahegebracht. Es ist eine gängige Marketingtechnik für Dienstleistungen in den Bereichen Gewichtsabnahme, New-Age-Weltanschauungen, unternehmerisches Denken und Handeln, Investment, Ernährung, einer Vielfalt von Psychotherapien sowie allgemeiner Gesundheitsfürsorge. Wer auf einem dieser Gebiete tätig ist, sollte daran denken, zur Beschaffung von Barmitteln ein Seminar oder eine kontinuierliche Reihe von Seminaren zu organisieren.

Jean Neditch, der Gründer von Weight Watchers International, schuf sich mit dem Verkauf von Seminaren mehrere Kanäle für Einkünfte aller Art. In Hinterzimmern der Motel-Konferenzräume wurden Dinge ausgestellt, die der Teilnehmer mit nach Hause nehmen konnte: Bücher, Ton- und Videobänder, Rezepte, Tagebücher, der Informationsbrief der Weight Watcher. Warum hat H. J. Heinz an Miss Neditch $ 60 Millionen für die Übernahme von Weight Watchers International gezahlt? Weil 91 Prozent aller amerikanischen Bürger den Namen Weight Watcher kennen. Neun von zehn Amerikanern kannten den Namen genau – doppelt so viele wie die, denen der Name H. J. Heinz ein Begriff war.

Ich kann mir Dutzende von Sachgebieten denken, in denen es keine einzige wohlbekannte und charismatische Persönlichkeit gibt, die Seminare leitet. Breite Möglichkeiten gibt es u. a. in

Familientherapie
Krisenmanagement für Firmen
Drogenmißbrauch durch Teenager
Streß
Drogen auf dem Schulhof
Software im Erziehungswesen
Technologietransfer
Postversandmarketing
Inlandsgeschäfte
Erwerb von Konzessionen
Wie man Silicon Valley nachahmen kann
Impotenz bei Männern
Probleme bei Flugreisen
Kunstfehler in der Medizin

Beim erfolgreichen Verkauf von Seminaren sind folgende Tips zu beachten: Der Veranstaltungsort muß leicht erreichbar sein; die Vortragenden müssen einen guten Namen haben; es muß viel Material verfügbar sein, das die Teilnehmer mit nach Hause nehmen können, wobei der Firmenname des Veranstalters stark herausgehoben sein sollte. Breite Zwischenräume zwischen den Sitzreihen geben dem Vortragenden die Möglichkeit, unmittelbarer auf die Zuhörer einzuwirken. Schließlich müssen Ihnen lange Kaffeepausen Gelegenheit geben, den Teilnehmern Ihre Dienstleistungen anzubieten. Denken Sie stets daran, warum Sie Ihre Kunden zur Teilnahme eingeladen haben, nämlich um von ihnen Ideen über zusätzliche Produkte oder Dienstleistungen zu erfahren, die sie gebrauchen können. Stellen Sie Fragen wie etwa: „Was haben Sie gelernt, Joe?" Vielleicht erwarten die Kunden von Ihnen zusätzliche Informationen darüber, wie sie Ihre Produkte oder Dienstleistungen noch gewinnbringender nutzen können. Das alles sind Tore – so breit, daß man mit Lastwagen hindurchfahren könnte.

Zusammenfassung

Vielleicht werden Sie von zornigen Gläubigern, Gerichtsvollziehern und einem unüberhörbaren Crescendo von Forderungen von Managern belagert, die den Weltuntergang voraussagen, wenn Sie nicht sofort mit Bargeld herausrücken. Lassen Sie sich dadurch nicht beeinflussen. Schließlich haben Sie Pläne, wie Sie einen Strom von Bargeld aus einer bizarren Quelle sprudeln lassen können: aus Seminaren.

Es hat sich herausgestellt, daß Ihre Branche keinen Ort für Zusammenkünfte, keinen Klub und keinen Fachverband besitzt. Ein Grund dafür, daß Ihre Gläubiger Sie so hart bedrängen und wütend sind, ist deren mangelhafter Informationsstand. Hier liegt ein echter Bedarf vor, ein Nachfrageproblem, das nach einer Lösung sucht – und Sie können diesen Bedarf decken.

Berufen Sie eine Versammlung ein, als Fachgruppe oder Verband: Es muß jedoch in Ihrer Heimatstadt sein, und Kunden und die Presse müssen ebenfalls geladen werden. Besorgen Sie sich einen guten Gastredner, lassen Sie ausreichend Zeit für Kaffeepausen und zwanglose Zusammenkünfte im Anschluß an das Seminar in der Bar oder im Foyer des Hotels. Bringen Sie die Teilnehmer dazu, ihre Probleme zu diskutieren, bilden Sie Ausschüsse zum Studium dieser Themen, und nehmen Sie selbst an den Gesprächen teil. Planen Sie ein weiteres Treffen in drei Wochen, mit Diskussionen über die brennendsten Probleme und Lösungen, die Sie anbieten können. Vielleicht befürchten mehrere Kunden einen ernsthaften Konjunkturabschwung. Das ist eine gute Gelegenheit, Firmen zu übernehmen.

Verkriechen Sie sich also nicht mit einer Decke über dem Kopf. Veranstalten Sie ein Seminar. Diskutieren Sie dabei die dringenden Probleme mit allen, die am Weiterbestehen Ihrer Firma interessiert sind. Demonstrieren Sie Führungskraft.

Phase 3

In Krisenzeiten richtig reagieren

Kapitel 8

Wechseln Sie Ihre Geschäftsbanken!

Hal Newman ist heute Managementberater und nicht mehr in der Branche Bücher auf Kassetten tätig, in der er Anfang der achtziger Jahre mit seiner Firma Newman Communications Corporation (NCC) in Albuquerque, New Mexico, einer der Pioniere war. Eine Änderung der Kreditpolitik seiner Hausbank trieb seine Firma in den Konkurs. Sein erstes Kapital durch Aktienausgabe brachte er 1982 in meinem Wohnzimmer zusammen. Zusätzliche Mittel beschaffte er sich durch eine zweite Hypothek auf sein Haus, dazu kam noch Geld aus der ersten Notierung an der Börse. Um das Jahr 1986 waren die Umsätze der Firma auf $ 9 Millionen gestiegen und der Preis der Aktie auf $ 4. Das war das Zwanzigfache dessen, was die ersten Anleger gezahlt hatten. Eine zweite Aktienemission scheiterte in letzter Minute, und Newman bemühte sich um die Übernahme der Audio Tape Division von Warner, um an mehr Cash-flow zu kommen und den Umsatz seiner NCC auf über $ 20 Millionen zu steigern.

Dann jedoch wurden Newmans Hausbank und Hauptgläubiger von einer großen kalifornischen Bank übernommen, die eine andere Kreditpolitik betrieb: keine Kredite an kleine Unternehmen außerhalb Kaliforniens. NCC mußte daher den dort aufgenommenen Kredit zurückzahlen, worauf die Firma nicht vorbereitet war, weil sie ihre ganze Energie auf die Übernahme konzentriert hatte und auf gefährliche Weise illiquid war. Bargeld konnte nicht schnell genug beschafft werden. Das Ende kam schnell, und die Bank als dinglich gesicherter Gläubiger hielt sich an den Büchern auf Kassetten schadlos.

In unsicheren Zeiten sollte man sich vor Änderungen der kommerziellen Bankenpolitik hüten, die den arglosen Schuldner in den Ruin treiben können. In den Vereinigten Staaten gibt es mehr als 5000 kommerzielle Banken, aber weniger als 1000 kompetente kommerzielle Bankfachleute, womit ich niemandem zu nahe treten will. Kompetente kommerzielle Bankiers steigen entweder ins Bankenmanagement auf oder nehmen erfolgversprechendere Posten bei der Industrie an. Ein guter Kreditspezialist bleibt nicht lange auf seinem Posten. Der Bankbeamte, der stets über Ihr Konto gewacht hat, kann also seinen Posten aufgeben. Und Sie? Sie werden bei dieser Bank zu einer Kontonummer.

Wie Banken ganz nebenbei Firmen morden

Unternehmen mit kleinen Einlagen leiden am stärksten, wenn Banken in wirtschaftlich schwierigen Zeiten überreagieren. Plötzlich werden Kreditlinien gekappt, das Überziehen von Konten wird nicht mehr erlaubt, Gehaltsschecks werden nicht eingelöst, und ohne Vorwarnung läßt die Bank weitere Anzeichen von Angst erkennen. Es kommt aber auch vor, daß der Bankangestellte, der bisher die Konten der Firma bearbeitet hat, ausscheidet und der neue Kreditbearbeiter die Firma nicht kennt. Obgleich der Manager und sein leitender Finanzbearbeiter sich mit dem neuen Bankangestellten treffen und ihre Firma erläutern, stoßen sie nur auf gelangweiltes Gähnen.

Wie verhält man sich gegenüber der neuen Bank

Teil Ihres Überlebensplans sollte es sein, die Bank zu wechseln. Stellen Sie Ihre Beziehungen zur neuen Bank auf eine breitere finanzielle Grundlage. Suchen Sie sich eine unabhängige und, wenn möglich, neu gegründete Bank. Dann nehmen Sie $ 200 000 der jüngst bewilligten Finanzhilfe und kaufen einen auf neunzig Tage befristeten Festgeldschein. Dann sagen Sie dem Leiter der Bank, Sie wollten $ 100 000 für neunzig Tage borgen, mit dem Festgeldschein als Sicherheit. Sobald Sie diesen Kredit zurückgezahlt haben, besteht gegenüber dieser neuen Bank ein ausgezeichnetes Kreditverhältnis. Mehr noch – da es sich um ein junges Bankunternehmen handelt, haben Sie mit der Eröffnung eines neuen Kontos seinen Leiter zum Helden gemacht.

Suchen Sie in der Lokalpresse nach neuen Bankgründungen und den Namen der neuen Bankdirektoren. Sie möchten ja nur zu gerne neue Geschäftskonten vorweisen können. Eröffnen Sie bei der neuen Bank ein Gehalts- und ein Girokonto, während Sie bei Ihrer bisherigen Bank ein kleines Konto und einige Aktivitäten belassen. Entwickeln Sie zur neuen Bank ausgezeichnete Beziehungen, und wenn Sie Risiken eingehen müssen, dann tun Sie das bei der alten Bank, die Sie schlechter behandelt, weil Sie ein Schuldner oder Klient eines Bankangestellten waren, der vielleicht wegen unsicherer Kredite versetzt oder entlassen wurde.

Reisen Sie oft in andere Städte, dann könnten Sie auch dort ein Konto eröffnen. Das wäre so etwas wie ein Sicherheitsventil, ein Ort, an dem man Bareinlagen vor dem Gerichtsvollzieher verbergen kann, wenn ein Gläubiger oder Kreditgeber eine Vollstrekkungsverfügung für Ihre lokalen Bankkonten bewirkt.

Überraschende gerichtliche Verfügungen

Zu einer Vollstreckungsverfügung kann es kommen, wenn Sie einem Lieferanten oder einer Bank eine größere Summe Geld schulden. Der Lieferant oder Kreditgeber deponiert einen Garantieschein in voller Höhe der Summe, die Sie ihm schulden. Dann erscheint der Gläubiger beim zuständigen Richter und überzeugt ihn davon, daß Sie wahrscheinlich mit den Vermögenswerten oder dem Geld des Gläubigers den Bundesstaat verlassen werden. Der

Anwalt des Gläubigers spricht mit dem Richter ex parte – das heißt, ohne daß Ihr Anwalt anwesend ist. Waren Sie eine Zeit lang nicht in der Lage, eine Zahlungsverpflichtung zu erfüllen, sitzen Sie nunmehr wie eine Ente im Unterholz und warten auf die Vollstreckungsverfügung.

An sich müßte der Anwalt des Gläubigers nach der richterlichen Unterschrift unter die Verfügung Ihren Anwalt informieren, daß er den Gerichtsvollzieher (in den USA den Sheriff) beauftragt hat, sich an Ihren Geschäftskonten schadlos zu halten und, sollten Sie unbeschränkt haftender Gesellschafter oder ein Bürge des Schuldners sein, auch an Ihrem Haus. Aus Erfahrung kann ich jedoch sagen, daß einige Anwälte diese Übereinkunft mißachten.

Vollstreckungsverfügungen treffen ganz arglose Schuldner: Achten Sie darauf, daß Sie nicht dazu gehören. Seien Sie auf eine solche Situation vorbereitet, und lassen Sie den größten Teil Ihres Bargeldes außerhalb Ihres Gerichtsbezirks. Unternehmen Sie jedoch nichts Ungewöhnliches, das den Verdacht aufkommen lassen würde, Ihre Firma transferiere Vermögenswerte in einen anderen Bundesstaat, um sich Rückzahlungsverpflichtungen zu entziehen. Der Verdacht auf Kapitalflucht würde dazu führen, daß die Vollstreckungsverfügung aufrechterhalten wird, wenn Sie und der Gläubiger sich später vor Gericht gegenüberstehen.

Wie man sich gegen Vollstreckungen verteidigt

Vollstreckungsverfügungen werden bei streitsüchtigen Anwälten zunehmend beliebter, was sich noch verstärken könnte, wenn die Volkswirtschaft in Turbulenzen gerät. Sollten Sie meinen, Sie müßten um Bargeld einen Schwertkampf ausführen, dann eröffnen Sie ein Bankkonto außerhalb Ihrer Heimatstadt und lassen Sie darauf den größten Teil Ihres Bargeldes stehen.

Sie können unmöglich wissen, welcher Gläubiger gerade im Gericht einen Garantieschein hinterlegt und die Unterschrift eines Richters beantragt. Um zu vermeiden, daß Sie von einem Gläubiger aus dem Geschäft gedrängt werden, der aus einem Mundwinkel mit Ihnen Süßholz raspelt und aus dem anderen seinen Anwalt beauftragt, eine Vollstreckungsverfügung zu beantragen, sollten Sie die folgenden Anregungen befolgen:

1. Eröffnen Sie zwei Betriebskonten bei Banken außerhalb Ihres Heimatbezirks, und verlagern Sie Beträge nach Bedarf durch telegrafische Überweisungen.

2. Deponieren Sie eingehende Schecks auf dem Konto, dessen Verwalter Sie „eingeseift" hatten, als er Bankdirektor wurde, und bitten Sie um sofortige Gutschrift, damit Sie auf einem nicht verzinsten Konto ein ausgeglichenes Soll und Haben bewahren.

3. Regelmäßig sollten Sie sich an einem bestimmten Tag die Zeit nehmen, Schecks zur Zahlung von Anschaffungen neuen Inventars, Gehältern und der Betriebskosten auszustellen. Lassen Sie an diesem Tage die entsprechende Summe von der sicheren Bank an Ihre lokale Bank überweisen, und dann stellen Sie die lokalen Schecks aus zur Zahlung der Gehälter und lokalen Lieferantenrechnungen. Die anderen Zahlungen für Lieferanten sollten über eines der sicheren Konten abgewickelt werden. Auf diese Weise befindet sich Ihr Geld jeweils nur kurzfristig in Ihrem Heimatbezirk.

4. Dokumentieren Sie jeden Transfer von Geld oder Produkten in einen anderen Bundesstaat durch ein entsprechendes Begleitpapier, um dem Gericht zu beweisen, daß Sie nicht bedenkenlos Vermögenswerte über die Staatsgrenzen transferieren.

Soweit wie möglich sollten Vermögensteile aus Ihrem Büro oder Lagerhaus entfernt und in einen anderen Bezirk verlagert werden. Das ist zwar unbequem, zeugt jedoch von Voraussicht. Außerdem empfiehlt es sich, Fotokopien von allen Buchhaltungsaufzeichnungen zu machen und an sicherem Ort aufzubewahren. Ein aggressiver Sheriff oder Gerichtsvollzieher könnte nämlich auf die Idee kommen, die Tür zu Ihrem Büro zu versiegeln. Da wäre es nützlich, eine vollständige Akte aller Dokumente über das Inventar und die Barmittel in einem anderen Bezirk zur Verfügung zu haben.

Selbst wenn Sie vor Gericht gehen und die Vollstreckungsverfügung rückgängig machen lassen könnten, dauert das gerichtliche Verfahren oft lange, und Sie können vielleicht erst nach mehreren Wochen Ihren Fall vorbringen. Bis dahin kann Ihre Firma bereits den Bach hinuntergegangen sein.

Das Mahnverfahren

Ein Gläubiger, der es versäumt, eine Vollstreckungsverfügung zu beantragen, wird bestimmt versuchen, beim Gericht einen Antrag auf ein Mahnverfahren zu stellen. In diesem Fall ist es Ihnen und Ihrem Anwalt erlaubt, eine Verteidigung aufzubauen und Ihren Fall vor Gericht vorzutragen. Dabei kann es für Sie die Rettung bedeuten, wenn Sie sich genaue Aufzeichnungen gemacht haben. Nehmen wir an, Sie werden von einem Lieferanten verklagt. Haben Sie daran gedacht, alle Rückzahlungen für unvollständige Lieferungen und sonstige Irrtümer des Lieferanten dokumentarisch zu belegen, so daß das Gericht die Aufzeichnungen des Lieferanten in Zweifel ziehen muß? Vielleicht ist auch der geschuldete Betrag inkorrekt.

Hat eine Bank oder ein Geldgeber Sie vor Gericht gezerrt, wie steht es dann mit einer Erneuerung der Anleihe? Geht aus Ihren

Unterlagen hervor, daß das Geld noch gar nicht überfällig ist? Hat der Geldgeber seine Bedingungen geändert, ohne Sie ordnungsgemäß zu informieren? Hat die Bank bei der Führung Ihrer Konten Irrtümer begangen, und haben Sie nicht nach jedem Irrtum die Bank darüber informiert? Sie sollten peinlich genaue Aufzeichnungen über alle Geschäftsvorgänge anfertigen, für den Fall, daß Sie eines Tages beweisen müssen, daß Ihre Aufzeichnungen untadelig sind.

Was Bankiers fürchten

Alle kommerziellen Bankiers haben Angst, daß man ihnen das geliehene Geld nicht zurückzahlt. Sie müssen sich schließlich vor Kreditausschüssen, internen und externen Revisoren verantworten. Je nach Art der Bank können noch weitere Kontrollinstanzen hinzukommen. Daher ist es nicht verwunderlich, daß Bankiers nervös werden, wenn der Kredit, den sie Ihrer Firma gewährt haben, überfällig ist oder wenn eine Zinszahlung nicht rechtzeitig eintrifft.

Ist Ihr Kredit rundum abgesichert, dann wird die Bank weniger fürchten, daß Sie einen Antrag stellen, im Rahmen des Konkursgesetzes vor den Gläubigern geschützt zu werden. Ein voll abgesicherter Gläubiger kann in einem Konkursfall seiner Sicherheiten nicht verlustig gehen. Schatzanweisungen oder Außenstände sind für den Bankier die beste Beruhigung. Doch besteht immer die Gefahr, daß die Bank es versäumt hat, eine Absicherung gemäß dem Uniform Commercial Code (UCC–1) ordnungsgemäß zu beantragen. Außerdem befürchtet Ihr Bankier vielleicht, daß er seine Absicherung verliert, wenn Ihre Firma Chapter XI des Konkursgesetzes in Anspruch nimmt.

Aus diesem Grunde wird er mit Ihnen nach bester Möglichkeit kooperieren, um Sie solvent und aus dem Konkurs herauszuhalten.

Nach einem klärenden Gespräch wird er Ihnen vielleicht einen neuen Kredit vorstrecken, in den alle Ihre Vermögenswerte als Sicherheit einbezogen werden. Er könnte die Rückzahlung dieses neuen Kredits um sechs Monate verlängern, wobei die Zinsen erst am Ende fällig werden. Er könnte aber auch sonstige Maßnahmen ergreifen, um Ihnen über eine schwere Zeit hinwegzuhelfen. Kommt jedoch der Gerichtsvollzieher zu dieser Zweigstelle der Bank mit einem Pfändungsbeschluß für Ihre Konten, dann kann der Bankier nichts tun, um die Pfändung zu verhindern. Aus diesem Grunde sollte man neue Bankverbindungen einrichten, während man noch mit seinem alten Kreditinstitut zusammenarbeitet.

Gürtel, Hosenträger und Sicherheitsnadeln

Selbst wenn es Ihnen gelingt, Ihren augenblicklichen Bankier positiv zu beeinflussen und ein Betriebskonto in einer benachbarten Region einzurichten, haben Sie Ihre Hose nur mit Gürtel und Hosenträgern befestigt. Sie müssen sie aber noch mit einer Sicherheitsnadel am Unterhemd absichern.

Die Politik einer Bank kann sich ändern. Kreditbearbeiter können ausscheiden oder zu einer anderen Zweigstelle versetzt werden. Kredite können auch ganz plötzlich zurückgerufen werden. Obwohl der bisherige Bankangestellte Ihnen sofortigen Kredit gewährte, kann ein neuer auf einer siebentägigen Sperrfrist für alle Einlagen bestehen. Das kann zum Todesstoß werden, wenn es im ungeeigneten Augenblick eintritt.

Aus diesem Grunde brauchen Sie einen dritten Bankier, jemanden, der für eine unabhängige Bank tätig ist. Laden Sie ihn (oder sie) zum Mittagessen ein, beschreiben Sie Ihr Unternehmen und eröffnen Sie ein anderes Betriebskonto mit einer Einlage. Lassen Sie sich eine neue Kreditkarte geben, die Sie wenig in Anspruch nehmen, um für einen Notfall gerüstet zu sein. Das mag als übertriebene Vorsicht erscheinen, doch leben wir in schwierigen Zeiten, und in denen ist Bargeld König.

Wenn man der Bank die Schuld zuschieben kann

Im Mai 1985 wurde die Firma Contempo International, ein kalifornischer Bekleidungsfabrikant, von ihren Gläubigern zum Konkurs gezwungen. Mal Sigman, ihr Hauptgeschäftsführer, weigerte sich jedoch, friedlich dahinzuscheiden. Er war der festen Überzeugung, Wells Fargo habe die Bargeldmisere verursacht, die zum Niedergang seiner Firma führte, indem sie ihm das benötigte Geld verweigerte. Deshalb nahm er sich einen Anwalt und verklagte die Bank auf $ 140 Millionen – das Vielfache von dem, was die Firma jemals wert war.

Sigman ist nur einer der wachsenden Zahl von Geschäftsleuten mit finanziellen Schwierigkeiten, die von der sogenannten Gläubigerhaftung Gebrauch machen – einer neuen Form von Gerichtsverfahren, bei denen Geschäftsleute ihre Bank verklagen. Diese Gläubigerhaftung bedeutet für einen Geschäftsmann eine letzte Chance, Verluste wieder hereinzuholen. Für den Bankier bedeutet es folgendes: Wird ein Kredit zurückgerufen, muß der Gläubiger sich nicht nur darum kümmern, ob der Schuldner das Geld für die Rückzahlung hat, sondern auch darum, ob dieser ihn wegen der Rückforderung verklagen kann. „Gläubigerhaftung wird zu einer der heißesten neuen Formen kommerzieller Rechtsstreitigkeiten", sagt Barry Capello, der kalifornische Anwalt, der Contempo vertritt. „Neun von zehn Anrufen, die ich erhalte, lehne ich ab – ich greife nur die absoluten Alpträume auf."

Ein anderer Fall von Schwerfälligkeit der Banken wurde im Jahre 1985 vor einem Berufungsgericht in Ohio verhandelt. Es standen sich die KMC Company, ein Kolonialwarengroßhändler, und der Irving Trust gegenüber. Irving hatte sich geweigert, KMC einen

Kredit von $ 800 000 zu gewähren, der dieser Firma aufgrund eines $ 3,5 Millionen Kreditabkommens zustand. Ohne diese Finanzierung hätte KMC aus dem Geschäftsleben ausscheiden müssen. Rechtzeitig davor klagte KMC jedoch und erhielt schließlich eine Entschädigung von $ 8,3 Millionen zugesprochen. Die gerichtliche Begründung: die Bank habe in böser Absicht gehandelt. Helen Chaitman, eine Anwältin der Anwaltskanzlei Wilentz, Goldman & Spitzer, sagt dazu: „Der Richter hat zwar der Bank das Recht zugesprochen, die Kreditlinie der Firma einzustellen, jedoch nicht ohne vorherige Kündigung. Die neue Einstellung der Gerichte geht von der Ansicht aus, daß es ein Ungleichgewicht der Verhandlungsfähigkeit zwischen einer Bank und ihren Kreditnehmern gibt. Sie wollen daher sicherstellen, daß die Banken mit dem kleinen Mann fair umgehen."

Zusammenfassung

Schauen Sie sich um, ob außerhalb Ihres Gemeindebezirks eine neue Bank eröffnet wird. Dann verabreden Sie telefonisch eine Zusammenkunft mit ihrem Direktor. Deponieren Sie eine substantielle Einlage mit einem auf 90 Tage bemessenen Festgeldschein, dann borgen Sie die Hälfte der Einlage und zahlen den Kredit in neunzig Tagen zurück. Damit haben Sie Ihrem Bankier einen Gefallen getan, und er schuldet nunmehr Ihnen einen. Bitten Sie ihn um sofortigen Kredit auf alle Einlagen; er wird ihn gewähren. Behandeln Sie den Bankier wie einen König, denn Sie werden vielleicht einen weiteren Kredit brauchen oder eines Tages möglicherweise einen bestätigten Scheck für den Gerichtsvollzieher.

Wie schnell kann sich die Lage für Sie zuspitzen? In der kurzen Zeit, die ein Gläubiger braucht, um beim Gericht einen Pfändungsbeschluß für Ihre Konten zu beantragen. Tritt dieser Fall ein, dann belegen Sie den dadurch angerichteten Schaden bis ins kleinste Detail. Den können Sie zugleich gering halten, wenn Sie Konten außerhalb Ihres Heimatbezirks unterhalten. Einen Pfändungsbeschluß können Sie rückgängig machen lassen, wenn Sie nachweisen, daß Ihre Firma keine Kapitalflucht beabsichtigt. Dann können Sie erfolgreich eine Gegenklage gewinnen, indem Sie im einzelnen den Schaden belegen, der Ihrer Firma durch den Pfändungsbeschluß entstanden ist. So können Sie sich aus den Klauen der Niederlage befreien und dazu noch einen beträchtlichen Schadenersatz zugesprochen bekommen.

Kapitel 9

Bringen Sie Ihre Kunden ins Spiel!

Wer will genauso gern überleben wie Sie? Das sind Ihre Kunden (oder Ihre Klienten, wenn Sie eine Dienstleistungsfirma leiten). Kunden sind manchmal nur einmalige und fast stets unpersönliche Käufer Ihrer Waren und Dienstleistungen. Klienten sind häufige und personalisierte Käufer Ihrer Dienstleistungen. Kommerzielle Banken haben Kunden, Investmentbanken dagegen haben Klienten. Klienten würden länger unter Ihrem Ausscheiden aus dem Geschäftsleben leiden als Kunden, weil sie intensivere Beziehungen zu Ihnen unterhalten. Beide würden Sie vermissen, und für beide ist es wichtig, weiterhin mit Ihnen geschäftliche Beziehungen zu pflegen. Deshalb kann man sie auch für die Beschaffung von Barmitteln einspannen.

Seien Sie der erste, der bezahlt wird

Seien Sie in Ihrer Inkassopolitik niemals lasch, und richten Sie es so ein, daß Sie als erster bezahlt werden. Jeder von uns kennt die drei wichtigsten sofort fälligen Rechnungen: Löhne und Gehälter, die Telefongebühren und die einbehaltenen Lohnsteuern. Sorgen Sie dafür, daß Ihre Firma in der Rangfolge die Nummer vier wird. Erinnern Sie den Kunden wiederholt, daß Sie seine Zahlung erwarten. Ist er mit seiner Zahlung um ein paar Tage überfällig, dann rufen Sie den säumigen Zahler an. Ist das wirkungslos, dann schicken Sie ein Telegramm oder eine Mahnung über Telefax.

Brauchen Sie dringend Bargeld, ändern Sie Ihre Inkassopolitik. Bieten Sie 3 Prozent Skonto an, wenn der Kunde innerhalb von zehn Tagen zahlt. Ist das ohnehin Ihre Praxis, dann heben Sie das Skonto auf 5 Prozent an.

Besuchen Sie Ihre säumigen Klienten persönlich, und bitten Sie um den Scheck. Tun Sie das nicht, wird es ein anderer tun. Gelten Sie als eine Firma, die geduldig auf Bezahlung wartet, werden Sie stets auf Ihr Geld warten müssen. Und in dieser Lage sollten Sie sich nicht befinden, wenn schwierige Zeiten drohen.

Glauben Sie nicht an Märchen

Zwei der größten Lügen in der ganzen Welt lauten „Ich bin von der Regierung gekommen, Ihnen zu helfen“ sowie „Ihr Scheck befindet sich in der ausgehenden Post“. Sobald ein Kunde das behauptet, bitten Sie ihn, den Scheck in einen Eilumschlag für Luftpost zu stecken, nennen Sie Ihre Kontonummer, und fordern Sie ihn auf, den Scheck noch am Abend auf den Weg zu bringen. Und auch damit geben Sie sich noch nicht zufrieden. Fragen Sie den Kunden nach der Nummer des Luftfrachtscheins, damit Sie der Sache nachgehen können, falls die Lieferung nicht eintrifft. Befürchten Sie, daß der Scheck nicht durch Luft-Eilfracht abgeschickt wird, bitten Sie den Kunden, den Betrag an Ihre sichere Bank telegrafisch zu überweisen. Geben Sie ihm dazu genaue Anweisungen, und bitten Sie ihn, diese am Telefon zu wiederholen. Entstehen dem Kunden durch die telegrafische Überweisung Unkosten, bieten Sie ihm an, diese bei der nächsten Rechnung abzuziehen.

Bedienen Sie sich allerlei Ausreden, um die Bezahlung zu beschleunigen. Sagen Sie dem Kunden, die Betriebsprüfer befänden sich gerade im Hause; sie wollten denen mit höheren Umsätzen am Monatsende aufwarten. Oder behaupten Sie, ein Kredit werde in den nächsten Tagen fällig. Sie könnten auch sagen, Ihr Job stehe auf dem Spiel oder ein wichtiges Rückzahlungsdatum stehe vor der Tür. Beschaffen Sie sich Ihr Geld, bevor der Kunde pleite geht.

Wie man kurzfristig Barmittel auftreibt

Der Manager einer Software Firma in Woodland Hills in Kalifornien erwarb von seinem Arbeitgeber einen Betrieb, der Softwarepakete für Lastwagenhändler herstellte. Man hatte sich auf eine Anzahlung von $ 120 000 und acht vierteljährliche Raten von $ 60 000 plus 10 Prozent Zinsen geeinigt. Die ersten $ 120 000 wurden fristgerecht bezahlt. Die erste Rate von $ 60 000 war in wenigen Tagen fällig, doch wußte der Manager nicht, wie er sie hätte auftreiben können.

Daraufhin flog er kurzentschlossen zur Zentrale eines großen Lastwagenhändlers, der ihm vor kurzem einen Auftrag erteilt hatte, und erklärte ihm, er müsse im voraus zahlen, damit seine Lieferung auf den Weg gebracht, installiert und betriebsbereit gemacht werden könne. Der LKW-Händler war bester Stimmung, in Erwartung dessen, was das Produkt ihm einbringen würde. Er bezahlte die ausstehende Summe von fast $ 90 000, so daß der Unternehmer seine Zahlung fristgerecht leisten konnte.

Am besten kommt man an Bargeld, wenn man den Kunden persönlich aufsucht, um den Scheck abzuholen. Sobald Sie bei ihm im Büro sind, sollten Sie dem Kunden erklären, sie hätten alles verfügbare Kapital für die Verfeinerung und Verbesserung des Produkts benötigt und im Augenblick Ihr Bankkonto ausgeschöpft. Da der Kunde von diesen Verbesserungen Vorteile haben werde, möchte er ihn bitten, statt in 30 Tagen schon heute zu zahlen. In diesem Falle würden Sie ihm gerne 5 Prozent Skonto anbieten.

Die vielen Geschichten, die man mir erzählt hat (von Lachanfällen begleitet), über die Taktiken, die Unternehmer sich einfallen lassen, während sie im Büro des Kunden von einem Fuß auf den anderen treten, würden ein Buch füllen, doppelt so dick wie dieses hier. Ich werde versuchen, sie abzukürzen, ohne den wesentlichen Gehalt jeder Story zu übergehen. Es genügt die Feststellung, daß alle Stories damit beginnen, daß der Chef auf Reisen ist. Von einer Telefonzelle auf dem Flughafen aus ruft er sein Büro an und erfährt, daß entweder (a) die Löhne und Gehälter nicht gezahlt werden können, (b) ein fälliger großer Scheck nicht eingetroffen ist, (c) die Bank die Einlagen der Firma fünf Tage lang blockiert oder (d) alle eben genannten Ereignisse gleichzeitig eingetreten sind. Der Chef legt auf und ändert seine Pläne. Ohne einen bestätigten Scheck oder eine beträchtliche telegrafische Überweisung kann er am nächsten Morgen nicht ins Büro zurückkehren.

Der Manager schlägt im Flugplan nach, bucht einen Flug zu der Stadt, wo ein besonders schwer bei ihm verschuldeter Kunde wohnt, und erscheint dort am folgenden Morgen mit zehn einfallsreichen Geschichten, die erklären sollen, warum er plötzlich da sei und warum er einen Scheck oder eine telegrafische Überweisung brauche. Die Tür zum Büro des Kunden öffnet sich, unser Held marschiert hinein und – hat auf der Stelle seine gut präparierten Geschichten vergessen. Was schließlich seinem Munde entfleucht, könnte eine der folgenden Histörchen sein:

Sie sind eine bedeutende Persönlichkeit. „Ich freue mich, Sie zu sehen, Charlie. Hören Sie zu: Wir haben soeben unsere Märkte in fünf Bezirke aufgeteilt, wobei die Kunden jedes Bezirks einem leitenden Manager zugeteilt werden. Ich habe mich für Ihren Bezirk entschieden, weil Sie wichtig für unsere Firma sind. Das heißt, ich werde mich persönlich um Ihr Konto kümmern. Dazu gehört auch, daß ich das Inkasso für die Dienstleistungen übernehme."

Wir brauchen Ihren Rat. „Guten Morgen, Jeff. Ich freue mich, Sie einmal in Ihrem eigenen Büro zu treffen. Ich schaue bei Ihnen herein, weil wir Ihre Hilfe und Ihren Rat brauchen. Wir würden Sie gerne zum Vorsitzenden eines Beirats machen, der sich aus unseren wichtigsten Kunden zusammensetzt und uns mit Vorschlägen, Ideen und Rat bei der Verbesserung unserer Produkte zur Seite steht. Was halten Sie davon, Jeff? Wollen Sie mitmachen? Großartig! Übrigens, da ich schon einmal hier bin, kann ich Ihren Buchhalter sehen? Das wäre dann ein Tag des Triumphes für mich."

Wir brauchen Ihren Rat und Ihre Zeit. „Hallo, Bruce. Fein, Sie wieder einmal persönlich zu treffen. Ich will Ihnen gleich sagen, warum ich hier in der Stadt bin. Wir sind dabei, einen Beirat einzuberufen, der einmal jährlich im Winter auf Jamaika zusammentritt. Da wollen wir Golf und Tennis spielen und uns ausführlicher über unser Produkt unterhalten. Wir würden gern von unseren besten Kunden hören, was wir an unserem Produkt noch verbessern können. Können Sie ein langes Wochenende für uns in Ihren Terminkalender einbauen, sagen wir Mitte Februar. Das geht natürlich auf unsere Rechnung. Ja? Ist ja großartig. Ich schicke Ihnen nähere Einzelheiten, sobald ich in einer Woche wieder im Büro bin. Übrigens, Bruce, vielleicht könnten Sie mich bei dieser Gelegenheit mit Ihrem Rechnungsführer bekannt machen. Das würde meinem Büro einen telefonischen Anruf ersparen."

Wir brauchen Ihren Rat und Ihre Zeit, und wir wollen Pluspunkte sammeln: Alles wie oben. Nach dem Satz über das Wochenende auf Jamaika fügen Sie noch hinzu: „Natürlich mit Ehefrauen."

Wir sind auf der Suche nach hervorragenden Leistungen: „Nett von Ihnen, Mary, daß ich hier so einfach hereinplatzen darf: Heute betreibe ich Management durch Herumspazieren – in diesem Falle durch Herumfliegen. Ich möchte die Leute kennenlernen, die mein Produkt benutzen, um zu erfahren, was ihnen daran gefällt oder nicht gefällt und wie wir es verbessern können. Sie wissen ja selbst, wir möchten alles tun, um unsere Leistung immer noch zu steigern. Ich hoffe, ich komme nicht ungelegen, Mary? Es wäre schön, wenn Sie mich den anderen Mitarbeitern vorstellen könnten. Übrigens, bei dieser Gelegenheit würde ich auch gerne Ihren Rechnungsführer persönlich kennenlernen, damit wir künftig nicht nur eine Nummer für ihn sind."

Mein Rechnungsprüfer schickt mich her. Dieser Satz ist das Einschiebsel eines Feiglings in eine der oben angeführten Unterhaltungen. Eine Variante: „Übrigens, mein Rechnungsprüfer hat mich gebeten, einen Scheck in Empfang zu nehmen." Eine subtilere Version: „Für den Fall, daß ich hier in der Gegend zu tun habe, hat mein Rechnungsprüfer mich gebeten, den Scheck gleich mitzubringen." Die feigste Ausrede von allen: „Mein Rechnungsprüfer ist ein übler Kerl. Wahrscheinlich wird er mich zur Minna machen, wenn ich nicht mit einem Scheck nach Hause komme."

Verkaufen Sie Abonnements auf Ihre Dienstleistungen

Die Idee, *heute* Bargeld für eine Dienstleistung zu kassieren, die vielleicht *später* erst geleistet wird (oder auch nicht), reicht bis ins 15. Jahrhundert zurück, als holländische Kapitalisten damit begannen, die Reisen von Forschern zu versichern. Die Versicherungsbranche verhält sich kontinuierlich unternehmerisch, denkt stets ans Eingehen neuer und Fallenlassen alter Risiken. Sie hat sich stets, auch in schwierigen Zeiten, im voraus bezahlen lassen.

Abgesehen von den fantastischen Erfolgen der Versicherungen haben nur sehr wenige Unternehmer die einzigartige Methode übernommen, Kunden im voraus bar zahlen zu lassen. Die Zeitungs- und Zeitschriftenbranche hat diese Idee durch den Verkauf von Abonnements kopiert, doch mangelte es in diesem Bereich an innovativen Ideen, bis Sol Price auf den Plan trat.

Sol Price war siebzehn Jahre lang als Anwalt tätig gewesen und gab diesen Beruf dann auf, um die Fed-Mart Corporation zu gründen, einen Vertreiber von Massenwaren und eine Supermarktkette. Price schuf als erster private Markennamen und den Einkauf unter einem Dach. Im Jahre 1975 verkaufte er Fed-Mart an einen westdeutschen Käufer, der ihn fristlos entließ. Die Folge war, daß Fed-Mart ohne ihn in Konkurs ging.

Im Jahre 1975 gründete Price mit seinem Sohn Robert die The Price Company und führte das Geschäftsprinzip ein „Verkauf nur an Mitglieder" – die Kunden leisteten eine Vorauszahlung für das Privileg, in seinen Läden mit hohem Discount einkaufen zu dürfen. Die Price Clubs sind große Lagerhäuser nahe wichtigen Verkehrsknotenpunkten. Firmen oder Einzelpersonen mit Einzelhandelslizenzen können Großhandelsmitglieder werden, wenn sie eine jährliche Mitgliedsgebühr von $ 25 zahlen. Für eine zusätzliche Gebühr von $ 10 darf ein Großhandelsmitglied zwei weitere Käufer benennen. Es gibt Gruppenmitgliedschaften für Angestellte von Banken und Sparkassen, für Behördenangestellte, bestimmte Beschäftigte bei Betrieben der öffentlichen Hand und im Transportgewerbe, Krankenhausangestellte und andere. Ebenso wie im voraus bezahlte gesundheitliche Betreuung den Zugang zum Gesundheitsmarkt erschließt, findet auch der Kauf von Konsumgütern gegen bestimmte Vorauszahlungen zunehmende Verbreitung.

Augenblicklich gibt es in den USA über 400 000 aktive Großhandels- und etwa 4 Millionen Gruppenmitglieder. Die 40 Lagerhäuser der Firma Price sind jedes 100 000 Quadratfuß groß und sieben Tage in der Woche geöffnet. Die Firma betreibt keine Werbung; das Marketing erfolgt durch mündliche Empfehlung. Der Hauptumsatz wird mit Konfektionskleidung (20 Prozent), Lebensmittel (22 Prozent), Haushaltwaren, kurzlebigen Konsumgütern und Kleinkram aller Art erzielt.

Mit 71 Jahren ist Price ein cleverer Händler mit juristischer Ausbildung, einem Gebiet, auf dem viele gute Praktiker subtile, jedoch ausgezeichnete Verkäufer sind. Price beschaffte sich sein Grundkapital nicht bei Anlegern, sondern von seinen Kunden oder, wenn man will, von seinen Abonnenten. Aufgrund der Abonnementsgebühren kann Price den weiteren Ausbau seines Unternehmens durch langfristige Kredite finanzieren. Der Price Club wurde inzwischen von anderen Discountern imitiert, aber nicht annähernd so erfolgreich. Der Marktwert der Price Company beträgt mehr als

$ 1 Milliarde, und in knapp zehn Jahren hat sie diesen Höhepunkt erreicht.

Juristische Berufe nutzen zunehmend die Methode vorausbezahlter Subskription, um Barmittel für eine neue Dienstleistung aufzubringen: den vorausbezahlten juristischen Beistand. Jacoby & Meyers bringen juristische Dienstleistungen über Ladengeschäfte an den kleinen Mann. Dieses Unternehmen führt das Rennen derjenigen an, die für vorausbezahlte juristische Dienstleistungen Gruppen als Mitglieder werben. Was für eine großartige Idee, den Tornado von Rechtsstreitigkeiten in unserer Gesellschaft einzudämmen: Man dämpft die steigenden Kosten für Rechtsverfahren, indem man im voraus einen Anwalt bezahlt, der sich dafür im Bedarfsfall verpflichtet, zu erheblich gesenkten Gebühren tätig zu werden.

15 Jahre nach Gründung der Firma haben Jacoby & Meyers mehr als 200 Filialen, die über 250000 Klienten jährlich betreuen. Jacoby und Meyers managen das sich noch immer ausweitende Unternehmen im Rahmen einer typisch unternehmerischen Struktur. Die einzelnen Büros werden von Anwälten gemanagt, die für eine Barinvestition unternehmerisch tätig sind. Der managende Anwalt eines solchen Büros hat kein festes Gehalt, sondern wird entsprechend der Profitabilität seines Büros honoriert. Das vermittelt jedem dieser Anwälte volle Managementerfahrung und macht ihn zu einem verantwortungsbewußten Geschäftsmann. Die leitenden Manager des Gesamtunternehmens verkaufen in der Zwischenzeit den vorausbezahlten Service an Gruppen, Vereine, Verbände, Angestellte und sonstige Interessenten. Aufgrund der Vorauszahlungen hält der andauernde Bedarf des Unternehmens nach Erweiterungskapital sich in Grenzen.

Inzwischen beginnt diese Form von vorausbezahlten Subskriptionen sich auch in anderen Bereichen auszubreiten. Sie könnten auch für folgende Geschäftszweige genutzt werden:

- Sportwaren
- Medikamente, Gesundheits- und Schönheitshilfen
- Wohnmöbel
- Haushaltsgeräte und Verbesserungen am eigenen Heim
- Public-Relations-Dienstleistungen
- Gesundheitsfürsorge
- Versicherung gegen Kunstfehler
- Collegeunterricht

Wie man dem Klienten zu Cash verhilft

Angenommen, ein Kunde, der Ihnen viel Geld schuldet, sagt, er könne Sie nicht bezahlen, weil seine Zahlungseingänge zu langsam fließen. Dieser Kunde braucht Ihre Hilfe. Bruce D. Schulman ist Vorstandsvorsitzender der Firma Niederhoffer, Cross & Zeckhauser, ein auf seinem Gebiet führendes Unternehmen, das mittlere Unternehmen bei Fusionen und der Übernahme von Firmen berät. Schulman berichtet, wie er einmal einen Klienten aus Salt Lake City zur Bank begleitete, wo dieser seine Firma als Sicherheit für eine überfällige Zahlungsverpflichtung verpfändete. Schulman führte den Klienten zum Dinner aus und hörte von ihm etliche Geschichten, warum er nicht zahlen konnte, vernahm aber auch eine Menge über den Zustand der Farm, die sich als solider Vermögenswert ohne jede Belastung entpuppte. Schulman überredete den Klienten, sich mit ihm am folgenden Morgen in der Bank zu treffen, und innerhalb von 30 Minuten wurde die ausstehende Verbindlichkeit telegrafisch ausgeglichen.

In wirtschaftlich schwierigen Zeiten ist es wahrscheinlich, daß der eine oder andere Ihrer Kunden nicht in der Lage ist, Sie zu bezahlen. Diese Leute haben vielleicht aus denselben Gründen Cashflow-Probleme wie Sie. In diesem Falle sollten Sie vor allem eines von zwei Dingen tun. Zunächst einmal kann man diese Leute beraten, wie sie ihnen zustehende Zahlungen einkassieren, was so weit gehen kann, daß Sie in ihrem Namen bei besonders säumigen Zahlern intervenieren. Zweitens könnten Sie sich von einem Kunden einen abgesicherten Wechsel ausstellen und diesen von Ihrer Bank diskontieren lassen. Die zweite Strategie bringt Ihnen nur dann Bezahlung, wenn Ihr Kunde kreditwürdig oder die von ihm gestellte Sicherheit bankfähig ist. Um das feststellen zu können, müssen Sie den jüngsten Bilanzabschluß einsehen oder versuchen, den Schuldschein des Kunden bei dessen Bank diskontieren zu lassen.

Die erste Strategie ist es wert, bei Klienten ausprobiert zu werden, die nicht gerade eindrucksvolle Inkassoagenten sind. Fragen Sie den Klienten, was er unternommen hat, um seine Kunden oder Klienten zur Bezahlung der Rechnungen zu bewegen. Vielleicht hat er nicht nachdrücklich genug gemahnt. Bitten Sie ihn, den Buchhalter für Außenstände zum Gespräch hinzuzuziehen, damit er mit ihnen beide Möglichkeiten des Inkassos besprechen kann. Macht dieser Buchhalter auf Sie den Eindruck des Laisser-faire, dann könnten Sie um die Erlaubnis bitten, während einiger Telefonate sich als Buchhalter für Außenstände auszugeben. Gestattet man Ihnen, persönlich mit den säumigen Zahlern zu telefonieren, dann sollten Sie sehr energisch zur Sache gehen. Wie sagte doch der Schuster zu Tewje im Singspiel *„Der Fiedler auf dem Dach“*: „Warum soll ich darunter leiden, wenn deine Geschäfte nicht gut laufen.“ Sagen Sie dem Kunden Ihres Klienten, sein Zahlungsverzug habe Ihnen ernsthafte finanzielle Probleme beschert, weshalb Sie jetzt alle erdenklichen Maßnahmen ergreifen müßten, um zu Ihrem Geld zu kommen. Das ist der direkteste Weg. Der langsame Zahler wird dadurch noch nicht zu einem Bußgang genötigt. Es werden nur Fakten konstatiert. Dann fragen Sie: „Wie können Sie mir zu meinem Geld verhelfen?“ Je nachdem, was der säumige Zahler antwortet, können Sie mit Genehmigung Ihres Klienten

Entsprechendes veranlassen – eine telegrafische Überweisung, Anerkennung seiner Zahlungsverpflichtung durch Ausstellen eines Kreditbriefs, den Sie dann bei seiner Bank diskontieren lassen, oder aber juristische Maßnahmen, wenn der säumige Zahler sich widerspenstig zeigt. Stimmt er einer telegrafischen Überweisung zu, dann kann die Bank Ihres Klienten aufgefordert werden, einen Betrag an Ihre Bank telegrafisch zu überweisen.

Lehnt der Klient Ihr Hilfsangebot ab, dann sollten Sie die zweite Strategie anwenden – den abgesicherten Schuldschein. Was wollen Sie als Sicherheit? Natürlich den liquidesten Vermögenswert in der Bilanz des Klienten. An erster Stelle stünden Schatzanweisungen oder sonstige liquide Investitionen. Zweite Wahl sind Aktien oder festverzinsliche Wertpapiere in einem Bankdepot oder bei einer Maklerfirma, während ein solides Konto für Außenstände zur dritten Wahl gehört. Ausrüstungen, beispielsweise Firmenwagen, kommen an vierter Stelle.

Um absolut sicherzugehen, daß der Klient diesen Vermögenswert Ihnen und niemand anderem als Sicherheit überstellt, müssen Sie beim zuständigen Gericht einen Antrag nach UCC-1 (Uniform Commercial Code = vereinheitlichtes Handelsrecht) stellen.

Ein kooperationsbereiter Klient wird seinen Anwalt auffordern, ein solches Dokument für Sie auszustellen. Wer nicht so willig ist, macht die Sache für Sie schwieriger, aber nicht unmöglich. Sie können einen Anwalt am Ort des Klienten beauftragen, einen UCC-1-Antrag auf die Möbel, die Büroausrüstung des Unternehmens oder das, was Ihnen bei Ihrem Besuch dort sonst noch aufgefallen ist, auszustellen. Diese Maßnahme wird natürlich die Beziehungen zu Ihrem Klienten schädigen und Ihnen vielleicht doch nicht zu Ihrem Geld verhelfen. Ist der Klient jedoch finanziell so schwach, daß er Konkursantrag stellt, dann gehören Sie zu den abgesicherten Gläubigern. Und das ist wichtig, wie wir gesehen haben.

Vermeiden Sie es, mit leeren Händen zu gehen. Im schlimmsten Falle – wenn der Klient Sie aus seinem Büro verweist – beauftragen Sie einen Anwalt am Ort, das Geld für Sie einzutreiben. Lassen Sie dem Anwalt alle damit zusammenhängenden Dokumente durch Telefax zukommen, und fordern Sie ihn auf, sofort alles in die Wege zu leiten, um Zahlung zu erreichen. – Können Sie das noch am Vormittag erledigen, dann haben Sie immer noch Zeit, in eine andere Stadt zu fliegen, dort bei einem anderen Klienten hereinzuschauen und zu versuchen, das Geld einzukassieren, das Sie brauchen, um die Gehälter zu zahlen und den Betrieb in Gang zu halten.

Wartezeit nutzen

Äußern Sie Ihre Wünsche höflich und auf angenehme Weise, ist außerdem Ihr Rat konstruktiv, dann wird Ihr Klient auch mit Ihnen zusammenarbeiten und Ihnen entweder einen bestätigten Scheck überreichen oder den geschuldeten Betrag telegrafisch überweisen. Die Durchführung dieser Transaktion kann etwa eine Stunde in Anspruch nehmen, so daß Sie während der Wartezeit noch etwas anderes erledigen könnten – beispielsweise mehr Bargeld auftreiben. Zu diesem Zweck sollten Sie in Ihrem Aktenkoffer oder Reisegepäck alles mitführen, was für das Beschaffen von Cash erforderlich ist: eine Broschüre mit dem Angebot neuer Produkte, einen Prototyp oder ein Herstellungsmodell Ihres neuen verbesserten Produktes oder – wenn dieses schwer transportierbar ist – ein Video des Produkts, ferner Produktaussagen anderer Klienten sowie Mitbringsel als Geschenke. Geschäfte sind ein Vorgang, bei dem Geschenke gemacht werden. Ihr Produkt bzw. Ihre Dienstleistung ist für Ihren Kunden oder Klienten eine Lösung oder ein „Geschenk". Wird sein Wert erkannt, dann wird der Kunde oder Klient Ihnen Herstellungskosten plus eine Gewinnmarge bezahlen. Hat es jedoch keinen anerkannten Wert, dann ist es für das Problem des Klienten weder eine geeignete noch eine wirksame Lösung. Er wird daher das Produkt nicht bestellen. Wenn er eine Bestellung aufgegeben hat, besitzen das Produkt oder die Dienstleistung einen anerkannten Wert.

Während Sie im Büro Ihres langsam oder gar nicht zahlenden Klienten oder Kunden sitzen, sollten Sie daran denken, daß Sie der Gebende sind. Um ihn daran zu erinnern, sollten Sie ihm während des Aufenthalts in seinem Büro ein weiteres Geschenk machen. Das beste wäre ein eben von Ihrer Firma verbessertes Produkt. Können Sie eine neue Dienstleistung anbieten, wäre auch das ein Geschenk. Bieten Sie an, die Rechnung zu zerreißen, die Sie gerade einkassieren wollen, wenn der Kunde bereit ist, das verbesserte Produkt zu ordern und zu bezahlen, ein Produkt, das um ein Vielfaches teurer ist. Der von Ihnen vorgeschlagene Handel ist ganz einfach. Sie berechnen den Betrag der alten Rechnung plus 100 Prozent. Gewinnt das verbesserte Produkt, dann marschieren auch Sie als Gewinner aus dem Büro. Der Schachzug mit dem Zerreißen der alten Rechnung ist ein niemals versagender Handel, von dem beide Seiten profitieren.

Jeder Geschäftsabschluß sieht anders aus. Im folgenden jedoch finden Sie einige allgemeine Anregungen, wie Sie mehr Cash beschaffen können, als Sie zunächst planten.

1. Wir möchten gerne einen Computer in Ihrem Büro installieren, damit Sie künftig direkt, online bestellen und innerhalb von 24 Stunden beliefert werden können.

2. Wir würden gerne eine Faksimile-Übermittlungsmaschine bei Ihnen installieren, damit wir auf Ihre Anforderungen noch am selben Tage reagieren und die Ersatzteile am folgenden Tage zuschicken können.

3. Wir haben eine „800"-Telefonnummer installiert, um Nachfragen rund um die Uhr zu ermöglichen.

4. Wir haben eine Marktforschungsfirma beauftragt, die verschiedenen Möglichkeiten zu untersuchen, wie unsere Klienten unser Produkt (unsere Dienstleistungen) nutzen, und wir möchten Ihnen die Ergebnisse der Studie verkaufen.

5. Wir haben ein neues Garantieprogramm. Für eine kleine Gebühr garantiert es das Funktionieren unseres Produkts für einen Zeitraum von 72 Monaten, andernfalls ersetzen wir es. Das Garantieprogramm kostet $ 250 jährlich. Sie können aber heute schon gegen Skonto den vollen Betrag entrichten. Ich werde dann zusätzlich $ 1000 von Ihrer Buchhaltung abholen.

Diese Ideen mögen auf Ihren Fall nicht anwendbar sein. Beachten Sie, daß man seine Kunden oder Klienten nicht gerade häufig in ihrem Büro antrifft. Dies ist also wertvolle Zeit – der Augenblick zum Einkassieren von Barmitteln. Überhäufen Sie den Kunden mit Geschenken und lassen Sie durchblicken, weitere würden folgen. Auf diese Weise werden Sie zu Ihrem Geld kommen und Ihr primäres Besuchsziel erreichen. Darüber hinaus haben Sie aber die Grundlage für noch gewinnbringendere Kontakte in der Zukunft geschaffen.

Zusammenfassung

Machen Sie den Kunden und Klienten schon zu Beginn der Beziehungen klar, daß Sie termingerecht bezahlt werden möchten. Tun Sie das deutlich genug. Zeigt die andere Seite sich saumselig, dann telefonieren Sie und fordern Sie Überweisung auf Ihr Bankkonto. Schlagen Sie vor, die Überweisung des Geldes per Luftpost oder telegrafisch zu veranlassen. Spitzt die Lage Ihrer Firma sich zu, dann bieten Sie für die Verkürzung des Inkassos von 30 auf 10 Tage Skonti an.

Suchen Sie säumige Zahler persönlich auf, und verhelfen Sie ihnen zu Möglichkeiten, ihren Verpflichtungen nachzukommen. Demonstrieren Sie ihnen, wie man Barmittel beschafft. Bringen Sie bei Ihrem Besuch möglichst einen zusätzlichen Auftrag unter Dach und Fach, oder kassieren Sie einen noch größeren Scheck ein. Ihre Kunden mögen Sie, deshalb sind sie ja Kunden bei Ihnen. Und weil sie Sie mögen, kaufen sie immer wieder bei Ihnen, wollen die Geschäftsbeziehungen aufrechterhalten. Arrangieren Sie sich mit diesen Kunden so, daß beide Seiten davon Vorteile haben. Dann werden sie mehr und schneller zahlen.

Kapitel 10

Wechseln Sie den Buchhalter!

Wenden wir uns nun der Spalte Verbindlichkeiten Ihrer Bilanz zu. Die Zielsetzung ist, Zahlungen hinauszuziehen, die schon hinausgezogenen noch weiter hinauszuziehen und nochmals zu verlängern. Im Mittelpunkt einer Cash-flow-Krise ist der Buchhalter oder Rechnungsführer derjenige, der im unmittelbaren Kontakt mit den erzürnten Gläubigern steht, der Lieferantenbuchhalter, der täglich zwischen 20 und 100 Anrufe besorgter Gläubiger beantworten muß, die eine einfache Anwort auf die einfache Frage erwarten: „Wann werden Sie mich bezahlen?"

Im Verlauf ihrer beruflichen Laufbahn haben Gläubiger jede nur denkbare Hinhaltetaktik kennengelernt. Für sie ist die Ausrede „Ihr Scheck befindet sich bereits im Postausgang" so alt wie Methusalems Bart und etwa genauso glaubwürdig. Sie wollen Bargeld sehen, sind hartnäckig und unangenehm, haben frühere Gespräche genau notiert, desgleichen die eingehaltenen wie die gebrochenen Versprechungen. Sie glauben nichts von dem, was der Buchhalter einer mit Schwierigkeiten kämpfenden Firma Ihnen sagt. Sie halten sich an das Axiom: „Get the cash before the crash", das heißt, „hol dir das Geld, bevor der Laden zusammenbricht."

Natürlich kann der Buchhalter einer in Schwierigkeiten befindlichen Firma eine ganze Weile der Armee von Kreditmanagern, Inkassoagenturen und Rechtsanwälten standhalten. Er (sie) selbst hat ja die Cash-flow-Misere nicht verschuldet. Er (sie) wird alles mögliche tun, um die Wölfe fernzuhalten. Irgendwann jedoch sind die Ausreden, Hinhaltepläne, amüsanten Geschichten und, was am wichtigsten ist, die Glaubwürdigkeit erschöpft, wenn das Problem nicht in 90 Tagen gelöst ist.

Läßt Ihr Cash-flow-Problem sich nicht in 90 Tagen lösen und haben Ihre Gläubiger erst sehr wenig von dem Geld erhalten, dessentwegen sie täglich angerufen haben, dann ist es an der Zeit, den Buchhalter zu wechseln. Der bisherige ist wahrscheinlich ohnehin ausgebrannt und möchte vielleicht freiwillig ausscheiden.

Studieren Sie das *Wall Street Journal's National Employment Weekly* und nehmen Sie Verbindung mit erfahrenen Buchhaltern auf. Es ist nicht ungewöhnlich, einen Buchhalter durch Abnutzung zu verlieren. Schließlich ist es kein Kinderspiel, den ganzen Tag über Anrufe von Gläubigern, gerichtliche Vorladungen und Verfügungen entgegenzunehmen.

Bekleidungskodex für Buchhalter

Hat Ihr Buchhalter einen zähen Gläubiger, Bankier oder Anwalt eines Gläubigers oder das Finanzamt aufzusuchen, dann sollte er wie ein etwas schäbiger Schreiberling aussehen, der stark zahlenorientiert ist, keineswegs jedoch wie ein Abonnent der Zeitschrift *Gentleman's Quarterly*. Das kurzärmelige Hemd sollte weiß sein, mit einem Bleistifthalter, drei Drehbleistiften und zwei Kugelschreibern in der Brusttasche. Die Schuhe sollten nach Kunstleder aussehen, mit schwarzen Schnürsenkeln. Schließlich sollte er eine Jacke tragen – ganz gleich, bei welchem Wetter –, um seine übervorsichtige Natur zu demonstrieren.

Verärgerte Inkassoagenten lassen sich durch den Anblick eines Opponenten, der wie ein Bauerntölpel aussieht und sich kleidet wie eine Werbung für die Heilsarmee, leicht entwaffnen. Das ist von großer Wichtigkeit für die in Kapitel 12 beschriebene informelle Reorganisation der Firma.

Mein Name ist Gabby Hayes

Abgesehen davon, daß Ihr Buchhalter sich für seine Zusammenkünfte mit Gläubigern schäbig kleidet, sollte er auch am Telefon den Trottel spielen. Warum? *Weil trottelig smart ist.* Sie sollten Ihrem Buchhalter einhämmern, stets zu sagen „Ich habe die Stelle hier eben erst übernommen und kann die Unterlagen im Augenblick nicht finden."

Die Gläubiger werden an die Decke gehen. „Was heißt, Sie können nichts finden. Donnerwetter noch mal – ich habe euch Heinis drei Monate lang Rechnungen geschickt!"

Der neue Buchhalter sollte die Tiraden über sich ergehen lassen, wie Brandungswellen, die über seinem Kopf zusammenschlagen. Er nimmt die Beleidigungen, die Flüche und das Aufknallen des Telefonhörers auf die Gabel geduldig hin. Schließlich hat er die Schulden nicht zu verantworten. Er sollte nur sagen: „Man hat mich eingestellt, um die Dinge wieder in die Reihe zu bringen und Sie zu bezahlen."

Höchstwahrscheinlich wird der Gläubiger zurückschreien: „Wie, zum Teufel, wollen Sie mich bezahlen, wenn Sie nicht einmal meine Rechnung finden."

Darauf der neue Buchhalter: „Schicken Sie mir eine neue", womit er eine weitere Woche herausgeschunden hat.

Sobald die neuen Rechnungen eintreffen, können Sie mit dem Buchhalter über einen Aktionsplan sprechen. Sie sollten ihm erklären, wie tief die Krise ist, ob die Talsohle erreicht ist, ob es einen Ausweg gibt und Sie schon Licht am Ende des Tunnels sehen. Lassen Sie Ihren Buchhalter wissen, wie lange er noch den Dummen spielen muß oder wann er beginnen kann, über einen Zahlungsplan nachzudenken. Auf Zahlungspläne werde ich gleich zu sprechen kommen, für den Augenblick jedoch wollen wir annehmen, der neue Mann müsse noch zwei weitere Wochen für die Firma herausschinden.

Er kehrt zu seinem Berg telefonischer Mitteilungen zurück und beginnt, die Anrufe einen nach dem anderen zu beantworten.

„Hallo, hier spricht Gabby Hayes", meldet er sich bei dem Gläubiger.
„Wer ist dort?" fragt dieser.
(Für diejenigen, die niemals von Gabby Hayes gehört haben: Er war in den Westernfilmen der fünfziger Jahre der Kumpan eines bekannten Westernhelden, der sich durch komplizierte Situationen stets in Verwirrung bringen ließ. In solchen Fällen reagierte er mit dem Ausruf „Das kann doch nicht wahr sein!" Seine Verdutztheit ließ alle Kinobesucher glauben, sie selbst seien gewitzter, und sie lachten begeistert.)
„Wer zum Teufel sind Sie?" fragt der Gläubiger nochmals.
„Gabby Hayes, der neue Buchhalter der Firma XYZ."
„Du meine Güte. Das hätte ich mir denken können." Die Gläubiger entspannen sich und amüsieren sich. Nun werden sie einen Krumen von des Herrn Tisch akzeptieren. Hier ist dieser Krumen.
„Der Chef arbeitet gerade an einem Plan, wie er Euch Burschen bezahlen kann. Einzelheiten kenne ich noch nicht, doch meine ich, er wird Ihnen gefallen!"
„Will er bar zahlen? Mit Wechsel? Was ist es?" wollen die Gläubiger wissen.
„Ich sagte doch schon, Einzelheiten kenne ich noch nicht."
„Wie wollen Sie dann wissen, daß es mir gefallen wird?"
„Das eine kann ich Ihnen sagen. Nicht alle Gläubiger werden so gut davonkommen wie Sie. Der Chef mag Sie. Er braucht Ihr Produkt (Ihre Dienstleistung). Ich kann nur sagen, daß er mir aufgetragen hat, Ihre Rechnung mit einem A zu markieren, und das bedeutet Bezahlung."
„Wann?"

„Wann was?“
„Wann werden Sie zahlen?“
„Das weiß ich nicht. Ich habe den Plan noch nicht gesehen. Wir könnten vielleicht morgen darüber sprechen.“ Danach sagt der Buchhalter: „Auf Wiederhören“ und legt auf.

Drei Typen von Gläubigern

Die dümmliche Tour wird aber nicht ewig funktionieren und auch nicht bei allen Gläubigern. Diese lassen sich gewöhnlich in drei Kategorien einteilen:

- Der für Außenstände zuständige Buchhalter des Gläubigers
- Der Angestellte einer Inkassoagentur
- Ein Anwalt

Der für Außenstände zuständige Buchhalter tut nur seinen Job. Die Unternehmenspolitik bestimmt, wieviel Zeit er hat, die jeweiligen Außenstände hereinzuholen, bevor sie abgeschrieben werden. Die Frist kann zwischen 90 und 180 Tagen liegen, was von vielen Faktoren abhängt, beispielsweise davon, wann das fiskalische Jahr des Gläubigers endet. Der Buchprüfer seiner Firma könnte z. B. darauf bestehen, jede Schuld abzuschreiben, die älter als 90 Tage ist. Dann wird die Schuld entweder verkauft oder einer Inkassoagentur übergeben.

Inkassoagenturen wie beispielsweise Dun & Bradstreet haben große Erfahrung im Einziehen von Schulden. Sie sind geschult, Geld aus den Leuten herauszuholen. Aber auch für sie gelten zeitliche Grenzen, und wenn sie den geschuldeten Betrag nicht innerhalb von 90 Tagen einkassiert haben – die übliche Frist –, dann verlieren sie ihre Kommission oder ihren Profit.

Inkassoagenturen kennen das jeweilige Konto nicht sehr gut, wissen auch nichts über die bisherigen Beziehungen zwischen dem

Gläubiger und dem Kunden. Ein geschickter Buchhalter kann den Inkassoagenten für eine Weile hinhalten – mit Hinweisen auf mögliche Warenrücksendungen, bevorstehende Kredite der Bank, nicht richtig ausgestellte Rechnungen oder Gespräche zwischen der Schuldnerfirma und dem Gläubiger. Solche Gespräche verlaufen anders als die, für die der Inkassoagent geschult wurde. Er konzentriert sich darauf, einen Scheck zu bekommen: wann kann er ihn erwarten, welche Nummer hat der Scheck, wie wird er abgeschickt, wird es ein bestätigter Scheck sein und auf welchen Betrag wird er ausgestellt? Er will sofortiges Reagieren und spezifische Fakten.

Oft sitzen mehrere Inkassoagenten im selben Raum, mit dem Blick auf ein Thermometer an der Wand. Jeder einzelne hat seine Zielsetzung. Der Grundgedanke ist, das Thermometer bis zu einem bestimmten Datum auf einen bestimmten Dollarbetrag ansteigen zu lassen. Je schneller größere Beträge hereingeholt werden, desto größer ist der Bonus. Gewöhnlich jedoch halten sich Inkassoagenten nicht an die guten Geschäftspraktiken. Einer von ihnen rief bei einer kleinen Firma an und wollte mit dem Hauptgeschäftsführer verbunden werden.

„Wer ist am Apparat?“ fragte die Sekretärin.
„Jim Smith“, antwortete der Anrufer.
„Von welcher Firma?“
„Sagen Sie ihm, es handelt sich um seine Kinder.“

Der Sekretärin blieb nun nichts anderes übrig, als ihren Chef mit dem Anrufer zu verbinden. Als dieser hörte, daß es sich um eine Inkassoagentur handelte, riß er beinahe das Telefonkabel aus der Wand. Ein Brief an die Behörde, die über gute Geschäftspraktiken wacht, beendete die Laufbahn des jungen Mannes als Inkassoagent.

Inkassoagenten finden auch Ihre private Telefonnummer heraus und belästigen Sie am Feierabend und an Wochenenden. Ihre typische Marschroute: „Ich bin sonst gezwungen, das Gericht anzurufen.“ Können sie den geschuldeten Betrag nicht innerhalb einiger Wochen hereinholen, verlieren sie den Inkassoauftrag an einen Anwalt.

Wird die unbezahlte Rechnung einem Anwalt übergeben, ist das auch noch kein Weltuntergang. Der Anwalt folgt gewöhnlich erst einem bestimmten Arbeitsschema, bevor er den Fall abschließt. Wahrscheinlich schickt er zunächst einen langen Brief, in dem er ein Horrorgemälde von dem entwirft, was dem Schuldner alles zustoßen könnte. „Die Plagen Ägyptens könnten vor Ihrer Haustüre stehen“, heißt es da möglicherweise. „Blut wird fließen, und Ihre Kinder werden Sie verachten“, geht es dann weiter.

Solange der Anwalt des Gläubigers nicht die anderen Gläubiger oder deren Anwälte kennt, kann er selbst nicht die Schuldnerfirma nach Chapter VII des Konkursgesetzes belangen. Erhält er auf seinen ersten Brief und erste mehrmalige Anrufe keine akzeptable Antwort, kann der Anwalt eine Zivilklage anstrengen (wozu er einen Anwalt am Ort einschalten muß, wenn er selbst an einem anderen Ort tätig ist). Das heißt, er kann den geschuldeten Betrag plus Anwalts- und Gerichtsgebühren einklagen, im Falle eines Eigenakzeptes auch noch die Zinsen.

Die beklagte Firma muß sich gegen die Klage verteidigen und innerhalb von 30 Tagen ihren entsprechenden Schriftsatz einreichen. Die Zivilklage muß dem Beklagten ordnungsgemäß zur Kenntnis gebracht werden. Sie haben vielleicht in Ihrer Firma jemanden, der ausdrücklich mit der Entgegennahme gerichtlicher Forderungen beauftragt wurde. Liefert der Gerichtsvollzieher die Klageschrift bei der falschen Person in Ihrem Unternehmen ab, dann kann das vielleicht schon als „nicht ordnungsgemäß zur Kenntnis gebracht“ gelten. Ihr Anwalt kann das in seiner Verteidigungsschrift ausdrücklich anführen, was den Prozeßablauf verzögert, bis der Gerichtsvollzieher die zuständige Person gefunden hat.

Die Verteidigung durch einen Anwalt macht Ihnen für ein paar Monate Luft, bis der Gläubiger Antrag auf Mahnverfahren stellt. Das bedeutet, das Gericht wird gebeten, sich der Ansicht des Gläubigers anzuschließen und die Zahlung zu erzwingen. Sie müssen nun vor Gericht gehen und sich gegen das Mahnverfahren verwahren. Mehr noch – hat das Gericht sich bisher Ihnen gegenüber wohlwollend verhalten und Sie haben das nicht mit einer Zahlung honoriert, dann werden Sie den Fall höchstwahrscheinlich verlieren.

Ich erinnere daran, daß wir hier Straßenkampftaktiken erörtern, die man anwendet, wenn man mit dem Rücken zur Wand kämpft. Sie müssen Schritt für Schritt sehr vorsichtig vorgehen. Spüren Sie, daß Ihre Firma aus diesem Sturzflug nicht wieder ins Gleichgewicht kommen kann, dann sollten Sie den Straßenkampf meiden und lieber Chapter XI des Konkursgesetzes in Anspruch nehmen.

Nachdem alle relevanten Schriftwechsel abgeschlossen sind und Ihre Anwalts- und Gerichtsgebühren immer weiter ansteigen, hat ein außergerichtlicher Vergleich mehr Sinn als das Durchstehen des Mahnverfahrens. Denken Sie daran: Sobald das Mahnverfahren in Gang gesetzt ist, kann der Gerichtsvollzieher oder Sheriff sich auf den Weg machen und so viel von Ihren Vermögenswerten beschlagnahmen – Inventar, Möbel, Computer, Aktenschränke –, wie es dem Wert des geschuldeten Betrags entspricht. Ist erst der Sheriff in Ihrem Büro – oder, schlimmer noch, ein US-Marshall (Gerichtsvollzieher), der über Gemeinde- und Staatsgrenzen hinweg tätig sein darf –, dann haben Sie nur noch wenige Stunden, um entweder den Betrag lockerzumachen oder wertvolle Vermögensanlagen zu verlieren.

Gabby Hayes hat gegenüber einem schnell reagierenden Anwalt keine Chance.

Besuche bei den Gläubigern

Die großen Gläubiger müssen Sie unbedingt persönlich aufsuchen. Es wäre unklug, alle an einem Ort zu versammeln, weil jeder aus der Anwesenheit anderer mehr kämpferischen Mut bezieht. Haben Sie einen oder zwei sehr große Gläubiger, dann müssen Sie ihnen unbedingt die Höflichkeit erweisen, sie in ihrem Büro zu besuchen. Auf diese Weise bezeugen Sie Ihre persönliche Sorge, daß Ihre Zahlungsunfähigkeit auch Ihren Gläubigern Schwierigkeiten bereiten könnte. So sind beispielsweise Druckereibetriebe gegenüber ausstehenden Rechnungen besonders anfällig. Es ist nicht ungewöhnlich, daß gleich mehrere in Schwierigkeiten befindliche Firmen demselben Drucker zur selben Zeit viel Geld schulden. Muß dieser oder ein anderer Gläubiger eine Schuld abschreiben, dann wird seine eigene Kreditlinie gefährdet. Deshalb sollten Sie in der ersten Phase Ihres Besuches herausfinden, ob die schwierige Zeit, die Sie selbst gerade erleben, dem Gläubiger ähnlich schwer zusetzt.

Ist dies der Fall, so sollten Sie erfragen, welche Hilfestellung Sie leisten können – Ausstellen eines durch bestimmte Vermögenswerte abgesicherten Wechsels, Vereinbarung eines festen Rückzahlungsplans und dergleichen. Macht andererseits Ihre Zahlungsunfähigkeit dem Gläubiger das Leben nicht schwer, dann können Sie Ihren Rückzahlungsplan entsprechend gestalten.

Bei Verhandlungen mit wichtigen Gläubigern werden 95 Prozent des Erfolgs vom Umfang Ihrer Vorbereitungen bestimmt. Nehmen Sie das um Gottes willen nicht auf die leichte Schulter. Sie müssen unbedingt eine genaue Cash-flow-Übersicht aufstellen. Diese muß aufzeigen, wie der Gläubiger bezahlt werden würde, wenn er Ihrem Umstellungsplan zustimmt. Außerdem muß er unbedingt die neueste, amtlich noch nicht überprüfte Bilanz sowie eine Darstellung der laufenden Abwicklung Ihres Betriebes erhalten. Beides sollte ihm zusammen mit der Erklärung übergeben werden, warum Sie im Augenblick nicht zahlungsfähig sind.

Weisen Sie den Gläubiger darauf hin, daß für ihn nichts dabei herauskommt, wenn er Ihre Firma gemäß Chapter VII in den Konkurs treibt. Sagen Sie ihm, Chapter XI biete zwar eine Möglichkeit, die Sie jedoch wegen der Auswirkungen auf die Umsätze, auf das Inkasso der Außenstände und die Fähigkeit der Firma, ihren Geschäften auf gewohnte Weise nachzugehen, vermeiden möchten.

Für Ihr Unternehmen und seinen informellen Reorganisationsplan ist es wichtig, daß der große Gläubiger Ihren Plan zur Verlängerung der Rückzahlungsfristen akzeptiert. Tut er es, besteht Hoffnung, daß Sie ihn auch anderen schmackhaft machen können. Wenn nicht, müssen Sie den Schutz des Konkursgesetzes in Anspruch nehmen und einen Konkursrichter dazu überreden, Ihren Plan den Gläubigern aufzuzwingen. Das wird für alle Beteiligten teuer, und Sie würden lieber Ihre Rechnungen bezahlen als Anwälte.

Haben die großen Gläubiger Ihren Notplan akzeptiert, dann werden die meisten kleinen – denen Sie weniger als $ 5000 schulden – wahrscheinlich ebenfalls zustimmen. Wenn nicht, können Sie mit mehreren $ 5000-Gläubigern besser fertig werden als mit mehreren $ 200 000-Gläubigern. Sie werden siegen, wenn Sie folgende Anregungen befolgen:

1. Bereiten Sie sich intensiv auf die Begegnungen vor.

2. Legen Sie dabei Projektionen für Ihren Cash-flow sowie neueste Bilanzen vor.

3. Nehmen Sie Fotokopien oder Muster der neuen Produktreihe mit, die Ihre Umsätze steigern sollen.

4. Sieht Ihr Notplan die Übernahme einer Firma mit positivem Cash-flow vor, dann bringen Sie auch Bilanzen, Beschreibungen und Cash-flow-Projektionen der Firma mit, die Sie übernehmen wollen.

5. Stellen Sie fest, ob Sie dem Gläubiger Schaden zugefügt haben. Ist dies der Fall, dann entwickeln Sie eine Strategie zum Schutz seiner Kreditlinie oder seines finanziellen Wohlergehens.

6. Legen Sie den Plan nicht in Eile vor, um gleich wieder zu gehen. Bleiben Sie, bis Sie eine Antwort erhalten. Notfalls kommen Sie am folgenden Tage noch einmal.

7. Sorgen Sie dafür, daß Ihr Büro nicht das des Gläubigers anruft, während Sie bei ihm sind. Statt dessen rufen Sie zu verabredeten Zeiten Ihr Büro an und lassen sich berichten, was inzwischen passiert ist. Werden Sie angerufen, erweckt das den Eindruck, Ihr Schiff habe zu viele Lecks.

8. Verhalten Sie sich eindeutig, wahrheitsgemäß, präzise und professionell. Führen Sie die Verhandlungen über den Umschuldungsplan ernsthaft und seriös.

Ob Sie am Ende Ihrer Barmittelkrise aufrecht stehen oder am Boden liegen, hängt zum großen Teil von Ihrer Verhandlungsfähigkeit gegenüber den Großgläubigern ab. Ein bedeutender Lehrer der Kunst des Verhandelns, Somers H. White, erinnert seine Studenten immer wieder an den Grundsatz *wer sich am meisten Zeit nimmt, gewinnt.* Das ist wichtig, weil Sie tatsächlich sehr wenig Zeit für den Umgang mit jedem einzelnen von vielen Gläubigern haben. Geben Sie andererseits den großen Gläubigern möglichst wenig Zeit, damit Sie Gelegenheit haben, Ihren Rettungsplan auszuführen – Übernahme einer Firma, ein neues direktes Marketingschema, Verkauf von Seminaren, Einführung einer neuen Produktlinie und dergleichen. Sie müssen deshalb an der Türschwelle des Gläubigers so lange kampieren, bis Sie ihn vom folgenden überzeugt haben:

- Sie können nicht sofort zahlen
- Sie können auch in sechs oder zwölf Monaten noch nicht zahlen
- Bei Anwendung von Chapter VII des Konkursgesetzes wird er alles verlieren
- Muß Chapter XI angewendet werden, wird Ihr Notplan nach jahrelangen juristischen Debatten ohnehin vom Gericht den anderen aufgezwungen, wobei allen Beteiligten erhebliche Gebühren entstehen.

Akzeptiert er Ihren Notplan, können Sie sicher sein, daß Sie auch andere überreden können, es zu tun.

Ein abschließendes Wort der Vorsicht: Offenbaren Sie niemals die Namen anderer Gläubiger. Die könnten sich zusammentun und Sie zum Konkurs laut Chapter VII zwingen.

Ethik im Geschäftsleben

Erfinden Sie eine schwangere Buchhalterin, wenn Sie keine haben? Erfinden Sie einen geschäftlichen Erholungsplan, wenn Sie keinen haben? Wie steht es im Umgang mit Gläubigern um die Ethik?

Die Goldene Regel und die Zehn Gebote liefern die ethische Grundlinie. Wollen Sie Lieferanten und Kreditgeber zu langfristigen Partnern machen, sie überreden, Ihre Aktien zu kaufen oder Zehnjahres-Wechsel zu akzeptieren, dann können Sie nur bei hervorragender Geschäftsmoral Erfolg haben. Eine Lüge, eine falsche Darstellung, ein Hin und Her oder sonstige Formen geschäftlicher Tricks würden von Ihren Gläubigern durchschaut. Es gibt nur eine einzige Lösung – vollkommene Ehrlichkeit. Versprechen Sie niemals etwas, was Sie nicht halten können. Halten Sie sich an die Wahrheit; sie ist auch leichter zu behalten.

Andererseits – ebensowenig wie Sie beim Fußballspiel dem Schiedsrichter freiwillig sagen würden, Sie hätten soeben einen Gegner gefoult, müssen Sie dem Gläubiger jede Nuance Ihrer Krise auf die Nase binden. Der braucht nicht alles zu wissen. Wie bei jedem Sport spielen Sie, um zu gewinnen. Und Sie können mit harten Bandagen kämpfen, solange Sie fair kämpfen.

Zusammenfassung

Wechseln Sie Buchhalter aus, um Zeit zu gewinnen. Sie haben zwar mehrere Pläne zur Beschaffung von Barmitteln in Gang gebracht, doch braucht das Zeit, bis das Ergebnis an der Anzeigetafel aufleuchtet. Ebenso brauchen Sie Zeit, den von Ihnen entworfenen verlängerten Rückzahlungsplan den Gläubigern und ihren Anwälten zu verkaufen. Was Sie brauchen, ist Zeit, immer wieder Zeit. Neue Stimmen am Telefon können sie beschaffen. Neue Buchhalter erzählen neue Geschichten, mit denen sie Zeit gewinnen.

Aber selbst dann müssen einige Gläubiger noch persönlich aufgesucht werden. Sie müssen entscheiden, ob Sie Ihren Buchhalter zu ihnen schicken oder selbst gehen. Macht Ihr Buchhalter die Besuche, achten Sie darauf, daß er sich wie ein schüchterner Pedant kleidet und benimmt. Sie persönlich sollten die großen, wichtigen Gläubiger besuchen. Von denen können Sie durch gerichtliche Verfahren in die Knie gezwungen werden, weil sie mehr Geld für

Prozeßkosten aufbringen können. Sie wären dann genötigt, Cash statt in Produkte in Anwälte zu investieren. Jeden Besuch sollten Sie gründlich vorbereiten und dabei auch die Belange der Gläubiger im Auge haben. Offenbaren Sie ihnen Ihren Plan für Betriebsumstellung und neues Wachstum. Wenn möglich, gewinnen Sie sie als Partner bei diesem Plan.

Kapitel 11

Geschicktes Jonglieren mit mehreren Konten

Kleine Betriebe, die unter Druck stehen, lernen es, ihre Geldmittel zu strecken, indem sie zum Wochenende zahlen, die Post aus abgelegenen Orten abschicken und die Bank um telefonischen Rückruf bitten, bevor sie einen Scheck platzen läßt. In schwierigen Zeiten sollte man mindestens drei Bankkonten haben. Das Hauptkonto dient der Bezahlung der Lieferanten und wird laufend aufgefüllt. Das Scheckbuch zeigt stets eine Kontenüberziehung, während das Soll und Haben bei der Bank im allgemeinen ausgeglichen ist. Bei negativem Saldo telefoniert die Bank und sagt: „Füllen Sie Ihr Konto sofort auf, oder wir müssen Schecks zurückschikken." Dieses Konto wird gestreckt bis zum „Geht-nicht-mehr". Überweisen Sie darauf nach Bedarf Geld von Ihrem sicheren Konto.

Das zweite Konto wird niemals überzogen. Aus ihm werden bestimmte Rechnungen prompt bezahlt, desgleichen bestimmte Posten aus der Lohn- und Gehaltsliste, schließlich einige höchstwichtige Beträge, die nicht zu spät bezahlt werden und nie ungedeckt bleiben dürfen. Dieses zweite Konto ist immer knapp, aber stabil ausgeglichen und wird nach Bedarf aufgefüllt. Es wird bei einer zweiten Bank unterhalten. Besteht Gefahr von Pfändungsbeschlüssen, ist es eine unabhängige Bank außerhalb des Bereichs, in dem der Gerichtsvollzieher (Sheriff) Zugriffsmöglichkeiten hat.

Das dritte Konto ist eine Art Sicherheitsventil, außerhalb Ihres US-Bundesstaates und möglichst in einer Stadt, in die Sie häufig reisen. Es hat einen kleinen unangetasteten Saldo für äußerste Notfälle.

Die genehmigte Kontoüberziehung

In den Anfangsphasen geschäftlichen Wachstums sollten die Manager der Firmen sich mit ihren Bankiers zusammensetzen, um deren Gunst und Unterstützung zu gewinnen. Die Bank wird vielleicht gebraucht, um der Firma gelegentliches Überziehen der Konten zu gestatten, und, was ebenso wichtig ist, um der Firma zu erlauben, Schecks in Höhe noch nicht eingegangener Außenstände auszustellen. Behandelt man den Bankier fair, ohne die von ihm gewährten Privilegien und Vorteile zu mißbrauchen, dann wird die Bank sich in Zukunft vielleicht noch großzügiger verhalten und Ihnen vielleicht sogar dringend benötigtes Geld leihen.

Die Bank, die Ihnen Geld leiht, möchte nicht, daß Sie Konkurs anmelden müssen; sie wird daher die Rückzahlungen strecken. Halten Sie den betreffenden Kreditbearbeiter ständig auf dem laufenden über Ihre Pläne. Denken Sie daran, ihm Ihre Presseverlautbarungen über staatliche Beihilfen oder die Einführung neuer Produkte zuzuschicken. Beziehen Sie ihn in Ihren Plan ein. Machen Sie Abschlagszahlungen auf den Kredit, wann immer es Ihnen möglich ist.

Befolgen Sie diese Tips, dann werden Sie stets einen Sympathisanten bei Ihrer kommerziellen Bank haben – es sei denn, diese nimmt eine sture, konservative Haltung ein. Doch dann hätten Sie ja dort kein Konto eingerichtet. Sie haben Interesse an einer festen Beziehung zur Bank, wollen, daß der Bankier die Ziele Ihrer Firma und auch die Fortschritte auf Ihrem Wege dorthin kennt. Beziehungen bauen auf Informationen auf und werden durch freundschaftliche Handlungen gefestigt.

Ein einfacher Bankangestellter hat am Beginn seiner Laufbahn bescheidene Vollmachten. Vielleicht darf er Kredite bis zu einem Betrag von $ 25 000 ohne vorherige Zustimmung von Vorgesetzten bewilligen, kann das Überziehen von Konten genehmigen und unmittelbaren Kredit auf Einlagen geben, deren Clearing normalerweise sieben bis zehn Tage in Anspruch nehmen würde. Sie sollten niemals einen Scheck platzen lassen. Gehen jedoch Ihnen zustehende Einlagen nicht termingemäß ein, werden sie durch das Wetter oder andere unvorhergesehene Umstände verzögert und mußten Sie die Rechnungen für die Krankenversicherung der Angestellten oder die Stromrechnung bezahlen, um nicht zu riskieren, abgeschaltet zu werden, dann sollten Sie den Bankier bitten zu zahlen, statt Ihren Scheck platzen zu lassen. Bei guten Kommunikationslinien zu Ihrem Bankier wird er sich entsprechend verhalten.

Sofortiger Kredit für Einlagen

Dasselbe gilt, wenn man sofortige Gutschrift bargeldloser Einlagen haben möchte. Wurde Ihre Bank über wichtige Vorgänge und Ihre Jahresbilanz informiert, dann wird sie wahrscheinlich auf Ihre Firma ausgestellte Schecks wie Bareinlagen behandeln, ausgenommen, die Schecks müssen von ausländischen Banken gedeckt werden, oder mehrere davon sind von Zeit zu Zeit geplatzt.

Sofortige Gutschrift eingehender Schecks ist gleichbedeutend mit der Verfügung über eine Kreditlinie, die während des sieben- bis zehntägigen Clearings gewährt wird. Bei einem solchen Service für Ihre Firma verzichtet die Bank auf Zinsgewinn. Daher werden Sie irgendwann einmal die Großzügigkeit der Bank auf irgendeine Weise vergelten müssen.

Welche Rechnungen sind wann zu zahlen?

Um von Ihrem Kapital soviel wie möglich zu sparen, sollten Sie sich einige Stunden mit Ihrem Buchhalter zusammensetzen und gemeinsam die Lieferantenkonten darauf prüfen, wie weit die Zahlungen gestreckt werden können. Die öffentlichen Versorgungsbetriebe – Telefon, Strom, Gas oder Heizung – werden Ihre Leistungen einfach abschalten, wenn die Zahlung einen Tag nach der Benachrichtigung über das Aussetzen der Dienstleistungen nicht eintrifft. Wollen Sie dann wieder angeschlossen werden, müssen Sie wahrscheinlich eine Bareinlage deponieren. Der Versuch, diese besonderen Zahlungsverpflichtungen über die offiziellen Abschalttermine zu strecken, wird Sie Kapital kosten, und Sie werden ein paar positive Kreditreferenzen verlieren.

Die Krankenversicherung ist eine Dienstleistung, die von Angestellten häufig mit derselben Verehrung betrachtet wird wie der regelmäßige Gehaltsscheck. Man kann daher die Krankenversicherungsbeiträge nicht opfern. Dagegen können Sie Policen für Lebens- und Unfallversicherungen streichen. Doch klären Sie das mit allen Mitarbeitern. Sagen sie ihnen, es gebe nur die Wahl zwischen Gehalt oder Versicherung. Sie werden sich für das Gehalt entscheiden.

Angesichts der steigenden Kosten der Krankenversicherung sehen viele Firmen sich nach weniger teuren Versicherungsformen um. Nehmen Sie Kontakt mit der lokalen Gesundheitsbehörde auf, um zu erkunden, ob sich etwas zur Herabsetzung Ihrer Krankenversicherungskosten tun läßt.

Ohne Kurierdienste kann eine Firma schlecht existieren, ebensowenig ohne Fotokopier- und Frankiermaschinen. Auch Geräte zur Übermittlung von Faksimiles werden immer mehr zu einem normalen Bestandteil der Betriebsabwicklung. Wann haben Sie zum letzten Male die Service- oder Mietverträge für diese entscheidenden Dienstleistungen und unentbehrlichen Teile der Büroausstattung überprüft? Wie spät können Sie für diese Leistungen zahlen, ohne ihrer verlustig zu gehen? Sechzig Tage? Neunzig Tage? Für den Fall, daß Ihre Firma während der Rezession ganz tief absackt, wäre es sehr wichtig zu wissen, wie weit diese Zahlungsverpflichtungen dehnbar sind. Vielleicht können Sie von einem Lieferanten zu einem anderen umschalten und dadurch 90 Tage freien Service erhalten.

Lieferantenrechnungen sind gewöhnlich Rechnungen für Produkte oder Dienstleistungen, die Ihrer Firma in gutem Glauben geliefert wurden – im Glauben, daß Sie innerhalb der vereinbarten Frist zahlen werden. Anders als bei der Telefon- oder Stromrechnung werden die Lieferanten nicht gleich die Lieferungen einstellen, wenn sie nicht innerhalb von 30 Tagen bezahlt werden. Sie werden bis zu einem gewissen Punkt mit Ihnen zusammenarbeiten. Wann dieser Punkt erreicht ist, werden Sie erst wissen, wenn Sie in echte Schwierigkeiten geraten. Sie können jedoch sicher sein, daß langsame Bezahlung Ihrer Lieferantenrechnungen eine der billigsten Formen von Kapital ist – die andere ist die Finanzierung durch die Kunden (siehe Kap. 3).

Aber wie langsam darf man sein? Vielleicht gibt es für die jeweilige Branche eine Norm, und Sie bezahlen Ihre Rechnungen doppelt so schnell wie die Konkurrenten. In diesem Fall versorgen Sie Ihre Lieferanten mit billigem Kapital.

Wie weit kann man Zahlungen strecken?

Sind Ihre Lieferanten zur Offenlegung ihrer Geschäftsabschlüsse verpflichtet, dann wäre es ratsam, sich ihre Jahresbilanzen zu beschaffen, um festzustellen, wie schnell ihre Außenstände hereingeholt werden. Dabei stellen Sie vielleicht fest, daß ein wichtiger Lieferant seinen Umsatz im vergangenen Jahr um 30 Prozent gesteigert hat, möglicherweise durch Einräumung günstigerer Bedingungen, die er seinen Kunden eingeräumt hatte. Er hatte die durchschnittlichen Zahlungsfristen von 49 auf 55 Tage verlängert, also um mehr als zehn Prozent. Haben Sie das über Ihren Lieferanten in Erfahrung gebracht, dann könnten Sie Ihre Zahlungen ebenfalls um eine Woche verzögern, ohne sich dadurch seinen Zorn zuzuziehen.

Handelt es sich bei Ihrem Lieferanten um eine private Firma, wird es vielleicht schwierig sein, deren Umsätze und Außenstände festzustellen. Nachfolgend einige Tips, wie Sie sich finanzielle Informationen über eine private Firma beschaffen können.

1. *Dun & Bradstreet.* Sie können die Berichte dieser Firma abonnieren, doch sind sie relativ teuer und die Informationen nicht immer ganz zuverlässig. Denken Sie doch einmal daran, was Sie selbst auf Anfrage Dun & Bradstreet über Ihre Firma gesagt haben. Wahrscheinlich war auch Ihr Bericht weder gründlich noch in allem zutreffend, und vermutlich haben Sie darin den Nettowert zu hoch angesetzt. Bitten Sie einen Freund oder eine Bank, einen Dun & Bradstreet-Bericht für Sie anzufordern, und ersparen Sie sich die $ 800 Abonnementsgebühr plus die $ 28,50 für den Bericht selbst.

2. *Berichte in der Lokalpresse.* Über die meisten Firmen mit Umsätzen von mindestens $ 5 Millionen wird in der lokalen Presse laufend berichtet. Erfragen Sie telefonisch bei den Lokalblättern der Heimatstadt Ihres Gläubigers, ob ein Artikel über ihn erschienen ist. Dann bestellen Sie ihn.

3. *Ein Parkplatz-Test.* Bitten Sie einen Bekannten in der Heimatstadt des Gläubigers, zur Fabrik zu fahren und dort die Wagen auf dem Firmenparkplatz zu zählen. Setzen Sie 1,5 Mitarbeiter pro Wagen an, und multiplizieren Sie die Zahl der Beschäftigten mit $ 100000, dann ergibt sich der ungefähre Umsatz der Firma.

4. *Einfach nachfragen.* Das ist eine meiner beliebten Redensarten. Viele Menschen versäumen häufig, gerade die Frage zu stellen,

mit der sie sich am meisten beschäftigen. Sie, lieber Leser, tun das nicht. Sie wollen es unbedingt wissen – also fragen Sie einfach. „Sind wir der langsamste Zahler? Bezahlen die meisten Firmen Sie innerhalb von 45 Tagen? Wie viele überschreiten diese Frist?" Sie werden erstaunt sein, was die Buchhalter für Außenstände Ihnen alles sagen, wenn Sie sie nur fragen.

5. *Prüfen Sie die Bankreferenzen.* Ihre Bank kann die Kreditwürdigkeit des Lieferanten für Sie verifizieren. Nach einem allgemein gültigen Ehrenkodex enthält keine Bank einer anderen Kreditinformationen vor, wenn die Anfrage vernünftig begründet ist. Ihr Zweck sollte legitim sein und nicht nur der Befriedigung von Neugier dienen. Bitten Sie Ihre Bank, die finanzielle Stärke der Firma XY zu überprüfen, weil Sie im Vertrauen darauf monatlich eine beträchtliche Menge von Komponenten beziehen wollen.

6. *Fünfstellige Zahlen.* Unter Anwendung der Codes von Polk und Dun & Bradstreet wird Ihre Bank sich schnell mit der Bank des Lieferanten in Verbindung setzen und einen mündlichen Bericht erhalten: „Die Firma XY unterhält bei uns Konten mit durchschnittlich fünfstelligen Ziffern. Seit 1985 bestehen Kreditbeziehungen im Rahmen von bescheidenen bis siebenstelligen Summen. Die Beziehungen zu dieser Firma sind durchaus zufriedenstellend." Das ist eine sehr positive Bankreferenz. Die Bank des Lieferanten bringt darin zum Ausdruck, daß über das Girokonto des Lieferanten durchschnittlich Beträge zwischen $ 80000 und $ 99000 laufen, daß die Firma Kredite zwischen $ 1,2 Millionen und $ 1,6 Millionen aufnimmt und der Bank einen regulären und gewinnbringenden Zinssatz zahlt.

Zusammenfassung

Je finanziell gesünder Ihre Lieferanten sind, desto stärker können Sie sich auf sie stützen. Je schneller sie ihr Kapital arbeiten lassen, desto weniger können Sie Ihre Zahlungen hinauszögern. Sammeln Sie laufend Informationen über Ihre Lieferanten. Legen Sie eine Akte mit Artikeln aus Wirtschaftszeitungen an.

Bedenken Sie: Ihre Kenntnisse über die andere Firma werden bei einem persönlichen Besuch zum Zweck eines Zahlungsaufschubs Eindruck machen und Ihre Glaubwürdigkeit erhöhen. Schalten Sie bei Bestellungen von Büromaterial und bei der Beauftragung von Kurieren auf neue Firmen um, können Sie dadurch 90 Tage Kredit herausholen. Andere Gläubiger können Sie langsamer bezahlen, wenn Sie die Zahlungsbedingungen ihrer Branche kennen.

Versprechen Sie niemals „Ihr Scheck liegt im Postausgang“, wenn das nicht wahr ist. Ihre Glaubwürdigkeit wird von den Gläubigern getestet, wenn Sie ihnen Ihren informellen Reorganisationsplan nahebringen wollen. Heute nicht eingehaltene Versprechen werden morgen Schaden anrichten.

Phase 4

Umstrukturierung und neues Wachstum planen und verwirklichen

Kapitel 12

Überlebensstrategien

Wir treten jetzt in die Synthese- oder Wiederaufbauphase ein. Die Firma ist am tiefsten Punkt ihrer Talfahrt angelangt. Die Feinde sind bekannt, die Geschosse, die das Unternehmen auf den Friedhof befördern könnten, wurden identifiziert. Cash wurde beschafft und ordentlich verplant, Kampfgefährten wurden ausgesucht, Zeit „gekauft" und genutzt, und auch Straßenkampftaktiken hat man eingesetzt, wo es notwendig wurde. Jetzt steht die Firma in den Startlöchern, um mit einem kraftvollen Schwung wieder neue Höhen der Leistungsfähigkeit und Profitabilität zu erreichen. Und nun liegt der Umstellungsplan vor uns.

Der Vorstandsvorsitzende und der leitende Finanzmanager sollten sich an einem Sonntag treffen und die Cash-Position des Unternehmens gründlich analysieren. Die Höhe der verfügbaren oder aufbringbaren Barmittel und die Einschätzung der Geschosse, die das Unternehmen treffen könnten (was den Umfang der benötigten Reserve festlegt), bestimmen nun die Auswahl der Strategien für den Umstellungs- und Wachstumsplan. Reichen die Barmittel nur für 90 Tage – also 12 bis 14 Wochen –, dann dürfte der Vorschlag einer staatlichen Kapitalhilfe nicht sinnvoll sein. Vielleicht sollte man dann eigene Technologie lizenzieren oder einfach verkaufen. Der Erlös könnte für die Übernahme einer Cash-flow einbringenden Firma genutzt werden. Reichen die Barmittel nur für 60 Tage, dann sollte man einen Konkursanwalt in Wartestellung haben, der die Firma, wenn notwendig, schnell unter den Schutz von Chapter XI stellen kann. Nach den Bestimmungen des Chapter XI kann man eine Firma durch Verschuldung übernehmen. Vergessen Sie auch nicht die Option, Chapter XI zu nutzen, um an die Börse zu gehen. In jedem einzelnen Fall zeigt der Cash-flow-Bericht auf, welche Strategie anwendbar ist.

Cash-flow-Berichte als Landkarten

Für jeden Schlachtplan gibt es eine Landkarte des Gebietes, auf der die gegnerischen Stellungen und topographische Elemente markiert sind. Auf ähnliche Weise zeigt der Cash-flow-Bericht nacheinander die wichtigsten, zweitwichtigsten und sonstigen Rechnungen auf. Er nennt auch die Geldquellen, aus denen Ihre Verbindlichkeiten bestritten werden können. Das ist Ihr Schlachtplan, den Sie während der gesamten Krisenzeit ständig auf den neuesten Stand bringen müssen.

Ihre Strategie soll die Firma am Leben erhalten und zu neuen Taten beflügeln. Sie haben eine Jagd in Gang gebracht, ein Spiel ums Überleben und Gedeihen, bei dem Sie der Mannschaftskapitän sind. Diese Aufholjagd bezeichne ich als *Umstellungs- und Wachstumsplan.* Gleichzeitig erarbeiten Sie und Ihr Chefbuchhalter einen Plan zur zeitlichen Streckung der Verbindlichkeiten. Ihre Firma will sie aus dem Cash-flow begleichen, den der Umstellungs- und Wachstumsplan bewirken soll. Diesen zeitlichen Streckungsprozeß wollen wir im folgenden als *informellen Reorganisationsplan* bezeichnen.

Die beiden Pläne sollen als Tandem funktionieren. Taktisch müssen Sie für jeden Plan einen Führer bestimmen. Der Vorstandsvorsitzende könnte den Umstellungs- und Wachstumsplan leiten, sein Stellvertreter den informellen Reorganisationsplan. Der wöchentliche Cash-flow-Bericht ist das Spielfeld; der Ball, die Handschuhe und der Schlagstock (Baseball) sind die Werkzeuge, die Sie in diesem Buch kennengelernt haben. Zum Charakter der Spieler gehören Herz, Mut und Urteilsfähigkeit – Eigenschaften, die Sie und Ihre Kampfgefährten während Ihrer geschäftlichen Laufbahn erworben haben. Diese Laufbahnen waren Kinderspiele, verglichen mit dem Wettkampf, in dem Sie sich jetzt bewähren.

Warum Teams?

Überleben ist ein Wettkampf mit Gewinnern und Verlierern. Gewinner sind die Unternehmen, die *gerüstet* sind – die ihre Zielsetzungen eindeutig festsetzen und sie mit solch militärischer Präzision wie nur möglich verfolgen. Das informelle Reorganisationsteam benötigt zumindest drei Mitglieder, die bei Gläubigern vorsprechen, sowie zwei Assistenten, die Eigenwechsel und deren Begleitschreiben sowie sonstige Kommunikationen vorbereiten. Übersteigt die Zahl der Gläubiger 500, dann braucht das informelle Reorganisationsteam ein weiteres Mitglied, das sie über den Plan informiert, sowie einen weiteren Assistenten für die Kommunikation.

Für den Umstellungs- und Wachstumsplan braucht man mindestens zwei Mitglieder und einen Assistenten für jeweils zwei Pläne zur Beschaffung von Cash. Angenommen, Ihr Umstellungs- und Wachstumsplan besteht aus zwei Teilen, (1) einer Firmenübernahme durch Verschuldung und (2) einer Kommanditgesellschaft für Forschung und Entwicklung eines neuen Produkts. Die Übernahme soll ausreichend Cash beschaffen, um während mehrerer Jahre alle Verpflichtungen gegenüber Gläubigern zu bestreiten. Die Kommanditgesellschaft soll ausreichend Kapital für die Entwicklung einer attraktiven Innovation beschaffen, die für eine breite Zielgruppe Problemlösung bedeutet. Es wäre ein unerwartetes Plus, wenn das innovative Produkt von der übernommenen Firma vermarktet werden könnte.

Man erkennt sofort, daß man beiden Plänen volle Zeit und Aufmerksamkeit widmen muß, weil sie komplex sind und ein ganzes Netzwerk, d.h. die Mitarbeit von Buchhaltern, Anwälten und Investmentbankiers erfordern. Außerdem muß mit großer Präzision gearbeitet werden. Zur praktischen Umsetzung des Umstellungs- und Wachstumsplans braucht man mindestens ein Team aus drei Personen plus eine Hilfskraft für die Textverarbeitung. Kommt ein dritter Plan hinzu – etwa der Kauf einer Abteilung, Verkauf einer Auslandslizenz oder Postversandaktivitäten –, dann muß das Team erweitert werden. Zu viele Umstellungspläne verzetteln jedoch die Bemühungen der Firma, so daß am Ende nichts vollendet wird. In diesem Falle muß der informelle Reorganisationsplan, der den Gläubigern unbedingt mit aller Sorgfalt schmackhaft gemacht werden muß, zu weniger attraktiven Bedingungen erneut an den Mann gebracht werden. Die Programmstreckung wird also nochmals ausgedehnt. Das ist möglich, wenn der Umstellungsplan auf vollen Touren läuft; andernfalls ist das ein mühsames Werk.

Die Teamangehörigen

Angenommen, die beiden Pläne sehen vor, „etwas zu kaufen" und „ein Entwicklungsprojekt in Gang zu bringen". Dann sollten der Vorstandsvorsitzende, der Firmenanwalt und der leitende wissenschaftliche Manager dem Team angehören. Will man „etwas verkaufen" und „neue Marketingkanäle erschließen", dann muß der wissenschaftliche Mitarbeiter durch den leitenden Marketingmanager ersetzt werden. Für die Teamangehörigen ist ständig ein Konferenzzimmer zu reservieren – nach Möglichkeit auch ein Konferenzraum in der Anwaltskanzlei, wenn es so aussieht, als stehe der Abschluß dicht bevor. Im Konferenzraum sollten alle für die Verwirklichung des Plans erforderlichen Dokumente griffbereit sein, mit Kopien in der Anwaltsfirma und beim Textverarbeiter. Das an der informellen Reorganisation arbeitende Team wird vom stellvertretenden Vorstandsvorsitzenden oder dem Leiter der Finanzabteilung angeführt. Dazu kommen der stellvertretende Leiter der Finanzabteilung und der leitende Marketingmanager (oder dessen Stellvertreter). Für dieses Team ist ein Raum bereitzustellen, in dem man sich gegenseitig sieht und untereinander wegen der Akzeptanz des Streckungsplanes durch die Gläubiger kommunizieren kann. Ein Konferenzsaal ist dafür nicht ideal, da er laut und unbequem sein könnte. Vorzuziehen wäre ein großer Raum mit fünf oder sechs Schreibtischen und Telefonen.

Zwei Strategien werden entworfen

Was im Gefolge der Umstellungsstrategie geschieht und dabei an Cash-flow hereinkommt, wird sich auf die informelle Reorganisationsstrategie auswirken. Daher ist es notwendig, zwei Strategien parallel zu entwerfen, statt sie unabhängig voneinander zu befolgen. Nachstehend einige Annahmen über die Art der Krise des Unternehmens und die zu ihrer Überwindung in Aussicht genommenen Strategien.

1. *Die Natur der Krise.* Nehmen wir an, die Firma hatte im Vorjahr einen Umsatz von $ 15 Millionen und kleine Gewinne. Das Management erwartete einen Umsatzanstieg um 20 Prozent und steckte daher alles in die Werbung und ins Marketing, einschließlich eines verbürgten Kredits von $ 1 Million. Statt anzusteigen, sackte der Umsatz jedoch auf jährlich $ 7,5 Millionen ab. Eine Rezession hat die Fahrt des Unternehmens gebremst. Das Management reagierte langsam auf die Krise, die es zunächst nicht wahrhaben wollte. Dann ärgerte es sich über sie, bis es sich schließlich zu dem Entschluß durchrang, die Firma retten zu wollen. (Ein starker Konjunkturabschwung wird bei seinem ersten Auftreten selten als Vorläufer einer unheilvollen Entwicklung erkannt.) Schließlich begann man zu begreifen, daß die Firma nicht mehr voll im Geschäft war, aber zu spät. Auch die letzten Außenstände waren hereingeholt, und die Lagerbestände der Firma waren leer. Entlassungen wurden erst nach diesem Tatbestand vorgenommen. Deshalb war der Schrank praktisch ausgeräumt.

Die Firma schuldet 400 Gläubigern insgesamt $ 3,8 Millionen, einschließlich eines Bankkredits von $ 1 Million. Die Kunden der Firma haben sich inzwischen anderswo orientiert. Eine Produktverbesserung würde vom Markt sicherlich gut aufgenommen, doch ist dazu ein größerer Entwicklungsaufwand erforderlich sowie anschließend eine starke Dosis Telemarketing und Postversand, um größere Bestellungen in Gang zu bringen.

2. *Informelle Reorganisation als geeignete Strategie.* Das verbleibende Inventar des Unternehmens kann für $ 400 000 an einen Zwischenhändler verkauft werden. Die noch verbliebenen Außenstände werden von „Karteileichen" geschuldet und können einem Inkassoagenten übergeben werden. Einige Ausrüstungen, LKWs und Möbel können für etwa $ 150 000 verkauft werden. Bei ihrer Liquidierung besitzt die Firma also runde $ 550 000, bei Verbindlichkeiten von 3,8 Millionen. Die Bank würde 55 Prozent ihres Kredits erhalten oder $ 550 000, abzüglich der Gerichtskosten, wenn die Liquidierung gemäß Chapter VII erfolgt. Alle anderen Gläubiger würden leer ausgehen. Ein Konkurs nach Chapter XI oder eine Reorganisation würde etwa ein Drittel der Kriegskasse von $ 550 000 in Form von Anwalts- und Gerichtskosten aufzehren. Aus diesem Grunde wäre die informelle Reorganisation die geeignete Strategie. Sie geht mit den $ 550 000 sparsam um, wodurch die Firma Zeit gewinnt, ihren Umstellungsplan auszuführen. Wieviel Zeit genau verfügbar bleibt, das hängt von den für den schlimmsten Fall errechneten Cash-flow-Projektionen ab. Alles jedoch, was 120 Tage übersteigt, reicht aus, um einen Umstellungs- und Wachstumsplan in Gang zu setzen.

3. *Ein doppelgleisiger Umstellungs- und Wachstumsplan – Kaufe etwas und entwickle etwas.* Das leitende Management überprüft die zahllosen vorhin erörterten Optionen – kaufen, verkaufen, neue Absatzkanäle hinzufügen, die vorhandenen Kanäle besser ausfüllen, etwas entwickeln, eine Firma übernehmen, die Kun-

den für die eigenen Zwecke einspannen und so weiter. Das Management entscheidet sich für eine doppelgleisige Umstellungs- und Wachstumsstrategie unter der Annahme, daß beim Scheitern der einen die andere erfolgreich sein wird. Die erste Strategie besteht darin, eine Firma mit positivem Cash-flow zu übernehmen, und zwar mit Finanzierungstechniken, die auf zusätzlicher Verschuldung beruhen. Der Cash-flow der auf diese Weise übernommenen Firma kann teils die $ 3,8 Millionen Schulden vermindern und zum anderen Teil für Telemarketing oder Postversand-Marketing eingesetzt werden. Das Team billigt den doppelgleisigen Plan, und jedermann ist in großer Erwartung. Nach 90 Tagen Grabenkämpfen ist die Zeit gekommen, eine neue Firma aufzubauen. Der Sieg ist in Sicht. Man hat sich für die „Kaufe-etwas"-Strategie entschieden, weil die Rezession viele Übernahmen zu relativ niedrigen Preisen hervorgebracht hat. Die zweite Strategie – Entwicklung eines hochwertigeren Produkts unter Inanspruchnahme staatlicher Beihilfen – wurde gewählt, weil die Firmenleitung beim Leiter der staatlichen Behörde für wirtschaftliche Entwicklung vorgesprochen und dabei herausgefunden hat, daß sie den Kriterien für eine staatliche Beihilfe in Höhe von $ 1 Million entspricht.

4. *Die Mannschaft.* Ihre Kampfgefährten sind sieben sturmerprobte Kerle, die für ihre Firma barfuß durch die Hölle marschieren würden. Sie werden nach dem Schema in Tabelle 12.1 eingesetzt.

Natürlich kann man den Teams mehr Leute zuweisen, und für größere Firmen ist das auch sehr zu empfehlen. Meiner Erfahrung nach bilden zwei kleine Teams von Mitspielern, wie sie in Kapitel 2 beschrieben wurden – Mitspieler, die Tag und Nacht für ihre Firma kämpfen –, die optimale Zusammensetzung.

Abb. 12.1 Die Anordnung der Teams

Umstellung und Wachstum	Produktverbesserung	Informelle Reorganisation
Vorstandsvorsitzender	Leiter der wiss. Abteilung	Leiter Marketing
Leiter der Finanzabteilung		stellv. Leiter der Finanzabteilung
Sekretärin für Textverarbeitung		Sekretärin für Textverarbeitung

Während eines sechsmonatigen Umstellungsplanes werden die sieben Leute zwangsläufig für reduzierte Gehälter arbeiten, bis der erste Durchbruch im Plan sichtbar wird. Denken Sie daran: Die $ 550 000 müssen ausreichen für Gehälter, allgemeine Betriebskosten, Reisen, Kommunikationen und Anwaltsgebühren während 120 bis 150 Tagen. Einige andere Angestellte müssen an Bord bleiben, um mit den Gläubigern zu telefonieren, Geldeingänge zu verbuchen und sonstige Aufgaben wahrzunehmen. Alle werden sich mit gekürzten Gehältern abfinden, bis am Ende des Tunnels Licht erscheint. Es ist ein knappes Budget. Das Überlebensspiel mit einer so kleinen Kriegskasse zu gewinnen erfordert ausgezeichnete interne Kommunikation und Kooperation.

Um die erforderliche Leistung zu erbringen, muß das siebenköpfige Team mehr Zeit als üblich aufwenden. Die Mitspieler sollten sich darauf einigen, z. B. auch am Sonntagnachmittag zu arbeiten, um das jeweils Erreichte mit dem ursprünglichen Zeitplan zu vergleichen und allwöchentlich eine neue Cash-flow-Rechnung zu erstellen.

Der Zeitplan ist ein großer Kalender, auf dem bei gewissen in der Zukunft liegenden Terminen vermerkt ist, was bis dahin erledigt sein muß. So sollte beispielsweise eine Absichtserklärung gegenüber einem Verkäufer in 30 Tagen unterzeichnet sein; die Finanzierung einer Firmenübernahme sollte in 60 Tagen beschafft werden; der Antrag auf staatliche Beihilfe in zwei Wochen und die Mittel aus der Beihilfe in 90 Tagen eingegangen sein.

Die Leiter der Teams sind für das Einhalten dieser Fristen verantwortlich. Läuft etwas in einem Team nicht wie vorgesehen, dann sollten die Teamchefs Überstunden ansetzen, bis die Verzögerung aufgeholt ist. In diesem Stadium ist Zeit ebenso wichtig wie Cash.

Die Strategie für die Übernahme einer fremden Firma wird sofort mit der Suche nach potentiellen Verkäufern und einer Analyse ihrer Firma eingeleitet. Während der ersten 30 Tage offenbart das Team für informelle Reorganisation den Gläubigern noch nicht seinen Plan zur Streckung der Verbindlichkeiten, weil es auf eine umfassendere Definition des Teams für Umgestaltung und Wachstum wartet. (Sorgen Sie dafür, daß zu diesem Zeitpunkt den Gläubigern am Telefon eine neue Stimme antwortet, damit Sie 30 Tage zusätzliche Zeit gewinnen.) Obwohl die Gläubiger in 90 Tagen nicht einen Cent erhalten haben, muß das Team für informelle Reorganisation noch für weitere 30 Tage einen „Eiertanz" aufführen. Nun gibt es keinen Gabby Hayes mehr. Die Zielsetzung ist jetzt, Neugier und gespannte Aufmerksamkeit für den Rückzahlungsplan zu erwecken, bevor man ihn veröffentlicht.

Bereiten Sie die Cash-flow-Rechnung an Sonntagen vor

Die Angehörigen des Teams müssen fortlaufend die verfügbaren Mittel in der Kriegskasse mit denen des Plans vergleichen. Jeden Sonntag sollte eine neue Cash-flow-Rechnung erstellt werden, und zwar unter Berücksichtigung aller Details. Ziel des Bemühens, allwöchentlich den neuesten Stand zu erkennen, ist es, weiteren Cash zur Behebung dringender Fälle zu beschaffen.

Nehmen wir an, Sie beginnen mit $ 550 000 in bar (in Ihrer außerhalb Ihres Gerichtsbezirks gelegenen Bank). In Ihrer ersten Kapitalabschlußrechnung verteilen Sie das Geld auf die einzelnen Posten wie in Tabelle 12.2 dargestellt.

Murphys Gesetz sagt Firmen in Krisensituationen wenig Gutes voraus, und Sie können darauf wetten, daß die $ 174 000 von eifrigen Anwälten Ihrer Gläubiger aufgezehrt werden, die die routinemäßige Ausrede von „Gabby Hayes" einmal zu oft gehört haben. Ausgerechnet an dem Tage, an dem Sie die Mittel für Löhne und Gehälter telegrafisch überweisen, erwirken sie einen Pfändungsbeschluß, und der Gerichtsvollzieher holt $ 50 000 unter Ihrer Matratze hervor. Doch sind Sie und Ihr Team voller Energie, und Sie treiben von anderer Stelle $ 50 000 auf. Dann scheitert die geplante Geschäftsübernahme, die Cash bringen sollte, und wieder sind $ 75 000 dahin – für Anwaltsgebühren, Buchprüfungen, Schätzgebühren und Bankkommissionen. Nun müssen Sie sich nach einer anderen Firma umsehen, die Sie auf dem Umwege über zusätzliche Verschuldung übernehmen könnten.

Nehmen wir weiter an, Sie haben $ 125 000 oder $ 174 000 Reserve aufgebraucht und die im Rahmen des Umstellungsplans vorgesehene Geschäftsübernahme, die einen positiven Cash-flow bringen soll, kann erst in 90 Tagen erfolgen. Um die Lage noch zu verschlimmern: Ihre Bank hat angerufen und mitgeteilt, ihre Revisoren bestünden darauf, daß Sie die seit drei Monaten überfälligen Zinsen in Höhe von $ 30 000 sofort bezahlen, andernfalls komme es zu einer Zwangsvollstreckung. Sie verfügen zwar über das notwendige Bargeld. Das steckt aber in der Reserve für Löhne und Gehälter. Greifen Sie jedoch die Kriegskasse an, dann schießen Sie sich selbst in den Fuß.

Abb. 12.2 Erste Kapitalabschlußrechnung als Projektion

Verbindlichkeiten	Betrag in $
Sieben Teamangehörige für 5 Monate	120000
Sechs Büroangestellte für 5 Monate	60000
gesetzl. vorgeschriebene Versicherungen	36000
Energieversorgungsbetriebe	10000
Telefon	10000
Miete	30000
Postgebühren, Kurierdienste	5000
Reisespesen	10000
Anwaltsgebühren	15000
Anzahlungen etc., Gebühren f. Geschäftsübernahme	75000
Verbrauchsgüter, Vorrat	5000
Zwischensumme	376000
Reserve für Notfälle	174000
Total	550000

In dieser Situation muß folgendes geschehen. Versammeln Sie Ihre sechs Kampfgefährten im Konferenzzimmer zu einem Brainstorming: Wo lassen sich bis morgen $ 30000 für die Bank auftreiben, plus $ 125000 zur Auffüllung der Notreserve?

Lesen Sie nochmals die vorangegangenen Kapitel durch. Was steht dort über das Abstoßen überzähliger Ausrüstungen, über den Verkauf von Ausrüstungen, die man anschließend vom Käufer mietet, sowie über andere Methoden zur Beschaffung von Barmitteln? Dann werden die Ideen nur so sprudeln. Verkaufen Sie die Textprozessor-Computer an eine Leasingfirma, und leasen Sie sie zurück – was Ihnen eine unerwartete Ersparnis von $ 30000 einbringt. Verkaufen Sie die Ihnen von Fluggesellschaften zugeteilten Dauerkunden-Punkte an Makler für Flugtickets. Für jeweils 60000 Punkte fallen $ 600 in bar ab. Entlassen Sie zwei Hilfskräfte, und fordern Sie die anderen auf, doppelt soviel zu tun. Verkaufen Sie auf Lager liegenden Kram zum Schrottwert. Vermieten Sie Büroraum und Lagerraum an andere Firmen. Nehmen Sie im Austausch für Schuldscheine oder künftige Gratifikationen eine zweite Hypothek auf Ihr Haus auf. Verpfänden Sie Schmuck, und kündigen Sie Versicherungspolicen. Bitten Sie Verwandte um Kredite für 90 Tage. Fordern Sie Ihren Anwalt auf, Aktien Ihrer Firma in Zahlung zu nehmen, was $ 20000 einsparen könnte. Danach modifizieren Sie die Cash-flow-Projektion und beauftragen Sie jedes Mitglied des Teams, in 48 Stunden weiteren Cash aufzutreiben. Kaufen Sie Champagner, und geben Sie eine kleine Party, wenn drei Tage später die $ 125000 aufgetrieben sind. Sie alle haben sich das verdient!

Der Plan zur Streckung der Zahlungsfristen

Sobald entweder der Plan „kaufe etwas" oder der Plan „entwickle etwas" zu greifen beginnt, ist es an der Zeit, den Gläubigern mitzuteilen, wie und wann Sie sie bezahlen wollen. Als ersten Schritt sollte man die mehreren hundert Gläubiger in folgende abgestufte Kategorien einteilen:

A – Ansprüche mit unbedingter Priorität, Steuern
B – abgesicherte Gläubiger
C – nicht abgesicherte Gläubiger über $ 25000
D – nicht abgesicherte Gläubiger von $ 10000 bis $ 25000
E – nicht abgesicherte Gläubiger von $ 1000 bis $ 10000
F – nicht abgesicherte Gläubiger unter $ 1000
G – besondere Ausnahmen

Vielleicht erwägen Sie auch eine andere Aufteilung, vor allem wenn die Gruppe $ 1000 bis $ 10000 besonders umfangreich ist. Diese muß dann in zwei Kategorien unterteilt werden. Diese Klassifizierung in verschiedene Kategorien hat den Zweck, den Gläubigern unterschiedliche Rückzahlungspläne anzubieten.

Angenommen, die vorgesehene Firmenübernahme bringt anschließend einen monatlichen Cash-flow von $ 200000. Vorsichtshalber planen Sie aber nur die Hälfte davon ein, also $ 100000. Die Hälfte davon nutzen Sie zur Zahlung der Gehälter und Sozialabgaben für das Überlebensteam. Weitere $ 25000 werden für Rechnungen der Betriebe der öffentlichen Hand, für Anwaltskosten und allgemeine Betriebs- und Verwaltungskosten ausgegeben. War die Strategie „entwickle etwas“ erfolgreich, dann stehen dem Überlebensteam weitere 3 bis 5 Prozent (der staatlichen Beihilfe) als Honorar für das Projektmanagement zur Verfügung. Tasten Sie dieses Geld nicht an, weil es dazu dienen kann, nach der Verbesserung des Produkts dessen Marketing zu finanzieren.

Das für die Rückzahlung der $ 3,8 Millionen Schulden verfügbare Bargeld entspricht der Hälfte des Cash-flow aus der Firmenübernahme oder $ 100000 monatlich. Werden alle Gläubiger gleichzeitig bezahlt, brauchen Sie 38 Monate (besser 48 Monate, damit Sie ein Polster haben und Zinsen zahlen können) für die totale Rückzahlung. Nun werden die kleineren Gläubiger sich vielleicht nicht auf die 48 Monate einlassen, weil die einzelnen Raten für sie dann zu klein wären und sie gewöhnlich Bargeld dringend nötig haben. Denen werden Sie wohl Cents pro Dollar anbieten müssen oder eine um 12 Monate verlängerte Zahlungsfrist. Gläubiger, denen man zwischen $ 5000 und $ 10000 schuldet, sind gewöhnlich schwer zu beschwichtigen. Mit ihnen muß sorgsam verhandelt werden. Die größeren Gläubiger können eine längere Verzögerung der Zahlungen hinnehmen, mit Verzinsung natürlich, vielleicht auch zusätzliche Bürgschaften zur Belohnung ihrer Nachsicht. Ein wirksamer Plan für die Streckung von Verbindlichkeiten berücksichtigt die Bedürfnisse aller Gläubiger ebenso wie den Grad, bis zu dem man sie unter Druck setzen kann.

Stammaktien

Schließen Sie nicht die Möglichkeit aus, Ihren Gläubigern Stammaktien für den gesamten Schuldenbetrag anzubieten. Hat Ihr Überlebensteam klar, intelligent, offen und gradlinig gearbeitet und bietet die geplante Geschäftsübernahme einen soliden und zuverlässigen Cash-flow, ohne weitere Kapitalausgaben zu beanspruchen, und können Sie schließlich auf eine interessante Produktverbesserung hinweisen, dann besteht überhaupt kein Grund, warum Sie nicht versuchen sollten, Ihren Gläubigern Stammaktien zu verkaufen. Sagen Sie ihnen, daß viele Vermögen gerade unter widrigen Umständen gemacht werden. Die Gläubiger, die Ihnen die Komponenten für das verbesserte Produkt verkaufen sollen, werden viel eher Stammaktien akzeptieren als einen über 48 Monate laufenden Schuldschein.

Der Wechsel oder Schuldschein

Ein anderer Plan könnte darin bestehen, fünf Serien von Schuldscheinen auszustellen – mit oder ohne Option auf Umwandlung in Stammaktien – zu einem sehr niedrigen Zinssatz von 5 bis 7 Prozent, zahlbar im 48. Monat. Je größer der Gläubiger, desto länger die Zahlungsfrist. Natürlich kann es Ausnahmen geben, etwa der Gläubiger, den Sie unbedingt als Lieferanten brauchen, der jedoch in große Schwierigkeiten geraten würde, wenn Sie ihn nicht schnell bezahlen. Er gehört zur Kategorie G. Man könnte den Gläubigern die Sache versüßen, wenn man die Rückzahlungsfrist in dem Maße verkürzt, in dem die Einkünfte der Firma spürbar steigen. Eine Alternative wäre, den noch verbleibenden Schuldenbetrag in Stammaktien zu konvertieren. Gehen die Einkünfte dramatisch zurück, könnten die lokalen Gläubiger, die einen großen Teil ihres Rechungsbetrages in Aktien umwandeln, aus Ihrer mißlichen Lage eine Menge Geld herausholen.

Wie man den Schuldenstreckungsplan unterbreitet

Wir haben bereits erörtert, wie wichtig es ist, daß Sie Ihre Bank und die großen und wichtigen Gläubiger persönlich besuchen. Außerdem haben wir die effektivsten Mittel besprochen, Ihren neuen Plan den Gläubigern telefonisch nahezubringen. Der nächste Schritt wäre der von Ihnen ausgestellte Wechsel, den der Gläubiger gegenzeichnen und an Sie zurückschicken soll, mit dem dazugehörigen Begleitbrief.

Zusammenfassung

Die Spannung, die uns beherrscht, wenn wir in schwierigen Zeiten eine gefährliche Lage bewältigen müssen, birgt etwas ganz Besonderes in sich. Es schafft innere Befriedigung, einen informellen Reorganisationsplan und einen Umstellungs- und Wachstumsplan erfolgreich auf die Beine zu stellen. Die Situation ist chaotisch und voller Gefahren. Der erste Sieg – der eingehende Brief mit dem ersten gegengezeichneten Wechsel – kommt einem wie eine Bescherung am Heiligen Abend vor. Es ist ein Erlebnis oder gar eine Befriedigung, wenn man die Drohungen der Anwälte elegant abblokken und bei hartnäckigen Verhandlungen um die Übernahme einer Firma endlich die Oberhand gewinnen kann. Nichts im Geschäftsleben läßt sich mit der Freude vergleichen, wenn eine 48stündige Krise damit endet, daß schließlich Cash auf dem Bankkonto eintrifft. Solche Zeiten sind mit keiner sonstigen geschäftlichen Erfahrung vergleichbar. Sie werden nachhaltig in Ihrer Erinnerung bleiben.

Schlußfolgerung

Bei der Lektüre dieses Buches haben Sie keine Wundnarben davongetragen, aber das Größtmögliche erreicht. Sie sind jetzt für alle Situationen gerüstet, sind psychologisch vorbereitet. Sie gleichen einer Mutter aus der amerikanischen Pionierzeit, die sich daranmacht, die zerstörte Farm wieder aufzubauen, und schließlich wieder 50 Rinder ihr eigen nennt.

Ihre Firma kann als Erfolg einer Produktüberalterung eine plötzliche Katastrophe erleben. Ihre Region kann ruiniert werden, wenn einer ihrer großen Arbeitgeber in Konkurs geht. Sie können von einem ernsthaften konjunkturellen Abschwung in Ihrer Branche überrascht werden, oder eine das ganze Land erfassende Rezession könnte Sie mit dem Rücken an die Wand drängen. Sie werden jedoch für alles gerüstet sein.

Inzwischen sind Sie mit der Bewältigung von Krisen vertraut. Sie kennen jetzt den Unterschied zwischen einem Stressor – einem Krisen hervorrufenden Geschehen – und einer echten Krise. Auch verstehen Sie jetzt, sich Kampfgefährten auszusuchen, die zu Ihnen halten, wissen, wie man sich von denen trennt, denen gekündigt werden sollte. Sie haben Ihre Unterführer über alles unterrichtet, haben die Stärken und Schwächen Ihrer Gläubiger studiert. Sie wissen, welche Geschosse vom Gegner abgefeuert werden und wann sie einschlagen könnten.

Wir haben recht detailliert die Bestandteile eines Plans zum Überleben und anschließenden geschäftlichen Aufblühen erörtert. Sie haben die „Kaufe-etwas"-Strategie erlernt und wie man die Übernahme eines schwachen Konkurrenten oder einer furchtsamen Firma durch Schuldenaufnahme finanziert. Ferner haben Sie gelernt, wie man ein Entwicklungsprojekt in Form einer Kommanditgesellschaft oder mit staatlichen Beihilfen finanziert, wissen, wie man Zeit gewinnt und wie man Kunden, Lieferanten und Geldgeber unter Druck setzt und für die eigenen Projekte einspannt. Werden Sie zum Konkurs gezwungen, dann wissen Sie jetzt, wie man ihn nutzt, um an die Börse zu gehen und einen Umgestaltungs- und Wachstumsplan zu verwirklichen.

Selbst wenn Ihr stets freundlicher und hilfsbereiter Bankier seinen Posten verläßt und sein Nachfolger versucht, alle alten Kredite durch Pfändungsverfügungen zu bereinigen, sind Sie gerüstet, haben Sie doch mehrere Bankkonten an verschiedenen Orten. Auch wenn Ihr neuer Buchhalter schon Zeit für Ihren Umstellungsplan gewonnen hat, sind Sie, um erneuten Zeitaufschub zu erlangen, nochmals bereit, ihn zu wechseln. Sie wissen, wie Sie den Belangen Ihrer entscheidenden Gläubiger entgegenkommen, derjenigen, die Ihrem Plan zur Streckung der Schuldentilgung zustimmen müssen, wenn er Erfolg haben soll. Ihnen ist bekannt, daß man soviel wie möglich über seine Gläubiger in Erfahrung bringen soll, bevor man sie persönlich aufsucht. Sie wissen auch, wie man die Pläne zur informellen Reorganisation und Umstellung des Betriebes entwirft, wie man dazu zwei Teams einsetzt, die entsprechenden Strategien ausarbeitet und die wöchentlichen Kapitalschlußabrechnungen aufstellt.

Die Kriegskasse befindet sich auf einem sicheren Konto. Es ist jetzt Morgendämmerung am Tage Ihres neuen Starts. Sie haben „viel aus dem Negativen herausgeholt“, sind bereit, ein neues und höheres Niveau finanziellen Erfolges zu erreichen. Ihr Team ist ganz aufgeregt über die guten Aussichten. den Umstellungs- und Wachstumsplan in Kraft zu setzen. Ihre Firma hat die rasende Talfahrt der Krise überstanden, und Ihr Überlebensteam macht sich daran, auf ein Niveau der Reorganisation und des Erfolgs zu beschleunigen, das höher ist, als Sie jemals zu träumen wagten.

Also soll die Krise ruhig kommen.
Sie sind für alles gerüstet!

Knaur

Andere Wege wagen

(82004)

(84015)

(82044)

(86061)

(86049)

(82060)

Knaur

Josef Kirschner

(7549)

Foto: Isolde Ohlbaum

(7442)

(7610)

Von Josef Kirschner sind außerdem bei Knaur erschienen:

Die Kunst, ohne Überfluß glücklich zu leben (7647)

Die Kunst, ohne Angst zu leben (7689)

So wehrt man sich gegen Manipulation (7717)

So lernt man, sich selbst zu lenken (7718)

So hat man mehr Spaß am Sex (7719)

So plant man sein Leben richtig (7720)

So lebt man glücklich – ohne Heirat (7740)

So macht man auf sich aufmerksam (7741)

So nutzt man die eigenen Kräfte besser (7742)

So lernt man, sich selbst zu lieben (7743)